河北省社会科学基金项目成果

非物质文化遗产产业化法律规制研究

FEIWUZHI WENHUA YICHAN CHANYEHUA

FALÜ GUIZHI YANJIU

刘云升　刘忠平　著

知识产权出版社

全国百佳图书出版单位

图书在版编目（CIP）数据

非物质文化遗产产业化法律规制研究／刘云升，刘忠平著．—北京：知识产权出版社，2017.5

ISBN 978-7-5130-4886-6

Ⅰ.①非… Ⅱ.①刘… ②刘… Ⅲ.①非物质文化遗产—产业化—法律—研究—中国 Ⅳ.①D922.164

中国版本图书馆 CIP 数据核字（2017）第 099619 号

责任编辑：彭小华   责任校对：王　岩

封面设计：SUN 工作室   责任出版：刘译文

非物质文化遗产产业化法律规制研究

刘云升   刘忠平   著

出版发行：**知识产权出版社** 有限责任公司	网　　址：http://www.ipph.cn
社　　址：北京市海淀区西外太平庄 55 号	邮　　编：100081
责编电话：010-82000860 转 8115	责编邮箱：huapxh@sina.com
发行电话：010-82000860 转 8101/8102	发行传真：010-82000893/82005070/82000270
印　　刷：北京科信印刷有限公司	经　　销：各大网上书店、新华书店及相关专业书店
开　　本：787mm×1092mm　1/16	印　　张：12.5
版　　次：2017 年 5 月第 1 版	印　　次：2017 年 5 月第 1 次印刷
字　　数：246 千字	定　　价：38.00 元

ISBN 978-7-5130-4886-6

自　序

　　法学界关注非物质文化遗产保护和利用中的法律问题是在 2004 年我国加入《保护非物质文化遗产公约》之后。加入了公约便带动了国内相关立法，而公约的保护模式旨在举政府及社会之力，保护非物质文化遗产（以下简称非遗）持有人作为文化主体的尊严，以公法保护公知公用的文化遗产。学术界还是比较敏感，明白发展中国家对于传统文化资源不能仅限于公法保护，或者说公法保护的目的也应该是为了更好地利用非遗，解决持有人的生存和发展问题。于是，人们更希望通过赋予非遗持有人私法权利，分别从知识产权法的几个分支学科的不同角度，探讨以知识产权制度保护非物质文化遗产的必要性与可行性。但是，结论并不令人满意，多数学者的观点并不能适用于所有非遗项目，即非遗表现形式的多样性，超出了现代知识产权客体范围，而不仅仅因为受到时间性的制约。所以，可行性的论证并没有说服立法者大刀阔斧地修改现行知识产权法，以适应私法保护非遗的迫切需要，最终于 2011 年颁布的《非物质文化遗产法》，以偏公法但趋于折中的面目出现，给将来的私法保护留下更大的余地。为什么这样讲呢？因为该法并未使用"保护法"的名称，这是对原征求意见稿的最大改动，我们可以理解为立法者将非遗就是作为一项财产看待。法律要保护它，不仅仅限定在政府出面调查、建档、保存非遗资料，出资鼓励代表性传承人收徒传承，这都是公法保护的手段。更有意激发非遗持有群体通过市场自救非遗，即立法要为非遗确权，为非遗的社会开发提供条件，将生产性保护作为拯救非遗的主要途径，这就是发挥私法保护的优势。所以这部法律是兼顾公私法性质的立法。但是，该法尽管透露了立法者发挥私权保护非遗作用的意图，却并未给出更多操作层面的具体措施，只是提示非遗持有人尽量寻求现行知识产权法的保护。这是一种审慎的立法态度，也为理论探索留下了余地。

　　为了诠释《非物质文化遗产法》给出的非遗私法保护规定，有不少研究者赞同脱离知识产权保护体系，另外立法建立"非物质文化遗产权"保护体系。凡是属于非遗范畴、经过登记的非遗项目，无论能否成为现行知识产权法的保护对象，持有人可以通过登记机关确权而取得非物质文化遗产权。这项权利既包括财产权内容，也包括人身权内容，遭受侵害时还可依法获得私法救济。本书之所以未采用这一观点，也未加详细论证，缘于这一设想过于轻率，未顾及民事权利体系的传统性，不易被立法者接受。传统民事权利的固有框架相对稳定，物权、债权、继承权、人格权、知识产权等都有相对稳定的定位及坚实的法理基础，支撑着民事秩序。如果增加一项新的对世权，必须考虑人们的接受程度和交易安全，尤其在权利主体尚无科学确定依据、未曾经历充分的社会讨论的情况下，不能纳入基本法的保护范畴。尽管正逢民法典总则制定之时，机会难得但缺少理论与司法实践的积累，只能耐心等待。

不需大动干戈地立法创新便实现对非遗较为充分的私法保护还是有可能的。本书赞同采取较为温和且折中的立法模式，解决非遗在产业化利用中的公私法综合保护问题。通过修改和完善现行《专利法》《商标法》《著作权法》《反不正当竞争法》，将非遗确定为私法保护的客体；通过制定非遗传承人确认和管理制度，明确非遗权利主体制度；通过非遗开发利用专门立法，确定非遗利用中的管理制度。如此，通过公法和私法并进的方式，解决非遗保护和利用上的立法问题还是可取的。另外，非遗的产业化还离不开政府对文化市场的有效管理，尤其是文化产业开发活动中政府机关的监管和服务职能的发挥。当然，本书观点仅为一家之言，尚待实践的检验，我们希望得到学界同仁的指正。

目　录

第一章 非物质文化遗产产业化概述

第一节 非物质文化遗产的概念和特征

一、非物质文化遗产概念

（一）文化遗产的内涵

文化是一个复杂的概念，当它与政治、经济相并列使用时，特指精神财富，如文学、艺术、教育和科学等。但是，文化又是指一种历史现象，是历史发展的体现，如人们所言中华文化、红山文化、仰韶文化等。从这一层面理解，则文化指人类在其社会历史发展中不断创造、总结、积累下来的物质财富与精神财富的总和。此乃《现代汉语词典》赋予它的基本内涵①。当然，我们还可以把文化解释为运用文字的能力及一般知识，如文化水平等。

狭义的遗产通常指死者遗留下的财产。从继承法的角度理解，则指归个人所有的财产和法律规定可以继承的其他财产权益，即不具有精神内容的、有形的无形的财产。广义的遗产包括人类历史上遗留下来的精神财富和物质财富的总和。我们所使用的文化遗产恰恰是从广义遗产的内涵延伸出来的，所以文化遗产应指人们在一定的历史时期创造的，以各种有形和无形的表现形式表现的，具有历史价值、文化价值、艺术价值和科学研究价值的遗存②。

那么，我们应该从哪些方面剖析文化遗产的本质属性才能使其内涵更加清晰呢？作为一个概念的内涵，应当是其本身所固有的、决定其性质、特征、面貌、

---

① 中国社会科学院语言研究所词典编辑室编写：《现代汉语词典（第五版）》，商务印书馆2005年版，第1427页。

② 黄明玉："文化遗产概念与价值的表述——兼论我国文物保护法的相关问题"，载《敦煌研究》2015年第3期，第134页。

价值和外延的根本属性。文化遗产内涵的本质属性应该包括以下几个方面①：

一是时代性，即任何形式的文化遗产都深深地镌刻着时代的烙印，它是某个时代政治、经济、文化、军事、科学以及自然等一个或几个方面的写照。时代指的是一个时间段，对于了解和认识文化遗产的内涵，评价文化遗产的历史价值不可或缺。时代性是文化遗产最为丰富、最有研究价值的内涵②。不管是有形的文化遗产，如文物、遗迹，还是无形的文化遗产，如民间文学艺术，无不具有或明或隐的时代烙印。明代的瓷器和清代的瓷器为什么会被区分开呢？因为它们使用的釉色、型制、画片反应的故事、画法等反映不同的特点，而这些特点就是不同瓷器文化的时代性的体现。尽管这种时代性并不一定能够直接从文化遗产的外在形式展现出来，需要透过现象、表象才能认识其所处的时代。通过对其内容进行刨根问底的追溯，才能了解和认识其所处时代的各种经济、社会形态，但其时代性特征是掩盖不住的。时代性是文化遗产内涵本质属性中重要的属性，它是衡量文化遗产历史价值的十分重要的依据，也是认定文化遗产的重要条件。可以说，凡是文化遗产都具有时代性。如果缺少时代性，再好的文化表现方式，也不能称之为文化遗产，起码不能称为历史文化遗产。例如，当代创造出来的有形或无形的文化形态，因其还未经历时代的洗礼，存世时间不长，时代性并不明显。即使它们的文化价值、艺术价值和科学研究价值很高，也很难作为历史文化遗产予以认可。除非经历重大事件的洗礼，作为一个历史的见证，这些当代文化现象才可能被作为文化遗产予以保护。如我国第一颗人造卫星发射装置、汶川大地震遗留下来的标志性建筑、2008 年北京奥运会场馆等，都是对特定的、具有重大意义的事件的见证者，是可以作为文化遗产予以保护的。因此，时代性是辨识文化遗产的前提条件，是文化遗产的重要属性。

二是艺术性，即文学艺术作品通过形象反映生活、表现思想感情所达到的准确、鲜明、生动的程度以及形式、结构、表现技巧的完美的程度。它是文化遗产内涵的普遍属性，是对文学艺术作品的评价。由于人类审美观有一个长期的演化过程，不同时代的文化遗产是当时的人们依据被世人能够接受的审美观和自己的情感、体验，凭借已掌握的技艺，对物质或非物质的东西进行创造并加以再现，用来表达某种情感，故艺术性的标准并非一成不变，只是有继承性。如今我们能够看到的各类艺术表现形式，都能寻得其远古的根源并理出一条较为清晰的演化发展脉络。如有形文化遗产中的建筑艺术、园林艺术、精美手工艺制造艺术，无

---

① 刘炳元：“文化遗产内涵的本质属性探究”，载《中国文物科学研究》2010 年第 1 期，第 39～43 页。

② 杨雪冬：“马克思主义经典作家关于时代问题的基本思想述评”，载《理论视野》2008 年第 10 期，第 17～20 页。

形文化遗产中的文学艺术、戏曲艺术等，都有各自完整的体系。它们可以被细分为繁复的分支末节，如在古代建筑艺术中又有宫殿建筑艺术、民居建筑艺术、宗教建筑艺术、祠堂建筑艺术、牌坊建筑艺术、门楼建筑艺术等。而这些建筑艺术还可以再细分为内部建筑艺术，如单座建筑木构架以及各构件均有程度不同的造型艺术，其群体建筑的造型艺术则更为丰富多彩了①。从这个意义上说，凡是被作为文物保护单位的古建筑，就是一座造型艺术的综合体。总之，在物质文化遗产中，不可移动文物的古墓葬、古建筑、石窟寺及石刻、近现代的代表性建筑等，固然具有明显的艺术性。

而非物质文化遗产的艺术性则更为丰富。自 2006 年首批国家级非物质文化遗产名录评选并公布之后，至今共有四批两千多项非遗精品项目，如果将地方三级非遗项目计算在内，恐怕有几万个项目，这些非遗项目得以脱颖而出的基本条件就是在本地区有重大影响，未被列入保护名录又远远超过列入名录的项目，由此可知我国的非遗资源极为丰富。前文已经述及非遗可以有诸多表现形式，无论是已经被逼到角落里的文化遗产项目，还是仍活跃在我们生活之中的文化遗产项目，它们的艺术性不仅感动着历代艺术家们，也对不懂得艺术的大众有着极大的吸引力。大众心目中的"好东西"，所指就是文化遗产的艺术性，如民间文学、民间舞蹈、传统戏剧、曲艺、杂技与竞技、民间美术、传统手工技艺等，都包含着艺术性，是文化遗产内涵普遍存在的属性，只是程度不同。当然，并非艺术性强就更具生命力，而是艺术性与实用性俱佳的文化遗产才会获得经久不息的传承动力。

三是主观性，即文化遗产是人类于一定历史时期意识形态的反映，是基于当时的观念在生产生活实践中创造的产物。它区别于自然遗产之处就在于有人类行为的痕迹遗留其上。而这些所谓的行为痕迹就是文化遗产的创造者、继承者为生活生产所需，依据一定的价值观、审美观，在有型的、无形的文化遗产上所灌输的文化信息。不同的族群，在不同的生活环境中，不同的时代背景下，所创造的文化千差万别，这就是文化遗产内涵丰富多彩的基本原因。

实际上，不管是物质文化遗产，还是非物质文化遗产，都透露出人文精神，是创造者、传承者意识支配下的产物。如古建筑、古村落不仅是特定族群生存繁衍的物质基础，其形制、构造、材料和工艺，蕴含着深厚的文化元素。之所以不同地区的古建筑有不同的特点，除了受气候和地质环境的约束，更是因为信仰和生活习俗存在较大的差异。因此，人们除了为生存而就近取材、因地制宜构建自己安全的"家"，更为了融入或者说扎根于某个群体而将他们共同遵循这个文化元素嵌入他们的"家"，于是便将文化遗产流传了下来。与建筑物相比体型较小

---

① 沈福煦：《建筑美学》，中国建筑工业出版社 2013 年版。

的传统手工艺品，有些年头的被称为文物，自然也包含着一个时代的文化信息，这些信息告诉我们，当时的使用者在制造这些器具时的目的和技艺水平。而非物质化的传统文学艺术，如各种民间传说、戏曲、曲艺，都是以生动的故事和包含感情的曲调，反映当时人们的各种情感、信念和价值选择。正是由于人们基于生存所需，对于所依赖的物质的、精神的创造物才赋予了各种文化内涵。

四是知识性，即文化遗产是人们在社会实践中所获得的认识和经验的总和，是知识的产物。没有知识就不可能创造出物质或非物质的文化遗产，这是文化遗产内涵的固有属性。就物质文化遗产而言，不管是具有宏大规模的紫禁城里的古老建筑，还是精致玲珑的少数民族妇女头上的金银饰品，都建立在历朝历代知识精英和能工巧匠不断探索和实践的基础之上，任何一项物质文化遗产的产生都需要具有相关的知识才能产生。而任何一项非物质文化遗产同样离不开知识的积累，从语言文字及其表达形式，到各类戏曲、曲艺作品的创作和表演；从技艺复杂的传统工艺美术，到有着严格程序的繁复的社会风俗、礼仪、节庆，都需要相关的知识才能创新和传承。因此，文化遗产的知识性有两个方面的含义：一方面指文化遗产的创造者、传承者具备一定的专业知识，只有他们掌握了一定的知识或者技能，才能创造出有知识内涵的物品或作品，才能把它传给后代；另一方面指文化遗产本体蕴含一定的社会科学或自然科学的知识。这两者之间存在密切的关系，或者说是密不可分的。上述含义在物质的和非物质的文化遗产中均得到证明，每一处物质文化遗产、每一项非物质文化遗产都蕴含丰富的知识，知识性是文化遗产所必须具有的内在属性。

五是民族性，即文化遗产是各民族特色文化的凝结。在民族国家形成之前，人类以族群聚居，改造自然和管理社会的知识必然带有族群特点，这种文化元素即使在民族国家形成之后，仍然在不同的民族保留着。所以，一个多民族国家的文化是多元的，全球的文化更是丰富多彩的。每个民族都有自己的文化，都有自己的文化遗产。而各个民族由于生存的地理自然环境不同，便养成不同的生活习俗，保存下来的文化遗产就不会相同，有的甚至存在相当大的差异。最直观的一个例子就是我国各民族都有自己的生活习俗和传统文化节庆，其文化内涵各有特点。比如同样是过春节，回族有三十晚上"踩碎"习俗，藏族在除夕日举行"跳神会"，苗族则在大年初一至十五举行"守岁"、开"财门"、敬"年神"活动。汉族因分布太广而习俗不一，上祖坟、逛花市、闹社火等，天南海北各不相同①。从实体物品来看，如汉族和侗族都有鼓楼，且都有悠久的历史，可是它们的功能却极不相同。汉族的鼓楼大多数建在城里，主要用于报警和报时；侗族鼓楼大多数建于村寨，是侗族人民集会议事和休息娱乐的场所。两种鼓楼所包含的

---

① 韦继兰："我国各族人民的春节习俗"，载《浙江档案》2004年第1期，第44页。

建筑文化也不相同，表现在形制、结构、用材和工艺等方面均有差别①。

再以非物质文化遗产的民间音乐为例，不同民族的民歌有不同的特点。蒙古族有长调民歌和呼麦，以蒙语演唱；广东省中山市的咸水歌，用广州方言演唱；而青海回族的"花儿"，侗族的声音大歌（嘎听），福建省宁德的畲族民歌，云南彝族的海菜腔等，不仅所使用的语言、曲调、旋律、结构、风格和表现形式不同，所表述的故事不同，秉持的信仰和崇尚的价值观也有差异。因为这些民歌产生时，各民族所处的发展阶段有别。至于各族独有的习俗和节庆则其他民族可能完全不知其含义如何、意义如何。从上述的例子说明，不论物质文化遗产还是非物质文化遗产，不同的民族，其文化遗产就具有不同的民族特色，民族性是文化遗产内涵的特有属性。

六是地域性，即不同地域的人们创造不同的文化表现形式和风俗习惯。"十里不同风，百里不同俗"，指的就是文化的地域性差异。文化遗产因所处的地理位置、气候条件有差别，而导致民俗风情、生活习惯等不同，其内涵的地域性一般也有所区别。物质文化遗产的地域性是非常明显的，最典型的例子就是南北方建筑物的差异。南方气候温和、雨水丰富，北方气候寒冽、风大干旱，所以南北方建筑在形制、结构、装饰、用材、工艺、风格、形式、体量、色调等方面都有差别。南方小镇一色的马头墙，青灰瓦，安安静静的。普通民居都是从门口进深，便是天井，旁边有洗衣服和洗菜的石水槽，再往前是厨房，向左一转，便是一个木楼梯。走上楼去，那里有几间卧室。从楼上可以俯视楼下由青石板铺就的天井，此处夏日花团锦簇，到冬天则是小孩子打雪仗的好地方。与南方地区相比，北方大地气候相对寒冷，用地相对宽松，地形相对平整，乡土材料相对单一，民间经济文化发展相对滞后。正是自然风情、文化习俗和乡土建筑材料等诸多因素的综合制约，使得北方各地民居普遍呈现出质朴敦厚的建筑特色。在群体布局上，平原型的构成和离散型的组合带来村镇聚落和宅院总体整齐方正的格局②。当然，这只是一个模式，每家每户会根据自家的特点来设计房屋。南方地区的住宅院落很小，四周房屋连成一体，多使用穿斗式结构，房屋组合比较灵活。房屋的山墙形似马头，粉墙黛瓦，颜色淡雅。气候带来的不仅仅建筑文化的差异，风土人情也不同。北方土地广袤，各民族的性格便比较纯朴、憨厚和粗犷。南方用地狭窄，丘陵、平原相间，各民族精于打算，头脑灵活。

非物质文化遗产的地域性差别也十分明显。以表演艺术为例，北方戏剧多歌颂圣人、英雄，南方戏剧多赞扬才子佳人；北方曲调铿锵有力，南方曲调婉转悠

---

① 刘继炜："鼓楼——超越建筑的文化符号"，载《大众文艺：学术版》2015 年第 20 期，第 64 页。

② 马瑞亚："我国传统民居的南北差异"，载《山西建筑》2008 年第 26 期，第 40 页。

长；北方戏曲善"做"、"打"，南方戏曲善"呛"、"唱"等。在传统手工艺上，南北差异也很大，如雕刻工艺，南方细腻精致、形象逼真，北方简练凝重，细不透风。再如剪纸艺术，北方剪纸浑厚、粗狂、天真、质朴，南方剪纸灵秀、秀美、严谨、纤细。而南方稻作文明与北方麦作文明带来的饮食文化差异，更是耳熟能详，不再一一分说。这种差异甚至会渗透到各种民俗当中，如大年三十的年夜饭，北方通常必吃饺子，寓意更子交替、合和团圆；江浙一带吃汤圆，寓意团团圆圆；岭南广府地区则必备蚝豉发菜，寓意好事发财①。上述例子说明，无论有形的文化遗产，还是无形的文化遗产，其内涵一般都因地域不同而差别各异。

（二）非物质文化遗产的概念

1. 非物质文化遗产概念的由来

汉语的"非物质文化遗产"一词译自英文"Intangible Cultural Heritage"。联合国教科文组织 2003 年通过了《保护非物质文化遗产公约》（以下简称《保护非遗公约》），我国于 2004 年加入该公约，2005 年国务院颁布了《关于加强我国非物质文化遗产保护工作的意见》。从此，"非物质文化遗产"这一外来词语和概念正式进入中国官方语言并迅速为学术界所启用。之后，这个术语才被国内出版物确定下来。实际上，如果从世界范围为"非物质文化遗产"一词寻根，最早可以上溯到 1950 年日本政府颁布的《文化财保护法》中"无形文化财"的提法②，"无形文化财"指的是具有较高历史价值与艺术价值的传统戏剧、音乐、工艺技术及其他无形文化载体，而且也把表演艺术家、工艺美术家等这些无形文化财的传承人一并指定。同年，日本政府为表彰对传承精湛传统技艺有突出贡献的民间艺人，授予"活的国宝"（Living National Treasures）的美誉；受日本影响，1962 年韩国政府在《文化财保护法》中将文化财分为四类：有形、无形、民俗和纪念物，正式将无形文化遗产纳入国家文物普查和保护的法定范围。同样在亚洲的其他国家，如泰国于 1985 年开展了一项名为"国家级艺术大师的计划"（National Artists Project），在保护有形艺术杰作的同时，特别关注创作者本人的无形价值。而在欧洲大陆，自 20 世纪六七十年代始，公众对民间舞蹈、民歌、烹饪、手工艺和民间传说等非物质遗产产生了浓厚兴趣。

对非物质文化遗产概念化具有基础性作用的国际性文件是 1972 年联合国教科文组织通过的《保护世界文化和自然遗产公约》。该公约并未提到非物质文化遗产，相反，它提到的文化遗产指的是文物、建筑群和遗址，都是有形文化遗产。但是，在之后编制的《世界遗产名录》申报指南中，却明确提到了可以参

---

① 何宏、赵炜："稻米与麦穗的对话：南北交汇的淮河饮食文化"，载《美食研究》2015 年第 4 期，第 15～17 页。

② 王文章：《非物质文化遗产概论》，文化艺术出版社 2006 年版，第 262 页。

与申报名录的文化遗产的标准，包括"独特的艺术成就"、"创造性的天才杰作"、"建筑艺术"、"文明或文化传统的特殊见证"、"与思想或信仰或文学艺术作品有联系"的非物质遗产①。继而，在 1977 年，联合国教科文组织首次将文化遗产划分为"有形文化遗产"和"无形文化遗产"两大类型。无形文化遗产还曾经被称为"民间文化"、"民间创作"，如世界遗产委员会于 1989 年出台《关于保护传统文化与民间创作的建议》（*Recommendation on the Safeguarding of Traditional Culture and Folklore*），启动了民间创作保护工程。这一时期，我国正忙着经济体制改革，无暇顾及文化对外交流，尤其是科学技术以外的文化交流，更不可能把一度被彻底扫入垃圾堆的"四旧"翻出来奉为圭臬，至于像文化产业开发之类的概念根本无人提及。

在进入新世纪前后，随着国际社会对传统文化遗产的关注，尤其是经济全球化带来的文化大交流，提醒我国文化行政管理部门时刻警惕西方的文化渗透和文化掠夺。而印度、巴西等第三世界国家在国际上对本国传统文化权利的争取，以及本国相关保护传统文化立法的发展，为我国积极参与国际文化相关立法起了促进作用。1998 年，联合国教科文组织颁布《宣布人类口头和非物质遗产代表作条例》（*Proclamation of Masterpieces of the oral and Intangible Heritage of Humanity*），正式提出了"非物质遗产"的概念，启动了申报人类口头和非物质遗产代表作名录的工程。我国参与了这一工程建设，并且于 2001 年推举昆曲入选首批人类口头和非物质遗产代表作世界名录，在全世界产生了轰动的效应。受国际大环境的影响，我国第一部保护传统文化的地方条例《云南省民族民间传统文化保护条例》也于 2000 年颁布。之后，贵州、福建、广西、宁夏、新疆等省区相继在 21世纪初以保护民族民间传统文化之名出台条例。但是，没有任何一部地方法规解释"民族民间传统文化"的内涵，而是列举它的外延。细看这些地方法规内容，所谓民族民间传统文化应该是指除了文物法保护范围之外的一切传统文化资源。2003 年联合国教科文组织第 32 届大会通过了《保护非遗公约》，至此"非物质文化遗产"的概念在国际性标准法律文件中正式确定，沿用至今并被我国立法和理论接受。

2. "非物质文化遗产"概念辨析

我国在传统文化遗产保护问题上醒悟较晚，相关理论研究滞后，这和我国经济发展所处的阶段密切相关。改革开放的三十年是我们摆脱贫困，解决温饱的时期，尚无暇关注传统文化，而是千方百计想办法提高生产力水平，增加物质财富。而当我们的人均国民生产总值逐步接近中等发达国家水平，尤其是经济发达地区已经达到该水平的情况下，精神生活的期望值提高，人们开始关注文化发

---

① 张耕：《民间文学艺术的知识产权保护研究》，法律出版社 2007 年版。

展。最初是对文物收藏的追逐，进而又热衷于文化名胜旅游，其中不乏对非物质文化遗产的迷恋。由此触动了地方各级政府敏感的"经济神经"，发展传统文化产业，盘活存量文化资源，被纳入政府寻找新经济增长模式的一个突破口。相应地带动了非物质文化遗产的理论研究，也推动了非遗保护立法。但是，目前非遗概念的内涵和外延还是舶来品。

《保护非遗公约》第 2 条对非物质文化遗产给出的定义是："被各社区群体，有时为个人，视为其文化遗产组成部分的各种社会实践、观念表达、表现形式、知识、技能及相关的工具实物、手工艺品和文化场所。"如果仅从这一表达很难对非遗有一个清晰的轮廓，只能给我们一个较为模糊的概念，即非遗主要指"活"的文化，同时也包括体现或展现这些活文化的载体。但是，如果仅有这些载体还算不算非遗呢？该公约没有直接进行解释，只是从外围对非遗的属性做进一步说明，即"这种非物质文化遗产世代相传，在各社区和群体适应周围环境以及与自然和历史的互动中，被不断地再创造，为这些社区和群体提供认同感和持续感，从而增强对文化多样性和人类创造力的尊重。在本公约中，只考虑符合现有的国际人权文件，各社区、群体和个人之间相互尊重的需要和顺应可持续发展的非物质文化遗产。"这一附带的说明对我们理解非遗的特征和公约确定非遗的标准有意义。它揭示出非遗的继承性特征，不断演化的特征，以及主体的群体性特征。而依据公约的宗旨即保护文化多样性、传承优秀文化、尊重各民族创造力，并非所有传统文化都能被认定为非物质文化遗产，甚至被确认为非遗保护项目。它必须符合保护人权的要求，有利于可持续发展，尊重民族平等。所以，在国际上，有学者将非遗的内涵从多方面予以解读，诸如主体的社区性，范围的广泛性，内容的多变性，时空的传承性，文化多样性，以及人权性等①。国内学者在谈及非遗的定义和特征的时候，很少将上述公约对非遗的要求纳入讨论的范畴。公约以上陈述告诉我们，非物质文化遗产概念的出现与其本身的特质和处境密切相关，如它对于持有群体和人类文化发展的价值，它与物质文化遗产的内在依存关系，以及它在当代社会所面临的危险境地和缺乏保护的现实等。

国内学术界对"非物质文化遗产"概念的理解大致上有两种观点：一是主流观点，即基本认可《保护非遗公约》对非物质文化遗产的界定，但需根据中国实际情况加以补充和修改，来指导我们的理论研究和实践工作；而另一种观点则认为公约的定义受西方发达国家的影响，依据的是这些国家的文化传统和文化遗产的保护实践，而这些与我国实际情况有较大的差距。因此，主张立足于我国文化遗产保护的实际情况，并吸收联合国教科文组织界定这个概念的经验，而不是照搬联合国教科文组织的定义。实际上，我国有关法律文件基本上借鉴了国际

① 参见张德财："非物质文化遗产的法律保护研究"，华东政法大学 2007 年硕士学位论文。

公约的基本精神，也结合了我国的实际。如 2005 年国务院下发的《关于加强文化遗产保护工作的通知》中，将"非物质文化遗产"定义为："各种以非物质形态存在的与群众生活密切相关、世代相传的传统文化表现形式，包括口头传统、传统表演艺术、民俗活动和礼仪与节庆、有关自然界和宇宙的民间传统知识和实践、传统手工艺技能等以及上述传统文化表现形式的相关文化空间。"这是我国官方文件对非遗下的定义，非常强调非物质性，同时也基本上把公约列举的非遗的表现形式纳入其中。也就是说，上面这个通知并没有正面解释非遗的本质内涵，而是将公约对非遗外延的规定拿过来为非遗定义内涵，且抛开了非遗定义中比较棘手的问题——主体问题，突出了非遗的活态性、无形性、传承性。由于立法经验不足，上述定义只是泛泛的为非遗划定了一个范围，无法明确获知非遗的内涵，也就是说无法从这个定义出发非常明确地将非遗与其他文化表达形式区分开来。前述国际公约也是一样，仅靠定义也不能明确界定非遗，必须借助其外延的列举。

2011 年，我国颁布了《非物质文化遗产法》（以下简称《非遗法》），该法第 2 条规定："本法所称非物质文化遗产，是指各族人民世代相传并视为其文化遗产组成部分的各种传统文化表现形式，以及与传统文化表现形式相关的实物和场所。"与 2005 年通知中的定义相比，该定义有了进步，首先明确了主体是各族人民，强调非遗的民族性，但并未明确这个主体能成为唯一的权利主体，或者说非遗的权利主体是谁并不明确。其次强调了非遗的传承性，具有传统文化的属性。再次强调了非遗是某种文化表现形式，同时也包括与传统文化表现形式相关的实物和场所。这是与 2005 年通知中的定义最大的区别。为什么要加上"实物和场所"呢？因为许多非遗表现形式与相关实物和场所不可分离。如传统戏剧，作为一种艺术表现形式，不仅舞台表演艺术、经典剧目是文化遗产，所使用的演出道具也都是文化遗产的构成部分。再如我国著名的民俗大典，炎帝陵祭典、成吉思汗祭典、黄帝陵祭典、祭孔大典和妈祖祭典等，不仅复杂的仪式承载着文化，典礼场所也是文化遗产的组成部分。为了防止《非遗法》和《文物保护法》发生冲突，《非遗法》在第 2 条第 2 款规定：属于非物质文化遗产组成部分的实物和场所，凡属文物的，适用《中华人民共和国文物保护法》的有关规定。如古文化遗址、古墓葬、古建筑、石窟寺和石刻、壁画等，这些不可移动的文物多数是非遗项目的物质载体，而有些可移动文物又与传统工艺、美术、医药等密切相连；陶瓷技艺是我国著名的非遗项目，而承载着陶瓷文化信息的大量明清瓷器又是文物，它们受着双重保护。

但是，为了让《非遗法》的调整范围更加明确，在为非遗定义内涵之后，又对非遗外延进行说明，即（1）传统口头文学以及作为其载体的语言；（2）传统美术、书法、音乐、舞蹈、戏剧、曲艺和杂技；（3）传统技艺、医药和历法；

（4）传统礼仪、节庆等民俗；（5）传统体育和游艺；（6）其他非物质文化遗产。这一列举是有中国特色的。《保护非遗公约》仅列举了五项：（1）口头传统和表现形式，包括作为非物质文化遗产媒介的语言；（2）表演艺术；（3）社会实践、仪式、节庆活动；（4）有关自然界和宇宙的知识和实践；（5）传统手工艺。"文章"隐藏在第四项中，"有关自然界和宇宙的知识和实践"是一项内涵丰富的表达项。我国立法将该项拆开并相对具体化，医药、历法、传统体育、杂技和游艺等都可纳入其中。为什么我国立法要具体化呢？笔者以为，不仅仅表明我们的立法不是完全抄袭公约，更主要的是，我国的传统医药、杂技、游艺等非遗项目举世闻名，特别予以列举也是为在非遗国际保护中引起人们的重视，使我国这方面的传统文化得到更明确而具体的保护。所以，从我国非遗存在的现状和保护、传承的实际需要出发，非遗的确切含义应该将《非遗法》第 2 条的前后两款规定结合起来做全面理解。

二、非物质文化遗产的特征

（一）非物质性

文化的载体是多种多样的，但大致上可以分为两类即有形载体和无形载体。有形载体反映文化存在状态的可视性，人们通常认为各种文物古迹就是有形的传统文化形式，既可以是能移动的，也可以是不能移动的。前者如古代陶瓷和各种古代遗留的手工艺品；后者如古遗址、庙宇、古代宫殿、古墓等。而无形载体所反映的文化形式，强调它的非物质性，如口头文化。但既然称为遗产，那么这种非物质的文化就是由先人创造出来而又被后人世代相传的文化形式，它也是一种财富，是蕴藏着一定价值观的精神财富。

物质文化遗产是历史文化的物质载体，由千百年来古人以所处时代与生活空间紧密相关的各种物质材料构造而成，可以是人们生产生活所需的动产，也可以是不动产。非物质文化遗产一般并不需要借助物质载体，尽管它们也要由人传播和继承。人是物质的，但我们不能说人是文化载体，因为人是文化主体，我们说的文化载体是指它的客体。由此我们说口头传说和表述、艺术表演等没有物质载体，它们未被固定在任何物体上。而各种民俗、节庆、礼仪属于典型的文化空间，非物质性更突出。另外，像传统工艺技能操作实践，也是无形的文化遗产，因为它指的是隐含在传统工艺品之上的工艺技能。故而，非遗的本质属性是特定社会情境下人们生活方式的自然展现。这种社会实践、思想观念、生产知识和技能等是无法用感官去触摸到的。物质文化遗产的物质性和有形性决定了它要以一定的形态存在于环境中，看得见、摸得着，它的文化价值主要隐含在有形物之中。而非物质文化遗产是一种抽象的文化思维，无有形可感，它存在于人们的观念中，融入人们的活动，而不是通过物品来传承和发展的。但是，无形的非物质文化遗产也可以通过有形物表现出来和传承下去，只是许多情况下该物本身并非非物质文化遗产，而是该物之中蕴含的文化元素。无形的实践、思想、知识技能等可以转换成不同的载体形式而被存储下来或传播出去，供后代人分享。所以，非物质性是非遗的质的确定性，是我们观察非物质文化遗产的出发点和归宿①。

（二）"活态"性

人们说物质文化遗产是"死"的物，而非物质文化遗产是"活"的人，其本意是物质文化遗产所含有的文化要素在物本身，而非物质文化遗产的文化要素不在物本身，而在人的活动本身，它是"活"的文化，具有被人类代代相传的特点。当然，不同的非遗表现形式，传承、发展方式也有别，有一个或几个民族在传承的，也有一个或几个家庭传承的，还有的是一个地域内的人群共同传承的。有些是秘密传承，如父子相袭、师徒相传。有些是公开展示的，甚至生活本身就是在传承一种文化，如民族、家族或一定社区举行的各种仪式。有时传承方式非常抽象，如社会风俗、礼仪、节庆等都能淋漓尽致地展现出"活文化"的特点。所以，非遗的生命就在于不停地被人们以各种方式传承，"活"的特性之一便是人的存在和传承。在这个过程当中，文化的占有群体用语言、音乐、形象和技艺完成了他们的交流，给他们带来精神的安慰，增强他们的勇气和信心，丰富他们的精神生活。同时，也会给他们带来物质上的享受。

"活态性"还有另一层意思，是指非物质文化遗产是不断被创新利用的活态文化。它是在传承中不断求新求变，并在变化中不断发展②。物质文化遗产则完全不同，它是以静态的形式存在于这个世界，是固定的物质遗留，只要没有天灾人祸，它就能世代为人类提供文化信息。非遗起源于人类为生存和交往而进行的各种活动，并且随着人类生存环境的变化和生存的需要而不断地丰富和发展。现实需要是非遗产生和发展的唯一动力。因此对非遗只有不断开发利用才能使其保持久盛不衰的活力③。这种活力是特定群体生产生活方式演进的动力，它不是僵化的，而是随着人类的需求不断进化或消亡。凡是促进生产力发展的文化现象就会被不断继承和发展，充满活力，经久不息。

---

① 贺学君："关于非物质文化遗产保护的理论思考"，载《江西社会科学》2005 年第 4 期，第 79 页。

② 谢彬如等：《文化艺术生态保护与民族地区社会发展》，贵州民族出版社 2004 年版，第 65 页。

③ 齐爱民："非物质文化遗产的概念与构成要件"，载《电子知识产权》2007 年第 4 期，第 17～21 页。

（三）地域性

一百种文化就能找到一百个不同的地理特点。人类早期由于交往不多，生产生活相对封闭于一隅，因此表现出文化差异就是地理差异。一方水土养一方人，一方文化育一方后代，从而形成了文化的多样性。虽然，《保护非遗公约》和《非遗法》都强调非遗是社区、群体和个人生产生活过程中创造，或者各族人民世代相传的文化，并非将非遗限定为某一区域的习俗文化，且现实中也确实存在某一种传统文化形式在不同地区，甚至不同国家同时存在。但是，这并不否定非遗的地域性特征，毕竟绝大多数非遗项目是集中在某个区域留存和传播，尤其在古代各民族聚居是常态，同一民族奉行相同文化信仰和习俗，因此造就了非遗的地域性特征。只是随着自然环境的变化、各民族之间的竞争和交往、统治者的政策变化等，促成了民族的迁徙、融合，也使得民族文化得以相互影响和传播，以至于到现在各民族、各国文化交流成为发展趋势。但非遗的地域性特征仍很明显，因为每一个民族大部分都有自己特有的活动范围和地域。世界范围内民族众多，人口数量庞大，悠久的历史积淀和各异的生存空间，为非物质文化遗产的创造与传承提供了环境。非物质文化遗产就是在这样的地域环境下产生，并与其息息相关。自然生态环境、宗教信仰、传统文化方式、生产生活水平，以及惯常生活方式、社区习俗等都不同程度地决定了"非遗"专属的特点。

地域性体现了非物质文化遗产赖以始衍的物质基础及其所反映的精神信仰。非物质文化遗产是生活在特定范围内的群体，为了族群的生存和发展，通过某种独特的方式积累起有地域特色的文化和精神追求。很多非物质文化遗产都依赖着特定的地理环境要素得以产生和传承，是某一地理区域文化的象征，比如说民间文学艺术、传统生活方式等，许多文化遗产都蕴含着地域特征，因为产生这些文化的土壤有其自身的特点。这种特定的文化遗产只有与特定的地域相结合，才能充分体现出其历史价值、文化价值和经济价值。某一社会群体多少都会接受、学习外来的生产生活知识，以增强自身改变大自然的能力和求取本族群和谐发展的机会，但只要他们生存的自然环境和人文环境未发生本质的改变，如未遭受巨大的自然灾害或完全被异族统治，那么当地的精神文化就不会被轻易改变。

当然，非物质文化遗产对地域环境的依赖和反应，并不能完全排斥和否定它对地理环境的适应。许多生命力极强的非物质文化遗产正是因为其具备对地理环境的适应，才被许多地域、不同民族和种族接纳，并被不断发展和创新。如一则梁祝民间故事在我国流传千年，就有内容不完全相同的汉族版、壮族版、苗族版、土家族版等[①]。在"申遗"过程中，就存在多个地区、多个民族对一项传统

---

① 苑利、顾军：《非物质文化遗产学》，高等教育出版社2009年版。

文化表现形式进行申报的情形，如端午节的习俗、元宵节的习俗以及许多口头传说的民间故事等。这说明，非物质文化遗产有时可以突破地域和民族的界限，被不同地域和民族加入自己的文化要素和精神诉求，不断被传播，也不断被丰富，从而促进各民族文化的交融。

（四）传统性

从非遗概念在我国的演化就已经知道，非遗曾被称为传统文化遗产、民族民间传统文化等，说明国内的官方和民间都认可非遗的传统性。非物质文化遗产从其产生就离不开特定民族、社区的传统生活习俗和生产需要，它基于当时特定群体的信仰、道德标准而逐步形成，通过千百年的实践世代承袭，从而形成传统。它带有古老的文化色彩，具有传统性这一基本特征。特定的民族、社区在不断传承非物质文化遗产的同时，也为适应环境的变化而不断地创新文化表现形态，丰富着非物质文化遗产的体系。凡是传统的东西都有其存在的根基，非物质文化遗产也是一样，它包含着最核心、最本质的属于某个民族和群体的价值观和生活态度，它的形成和发展既是有意识的，又是自然而然的，经过不断的尝试，通过口传身授世代相沿。它作为"历经数代人的试验和尝试而达成的成就，包含着超过了任何个人所能拥有的丰富的经验"①。比如说，我国的传统中医药知识，就是中华民族世世代代通过"神农尝百草"这样亲身观察和实践的方式而逐步积累起来的，充分显示其传统性的特征。

尽管非物质文化遗产是发展的，并且不断被创新。但它们总是为群体或社区生产生活服务的，离开它的目的性便失去了存在价值。非遗的最初存在价值即是生存所需，直到目前为止，许多落后民族、部族的非遗也不是娱乐项目，而是生存手段，它们必须随着环境的变化而不断更新。只是其发展速度和变化程度是不同的，无需大惊小怪。有的非物质文化遗产经过世代相传有了较大的发展，对现代社会有较好的适应能力，有的非物质文化遗产则发展较慢，仍保持着浓郁的传统特色。《保护非遗公约》尽管并未提出非遗的传统性，但是强调世代相传，即人们所说的传承性，这种传统的延续方式大体有两种：一种是师徒传承，包括群体自发的传衍。另一种是家族内的口传心教，这种表现形态上的世代相传或师徒相承的特性，与人们的日常生活紧密联系，贯穿其中的是特定的精神和文化。这种特定的精神所包含的价值理念不会因代际交替而发生实质变化，只是文化表达形式有所变化，如昆曲中的唱腔、表演程式、表演经验，都是通过一代代的演员口传心授流传下来的。尽管期间有所变化，但昆曲的核心艺术特点不变，昆曲经典曲目所体现的核心价值观不变，这就是文化的传统性。正是由于有着共同生活

---

① 王文章：《非物质文化遗产概论》，教育科学出版社 2008 年版，第 243 页。

环境的群体遵循着相同的传统，才能产生情感上的共鸣，这种共鸣使得非物质文化遗产在人群中通过口口相传、口手相传而延续下来。

（五）群体性

《保护非遗公约》将非遗的传承主体描述为社区、群体和个人，但如果能够明确非遗的传承者都是个人，也就没有签订公约的必要了，个人的文化财富无需他人干涉。非物质文化遗产即使最初由一个人、一个家庭或一个部落发现或创造，但能够传承千百年，就绝对不是一个人、一个家庭能够完成的。如果想要世代延续一种文化，必须是由群体承接与传播，如同一滴水只有融进大海才不会干涸。我们无法统计究竟有多少古代的文化形式已经灭绝，但有一点可以肯定，能够传承下来的非遗项目必是依靠群体的力量。

细而言之，此处强调非物质文化遗产的群体性，首先是指它的创作有群体性，往往不是靠单个社会成员的智能与灵感完成，而是在群体智慧和经验的基础上形成的，是由其所在的群体甚至相关联的多个群体在长期的生产生活实践中共同完成的。因而非物质文化遗产是集体创作的成果①。这种集体可以是同时代或不同时代的一个社区、一个行业、一个民族甚至一个国家。由于非物质文化遗产为集体所创造，使得非物质文化遗产往往体现了群体的意识、心理、精神，能够为社区、群体及其成员提供认同感和持续感。其次是指非遗靠群体流传和延续。尽管传承的方式可以是集体传承，也可以是个体传承，但以集体传承为主。因为绝大多数非遗项目本身就是群体完成的项目，如各种民俗活动、民族曲艺戏曲等，均非一人能完成的文化表现形式。这里的群体为以一定方式聚居的人群，无论规模大小，只要以一定的文化纽带相连，都可以成为非遗的主体，而承继同一文化传统的群体尤以民族最为常见。最后，非物质文化遗产权利主体的集体性。从公约到国内法尽管并未从私法角度对非遗的权利主体加以规定，但是理论上人们仍然习惯地认为创造或延续传承了非遗项目的社区、群体、民族就是非遗的权利主体。总之，我们习惯认为文化是民族的文化，而在民族国家形成前就已存在或非经国家统一强制性贯彻的文化现象，又被称为文化的民间性，非遗项目就是具有民族民间特色的文化遗产②。

（六）民族性

共同的语言、共同的地域、共同的经济生活、共同的文化和共同的心理素质，这样的共同体我们称为一个民族③。不同地域的各族在经济、生活、语言、

---

① 参见张德财："非物质文化遗产的法律保护研究"，华东政法大学 2007 年硕士学位论文。

② 苑利："非物质文化遗产保护主体研究"，载《重庆文理学院学报》2009 年第 2 期，第 1～8 页。

③ 杨庆镇："民族的概念和定义"，载《民族研究》1990 年第 6 期，第 17 页。

生活习惯和历史发展上的不同表现形成了千姿百态的非物质文化遗产。任何一个民族或者群体都有自己独特的文化，失去这些独特的文化，就失去了民族精神，割断了链接民族成员的血脉，这个民族就不可能成长壮大。民族性是某一民族自己独有的，是该民族自己的世界观、价值观、思维方式、民族文化的共同体。这些内容是长期以来形成的，体现在日常生活的方方面面，具有很强的稳定性，不易为外界因素所改变。每个民族都有自己独特的特点，这些特点通过该民族成员的语言、思维方式、行为方式而表现。

非物质文化遗产是当地各民族在长期的实践活动中、与当地自然和人文环境相互磨合而形成的一种文化现象，该民族性只在特定区域内或该族成员内流传。所以，非物质文化遗产会烙着某一民族的符号，经过不断的传承，吸收各个时期的精华，保留了该民族文化的独有特征。于是，非物质文化遗产被喻为"民族精神的博物馆"和"民族文化的基因库"。从思维习惯到宗教信仰，以及由此决定的精神价值追求，无不打上了特定民族的烙印。此外，地域性与民族性紧密相关，特殊的地域环境塑造了特殊的民族特性，即非物质文化遗产产生于特定的地域环境之中，必然反映特定民族的特性。如苗族的"芦笙舞"在我国舞蹈史上具有重要的地位，被视为中国民族舞蹈文化的代表。"芦笙舞"表演方式和内容都具有极强的民族特性。当然，非物质文化遗产的民族性还有另外一个侧面体现出来，即非遗是人类在特定的历史阶段和特定的地域范围创造和传承出来的，属于民间自主的行为。同时起源于民间、生长于民间的文化，包括民间文学、民间表演杂技与竞技类艺术、民间美术和民俗文化等都是非物质文化遗产的要素和组成部分。大部分反映生活习俗和习惯的非物质文化遗产，其产生都伴随着广大群体劳动的过程，能展现地域居民乐观向上的生活态度和苦中作乐的生活情趣，真实传达了劳动人民自然朴素的本质及对生活本质的自然追求。所以，人们又把非遗称为民族民间传统文化。

（七）流变性

不管哪一类型的非物质文化遗产都不是一成不变的。当今所见到的有些文化形式已经与历史资料记载的内容存在极大的差别，此乃文化发展的一般规律，即文化是发展的。一种文化形态的产生必然依赖于当时的物质生活条件，随着该条件的变化，传承者必然要适应新的要求给它注入新的元素。有些文化形式在时间的长河中往往会由于各种原因容易丢失也不断在消亡；有些则在多元文化冲击下产生变异。以工艺技能为例，某一传统工艺技能在某个时代具有稳定性，但随着时代的发展，人们审美观的变化，生产生活需要的变化，技艺就会变化。而这种工艺技术需要的某些材料和使用的工具则变化会更大。比如我国的陶瓷制作技艺历经四五千年的演变，便发生了巨大变化。从夏商时期以前的单色低温软陶制作，到商周时期的彩色低温软陶制作，再到秦汉时期高温致密瓷器的制作，技艺在不断进步。之后，至明清加釉瓷器不仅有实用器，还分出了观赏器而成为艺术品，制作材料从陶土到黏土和瓷石，燃料从木柴到煤炭、燃气再到燃油、电力，制作工艺也由单纯的手工，发展为半机械、全机械甚至自动化，这些变化都会反映到瓷器上①。再以表演艺术为例，表演艺术的表现需要一定相关的物质条件，如场地、服装、道具、乐器等。不同的表演艺术，在这些方面都有区别，有的甚至是构成该艺术的文化特色，如京剧的京胡、川剧变脸面具等。一种戏曲艺术在不同时期的表演所使用的场地、服装、道具、乐器组成等也都有所不同。有着二百多年历史的京剧，在不同时期不仅演出所使用的戏台在大小、结构、建筑材料等方面不同，更主要的是戏台上的灯光、布景等差距更大。现在演出戏剧不仅有京胡伴奏，还有的需要传统乐器之外的现代乐器乃至西洋乐器伴奏。

对于非遗的本质特征，还有学者提出了另外的一些观点，比如相对公开性、共享性等。笔者认为这些特征并不具有普遍性，非遗项目许多并不公开，也不是共享的，像许多传统工艺、曲艺，甚至祭奠仪式等，都是师徒相传，或仅在同族部分代表之间传承，对外表演公开，但其中的奥妙都是秘密，并不是共享的，即使在同族内也不共享。由于非物质文化遗产无形内涵必须借助一定的物质载体或媒介来表现与传达，因此有人认为非遗也具有物质依托性特征。但需要说明的是，物质载体只是为了表现文化，文化蕴含在物质载体之中，物质载体只是作为辅助工具，而不是非物质文化遗产本身。另外，非遗的内容涉及传统文学艺术的各个方面，因而具有丰富性、多元性、综合性等特征。但这些特征并不突出，因为许多物质文化遗产也具有相同的属性，故在此不再展开说明。

三、非物质文化遗产相关概念辨析

从横向来看，与非物质文化遗产相关的概念比较多，将这些概念进行探讨，并与非物质文化遗产进行概念比较，目的是进一步明确非遗的本质属性。

（一）非物质文化遗产与物质文化遗产

物质文化遗产，也被称为有形文化遗产，是传统意义上的文化遗产。根据《保护世界文化和自然遗产公约》，它包括历史文物、历史建筑、人类文化遗址等。具体而言，物质文化遗产主要是具有历史、艺术和科学价值的文物，包括可移动文物和不可移动文物。不可移动文物是指古文化遗址、古墓葬、古建筑、石窟、寺、石刻、壁画。如果从历史的角度看，近现代重要史迹和代表性建筑，也

---

① 叶喆民：《中国陶瓷史（增订版）》，生活·读书·新知三联书店 2011 年版。

是未来的文化遗产。可移动文物是指历史上各时代重要实物、艺术品、文献、手稿、图书资料、代表性实物等。

由此可见，物质文化遗产是文化遗产的基本类型，之所以被国际公约确定为保护对象，在于它包含着文化遗产的内核，即文化遗产的精神和观念价值，它必须具有"突出的普遍价值"，指的就是物质文化遗产的精神价值。而非物质文化遗产主要强调精神内涵，但不等于与物质没有联系。非物质文化遗产大多以有形的物质形式为依托和传承，如戏剧离不开道具，表演离不开服装、乐器，祭祀大典离不开各种器皿等。所以"非物质"不是说与物质绝缘，没有任何物质因素，而是指保护重点是物质因素所承载的非物质的、精神的因素。二者相互联系、不可分割。尤其近年出现的一种新的文化遗产形式叫文化景观，实质上就是一种非物质文化遗产与物质文化遗产的混合遗产。如我国的武当山就是道教信仰圣地，同时又是美丽的自然景观。但是，两者之间的差异也是明显的。

首先，物质文化遗产的存在形式是有形的，是具体的"物"。"物"既是其存在呈现和传承的载体，又是传承的终极方式。因此，所谓利用物质文化遗产就是直接占有、使用具体的"物"，保护物质文化遗产就是管理和保护具体的"物"。尽管使用、管理和保护某些"物"的人可能需要掌握一些专门知识和技能，不过这些知识和技能与物质文化遗产的"文化"不具有必然的联系。不具有相关技能的人照样可以成为某个文物的所有人、继承人。而非物质文化遗产的展示和传承是"人"，通过人与人之间的精神交流完成传播。同一文化群体中的人通过口头语言，肢体语言，甚至一种观念和心理暗示就能完成文化信息的交换。传承者从前人、长辈那里习得专门知识、观念、技能，就能完成大部分非遗的利用和传承，这些知识、技能、观念本身就是非遗本身或者非议的核心内容。所以，非遗主要指的是这种抽象的、无形的文化信息。

其次，物质文化遗产是静态的文化遗产，不可再生，不能创新，无所谓传承而只是继承。而为了代代相传需要采取保护措施，即对其损坏的修复和现状的维护。作为一种特定历史时期文化的记忆载体，不可复制。非物质文化遗产是活态的文化遗产，突出人的因素，靠人们一代代的传承而延续，并在延续过程中加入新的要素，得以创新和发展。可传承性依赖于人的主体地位，由人将一个民族或群体的思维和行为方式传递给下一代。传统文化的基因在一定时期具有稳定性，但随着社会文化生态环境的变化以及传承者本身的素质，包括知识、兴趣、主观经验的变化而不断变化。所以非遗是具有时代性的，是主体自动传承发展的。如果说物质文化遗产既可以主动保护，也可以被动保护即未经人们采取保护措施而任其自己存在。那么，非遗的传承则不同，只能靠持有人有意识地向后传递，离开人们的积极行为不可能自动存留和传播。

再次，物质文化遗产是相对稳固的文化遗产，非物质文化遗产是比较脆弱的文化遗产。由于物质文化遗产是客观存在的物，不管人们是否有主观保护的意识，它都是一种客观存在，不管人们想附加它一种什么样的含义，它都有自己本来的含义存在。"文革"中它被当作该破的"四旧"，现在备受推崇成为价值不菲的传统文化，只要人们不故意损坏它，它就可能继续存在。而非遗则不同，传承人失去传承的动力而停止传承，或者社会环境发生变化排斥它的存在，往往导致它的消亡。特别是随着当代社会人们生活方式、生存理念、价值观念的变化，一些古老的生活习俗和谋生的传统技能便失去了存在的条件和被传承的动力，随着文化全球化步伐的加快，年轻一代对传统文化的兴趣越来越淡化，非遗从而面临消亡的威胁。这本身就是一种必然，因为非遗的产生与发展从来不能离开某个特定群体、在特定时期的现实需求。

（二）"非物质文化遗产"与"精神文化遗产"

在中国大陆，精神与物质的对应性是我国许多人文学科的基本分类，而广义的文化通常被解释为人类创造的一切物质产品和精神产品的总和。"物质文化生产"，产出的是"物质文化产品"，主要指物质生产方式和经济生活，是为了满足人类生存和发展需要所创造的物质产品及其所表现的文化。而"精神文化生产"产出"精神文化产品"，狭义的文化专指这部分产品，包括语言、文学、艺术及一切意识形态在内的精神产品。在我国文化语境中，一般可以简单理解成"非物质"等于"精神"，反之亦然。两者的范围有交叉。部分非物质文化遗产的确可以归到"精神文化遗产"的范围之内。如剪纸艺术、土碱烧制技艺、五粮液酒传统酿造技艺、扬州玉雕、苏绣、武强木版年画、天桥中幡、河南坠子等，都可以叫作"精神文化遗产"。五台山佛教遗址是我国物质文化遗产的代表作，而五台山的建筑艺术、设计构思、祭祀功能、佛教传播功能等等则是宝贵的古代精神文化遗产，但不属于非物质文化遗产。

由此可见，在内涵和外延上，"精神文化遗产"比"非物质文化遗产"的概念和范围大得多。精神文化遗产不仅拥有文化行为、方式、事象和活动，同时还包括很多观念形态方面的文化元素，可以指各种行为规范、群体意识和价值观念的总和。近年来，随着人们对西方文化东侵的恐惧，对传统文化观念复活的希望，理论界越来越多地谈到文化传统的道德观念，倡导忠、孝、礼、义、廉、耻，这些都属于在中华大地流传了几千年的精神文化遗产，核心乃是推崇家庭关系中的"孝道"，官场上的"廉洁"，社会成员之间的"宽容"，这些传统观念对于构建和谐的家庭关系、社会关系，反腐倡廉都有现实意义。但是，这些优秀的传统文化所包含的思想观念，只有当它们通过世世代代以一定的表现形式或形态被传承并展现出来的时候，才能被称为"非物质文化遗产"。如人们熟知的血缘习俗，有代表性的祭祖礼俗、婚丧习俗、拜寿诞礼仪、立家谱及建宗庙习俗等，都包含有"孝"和"礼"的精神文化①。近年来，各级政府评审确立的非遗保护项目，有很多都是涉及礼仪、节日习俗的文化形式，是《非遗法》的保护对象。

（三）原生态文化和非物质文化遗产

原生态，是一个新生的文化名词，从自然科学借鉴而来。生态是生物和环境之间相互影响的一种生存发展状态，原生态是一切在自然状况下生存下来的东西。社会公众接触这一概念是从中央电视台举办的民歌大奖赛，其中就有原生态唱法之说。因其质朴自然，而显得清新、真实，深受都市观众的欢迎。从而被赋予很高评价，甚至与民歌相分离，成为独树一帜的歌舞表现形态。这种艺术形式得到电视观众的首肯，也刺激了各地艺术表演团体的灵感，非物质文化遗产资源丰富的地区便十分关注原生态文化资源的开发，掀起了文化复古热潮。它对普通百姓的影响主要是通过旅游开发活动，人们逐渐感受到各地旅游景点设计了许多新的表演形式，把它与当地居民生活有机结合在一起。如广西的《印象·刘三姐》、云南的《云南印象》、西安的《盛唐歌舞》等大型歌舞节目，便是散发着浓重的原生态气息的民族民间歌舞，经过现代人的再设计，利用舞台集中展现的传统艺术形式，其社会效益、经济效益俱佳。

理论上人们多从三个方面的含义理解"原生态"：一是指自然形态，即不做人为加工，未经修饰；二是指自然生态，即不脱离生存发展的自然与人文环境；三是指自然传衍，即与民俗、民风相伴的一种特定的生活与表达情感的方式②。由此可见，原生态并不限定在民歌的演唱，凡未被现代材料和手段替代加工，仍保留或重现原始状态的文化艺术的各类表达都认为是原生态的东西。因此，"态"本意是指生物和环境之间相互影响的一种生存发展状态，原生态是一切在自然状况下生存下来的东西。

从文化发生学的角度看，原生态文化，就是产生于农业社会的早中期，人类为适应自然而创造出的相对自然的文化形态，是农耕时代人类的一种生存方式，浸注着宗法农民的世界观和人生观，反映着农业社会的社会情境和风俗习惯③。由于生产力水平低下，人类认识和改造自然的能力很差，通过生产和社会实践积累起各种生存的技能技艺，并不断地被世代改进和延续。当人们遇到不可抵抗之自然灾害，既恐惧又无奈，只有借助于想象力去征服自然，关于宇宙自然及人类起源的神话、传说由此产生，甚至以行为来表达对天地鬼神祖先的敬畏。于是从祭天地到祭祖宗的仪式，从庆丰收到祈天赐的歌舞，各种仪式和曲艺都源于生活

---

① 乌丙安：《民俗学原理》，辽宁教育出版社 2001 年版，第 37 页。

② 乔建中："'原生态民歌'琐议"，载《人民音乐》2006 年第 1 期，第 26 页。

③ 刘锡诚："非物质文化遗产的文化性质问题"，载《西北民族研究》2006 年第 3 期，第 130~139 页。

和自然，是应人们生存的需要而逐渐形成并得以发展的。从该角度讲，原生态文化属于非物质文化遗产，是非物质文化遗产的重要组成部分。

那么，原生态文化与非物质文化遗产最大的区别何在？有学者认为主要在范围上不同，非物质文化遗产的范围远远大于原生态文化的范围①，把原生态文化的范围限定在农耕文明时期，人类所创造的文化形态。而非物质文化遗产则不仅包括最古朴悠久的那部分原生态文化，还应该包括人类由农耕社会向工业社会过渡进程中的文化创造，甚至包括工业社会对原生态文化的发展。如几十年前的"革命样板戏"，照样可以认为是非物质文化遗产。非遗在近现代随着东西方文化交流的加剧，其形式变化是迅速的，但其本质的内核并没有太大变化。而原生态文化由于自生于封闭的自给自足的自然经济，它决定了文化传播与发展的缓慢性。它不随时代变迁而变化，是非物质文化遗产中最初的和最本真的形态。

（四）无形文化遗产与非物质文化遗产

国内讨论无形文化遗产与非物质文化遗产多参考意大利博物馆协会主席乔凡尼·皮纳对无形文化遗产的论述，皮纳将无形文化遗产分为三类：第一类是基于物质形式而存在的。例如传统文化方式，中国的地方戏曲就是基于舞台和复杂道具（戏服、曲目所需道具），以及舞台造型艺术和剧本等组成，其中的物质部分不可缺少。同时，像文化活动场所等，也离不开物质基础，如庙会。这些遗产始终保持着属于自己的文化或社会传统价值，并世代相传。第二类是不需要以物质形式而存在的，如记忆、语言、歌曲等。具体而言，像各民族的语言文字，民间故事、神话传说、民歌等。第三类是包括在构成有形遗产的文物之中，即文物所表达的象征和内涵意义②。由此可见，皮纳并没有把无形遗产和物质对立起来，相反，三类无形文化遗产中，有两类和物质有关。也就是说在他看来，"无形"和"有形"可以看作一件文物或一处遗址的两个方面。反过来则不成立，"非物质"不能包括"有形遗产"，这就是两者的区别。

如果按照皮纳的标准，对照公约和我国立法对非遗的界定，无形文化遗产的内涵比非物质文化遗产要丰富，至少第三类无形遗产不能归入非物质文化遗产，或者说，至少从法律调整的重点的角度讲，许多文物是包含着丰富的内涵的，而且有历史意义。但是它受文物法保护，也就是说它作为一个具有特殊意义的物可以受到特别法的保护。这个法只要保护它的有形存在，就可以连带保护了它的历史、艺术等方面的价值。反过来说，在没有文物法的国家，完全可以将无形文化遗产和非物质文化遗产画等号，即无形的文化遗存就是非物质文化遗产。

---

① 范道桂："非物质文化遗产保护的理论与实践"，载《艺术研究》2007 年第 6 期，第 4 ~ 9 页。

② 张晋平："是'无形遗产'，还是'非物质遗产'？"，载《中国文物报》2004 年 5 月 7 日。

与非物质文化遗产相近的概念还有民族民间传统文化、民间创作等。尤其民族民间传统文化一词，在我国加入《保护非遗公约》之前，曾经被立法和官方文件确定为传统文化的代名词。尽管尚没有一个法律法规对民族民间传统文化予以定义，但人们还是能够抓住它的几个要素，即民族性、民间性和传统性。实际上，非物质文化遗产也具备这几个特征，只是更强调非物质性或无形性，而民族民间传统文化应该也包括物质文化遗产，其范畴更广。另外，1989 年通过的《保护民间创作建议案》，提出了民间创作的概念，并指出针对来自某一文化社区的全部创作。它的宽泛程度确实可以和民族民间传统文化有相似之处，甚至可以完全超越文化遗产的范畴，除了自然遗产，都可以涵盖在内，远比非物质文化遗产丰富得多。

第二节　非物质文化遗产的类型化解析

一、非物质文化遗产的立法分类

德国著名法学家卡尔·拉伦茨在其名著《法学方法论》中指出，"当抽象——一般概念及其逻辑体系不足以掌握某生活现象或意义脉络的多样表现形态时，大家首先会想到的补助思考形式是'类型'"[1]，而德国另一位著名法学家阿图尔·考夫曼也认为"事物的本质的思考是一种类型学的思考"，与抽象的概念相反，作为思考形式的类型之认识价值在于：其能够清楚显现——并维持彼此有意义地相互结合的——包含于类型中的丰盈的个别特征。事物的本质正是反映在丰盈的个别特征之中[2]。因此，我们讨论非遗的分类，不管是法律分类，还是理论分类都是为了弥补其内涵的不确定性，或者说欠精确性。

（一）国际立法

根据《保护非遗公约》第 2 条第 2 款的规定，"非物质文化遗产"包括：（1）口头传统和表现形式，包括作为非物质文化遗产媒介的语言；（2）表演艺术；（3）社会实践、仪式、节庆活动；（4）有关自然界和宇宙的知识和实践；（5）传统手工艺。这几个方面无疑是对"非物质文化遗产"的外延或范围的表述，也就是非遗的类型。国内许多学者在解释公约时，多认为非遗就分为上述五个类型。但也有学者通过对公约中非遗内涵的剖析，认为公约确定了六类非遗，

---

①　［德］卡尔·拉伦茨：《法学方法论》，陈爱娥译，商务印书馆 2005 年版，第 337 页。

②　Kaufmann, Analogie und "Natur der Sache", 2. Aufl. 1982, S. 37.

即还应包括"文化场所",亦称"文化空间"。① 这就是公约第 2 条第 1 款的规定,即"被各社区群体,有时为个人,视为其文化遗产组成部分的各种社会实践、观念表达、表现形式、知识、技能及相关的工具实物、手工艺品和文化场所"。那么究竟是中文本翻译有误,还是东西方文化差距所致,为什么在该条第 2 款列举非遗项目的时候,没有将"文化场所"列举出来呢?五类型分法没有人加以解释,而六类型分法是非常直观地来自公约内涵的分解。但是,如果按照这种分类法,似乎也缺少令人信服的依据,因为在公约的内涵表达上还有与外延的列举不能对应的现象,比如"观念表达"。如果我们严格按照逻辑学上内涵与外延的关系,来处理和分析公约第 2 条第 1 款的列举与第 2 款的列举之间的关系,那么应该是抽象与具体的关系,第 2 款所列举事项的本质特征是被包含在第 1 款的列举当中的。反过来说,第 1 款的列举是抽象本质的说明,是完全可以涵盖第 2 款的列举的,第 2 款的列举是不完全列举,是对第 1 款的说明。尽管如此,只有当第 2 款的列举至少有一项是可以对第 1 款的列举有所说明,也就是说第 1 款的列举至少在第 2 款中有所指,这个外延和内涵的关系才符合逻辑要求。如此一来,我们必须推定国际公约的规定不应该存在前后不一致的逻辑错误,而应该理解为在各种文字之间进行翻译时,由于表达习惯的不同,而存在了偏差。由此,我们可以认为"文化场所"在第 2 款的分类中也是有呼应的,即可以归入第三类"社会实践、仪式、节庆活动"。因为这一类非遗实践活动往往离不开文化场所。所以,如果从立法上讲,公约对非遗的分类只能认为是分了五类,而如果从理论上作出解释,也可以说分成六类。本书客观地阐释公约的内容,坚持五分类法。

(1) 口头传统和表现形式,是历史最为悠久的文化遗产和精神财富,包括民间传说、神话、诗歌、史诗等形式的口头表述以及作为其媒介的语言。它是非物质文化遗产的最普通的形式之一,有人类的地方就有这类文化遗产。

(2) 表演艺术,既然是表演并称为艺术,就肯定高于生活,正如我们通常所说,它也来自生活,它的艺术性是越来越强。从最初的现实生活的集中重复或者称为特定场所的重复,上升为被夸张后的艺术,包括戏剧、音乐、舞蹈、曲艺、杂技、木偶、皮影、宗教表演等表现形式②。通过唱、说、演奏、肢体语言等形式来塑造形象、传达情绪、情感,从而表现生活。它们大多都是口耳相传,甚至有些根本就没有师傅,父母、伙伴就是老师,但也不排除有专业演出者以此为生。

(3) 社会实践、仪式、节庆活动。社会实践是一个太过丰富的活动集合,

---

① 王文章:《非物质文化遗产概论》,文化艺术出版社 2006 年版,第 299 页。

② 王文章:《非物质文化遗产概论》,文化艺术出版社 2006 年版,第 54 页。

我们能够想到的人类有意识的活动都能纳入其中，但绝非我们活动的全部。所以有人认为应该指社会习俗，也就是我们生产生活中被世代重复延续的、有意义的风尚、礼仪和习惯等。可以涵盖衣食住行、婚丧生老、岁时节庆、生产娱乐、宗教信仰等方面的行为规范。当然，也包括文化场所，即那些有价值的并且定期举行传统文化活动的空间。

（4）有关自然界和宇宙的知识与实践。包括农耕活动和知识，食物的保存、制作、加工，药典和治疗方法，动植物知识，宇宙观，图腾崇拜，宗教信仰，巫术，天文和气象知识，历法纪年知识，算数方法等①。这些知识就来自实践，是人们认识自然、改造自然的过程中逐渐积累的科学知识，尽管有些并不符合今日科学的观念，在实践当中甚至并没有起到积极的作用。但因没有更令他们信服的解决方案的情况下，这些知识和实践仍然被使用和传承，即使不能解决实质问题也能求得精神的满足。

（5）传统手工艺。包括传统的工具器械制作，农畜矿产品加工，雕刻技艺，烹饪技艺，织染、编织扎制，陶瓷制作技艺，乐器制作技艺，人体绘饰技艺，食品的制作和保存技艺，金属采冶和加工等。传统手工艺品凝聚着手工艺者的智慧与血汗，不仅具有艺术欣赏价值，还具有实用价值。

（二）国内立法

在《非遗法》正式实施之前，受《保护非遗公约》的影响，配合世界非物质文化遗产代表项目申报工作，我国也开展了各级非遗保护代表性项目名录的申报评审制度，依据就是2005年的《国家级非物质文化遗产代表作申报评定暂行办法》。该办法第3条规定了非遗的基本类型，将非遗划分为两大类六小类。两大类是指：（1）传统的文化表现形式，如民俗活动、表演艺术、传统知识和技能等；（2）文化空间，即定期举行传统文化活动或集中展现传统文化表现形式的场所，兼具空间性和时间性。六小类是指非物质文化遗产的范围包括：（1）口头传统，包括作为文化载体的语言；（2）传统表演艺术；（3）民俗活动、礼仪、节庆；（4）有关自然界和宇宙的民间传统知识和实践；（5）传统手工艺技能；（6）与上述表现形式相关的文化空间。这一分类完全套用了《保护非遗公约》的规定。

我们并不知晓我国在申报世界非物质文化遗产代表项目是如何分类申报的，但是2006年国务院发布的第一批《国家级非物质文化遗产名录》并未遵循《保护非遗公约》的分类法，而是将非遗分为十种类型：（1）民间文学；（2）民间音乐；（3）民间舞蹈；（4）传统戏剧；（5）曲艺；（6）杂技与竞技；（7）民间

---

① Janet Blake, Commentary on the UNESCO 2003 Convention on the Safeguarding of the Intangible Cultural Heritage, Institute of Art&Law, 2006, p. 38.

美术；（8）传统手工技艺；（9）传统医药；（10）民俗。之后，国家又相继评审了三批国家级非遗代表性项目，2016 年开始进行第五批的申报和评审。从各批次的审批情况来看，仍然沿用第一批名录的分类模式。实际上，第一批代表性名录的分类也并没有按照《国家级非物质文化遗产代表作申报评定暂行办法》去做，因此仅能作为参考，并非严格的法律分类。

2011 年的《非遗法》第 2 条第 2 款正式将非遗分为六类：

（1）传统口头文学以及作为其载体的语言；

（2）传统美术、书法、音乐、舞蹈、戏剧、曲艺和杂技；

（3）传统技艺、医药和历法；

（4）传统礼仪、节庆等民俗；

（5）传统体育和游艺；

（6）其他非物质文化遗产。

属于非物质文化遗产组成部分的实物和场所，凡属文物的，适用《中华人民共和国文物保护法》的有关规定。

《非遗法》的这一分类实际上是非遗外延的说明，立法说明上并未解释，但与保护公约并未一一对应，即未抄袭公约，体现了我国立法的特色。

二、非物质文化遗产的理论分类

（一）以客体的基本属性分类

联合国教科文组织文化部国际标准司司长林德尔·普罗特在解读非物质文化遗产的外延时曾经指出，一个完整的"无形文化遗产"涵盖一个很宽泛的范围。例如传统语言和口传遗产；传统宗教和礼仪；工艺设计和艺术作品的主题、音乐、诗歌、戏剧、舞蹈、服饰、手工艺品和技艺，厨艺、狩猎、园艺、纺织、医疗、处理冲突的方法等[1]。普罗特的列举可以认为并非有科学论证的分类，或者根本称不上是分类。只是对非遗做不完全列举，没有按照一定的标准对非遗进行分类，不具有太高的参考价值。

自 2004 年 7 月开始，文化部组织有关研究单位从事民俗、民间文化及社会学研究的 100 多位专家学者，准备编撰《中国民族民间文化保护工程普查工作手册》，2007 年出版时正式定名为《中国非物质文化遗产普查手册》（文化艺术出版社），牵头单位包括中国艺术研究院、中国社会科学院、中国科学院、中国文联、国家博物馆、清华大学等单位。普查工作手册确定分类普查统计的基本方

---

[1] 潘年英："全球化语境中的少数民族非物质文化遗产：保护和利用"，载文化部民族民间文艺发展中心编写：《中国非物质文化遗产保护研究（2005·苏州）》，北京师范大学出版社 2007 年版，第 864～873 页。

法，将我国非物质文化遗产分为 16 大类，即一级类：民族语言、民间文学、民间美术、民间音乐、民间舞蹈、戏曲、曲艺、民间杂技、民间手工技艺、生产商贸习俗、消费习俗、人生礼俗、岁时节令、民间信仰、传统体育与竞技等。在这 16 个基本类别之下，又再细分出一些二级类别。例如，"游艺、传统体育与竞技"包括室内游戏、庭院游戏、智能游戏、助兴游戏、博弈游戏、赛力竞技、技巧竞赛、杂耍竞技及其他 9 类。再如"民间知识"又细分为医药卫生、物候天象、灾害、数理知识、测量、纪事、营造及其他 9 种。

中国艺术研究院院长王文章教授提出的十三种类别的非物质文化遗产分类体系：（1）语言（民族语言、方言）；（2）民间文学；（3）传统音乐；（4）传统舞蹈；（5）传统戏剧；（6）曲艺；（7）杂技；（8）传统武术、体育与竞技；（9）传统医学和药学；（10）传统手工艺及其他工艺技术；（11）民间美术、工艺美术；（12）民俗；（13）文化空间①。

西南民族大学贾银忠教授在其主编的《中国少数民族非物质文化遗产教程》中提出了九大类 18 小类划分方法。贾教授虽然研究的是我国少数民族非遗保护问题，而实际上涉及非遗类型是汉民族传统文化中也有的类型，可以简单概括为：（1）口头文化遗产，包括语言、口头文学；（2）体态文化遗产，包括体型文化、形体艺术、行为艺术；（3）传统戏剧和说唱艺术，包括传统戏剧、歌舞艺术、说唱艺术、对歌和歌唱文化艺术；（4）技艺文化遗产，包括建筑技艺与建筑物、建筑的造型艺术、特色工艺品、技艺与艺匠文化；（5）民俗文化遗产，包括经济民俗文化、节庆民俗文化、人生礼仪民俗文化；（6）茶文化遗产；（7）烹调技艺文化遗产；（8）医药文化遗产；（9）酒文化遗产，包括用酒习俗、特色酒文化②。

综合考虑国际公约和我国立法，参考理论界各位学者的观点，为便于同各级非遗保护名录相协调，同时照顾到大众观念和习俗称谓，本书采用表 1 - 1 的分类。

表 1 - 1　非物质文化遗产分类

大类	亚类	基本类别
文学语言	民族语言	民族语言、方言、其他
	民间文学	神话、传说、故事、歌谣、史诗、长诗、谚语、谜语等

① 王文章：《非物质文化遗产概论》，文化艺术出版社 2006 年版，第 253 页。
② 贾银忠等：《中国少数民族非物质文化遗产教程》，民族出版社 2008 年版。

大类	亚类	基本类别
表演艺术	民间音乐	民歌、器乐、舞蹈音乐、戏曲音乐、曲艺音乐等
	民间舞蹈	生活习俗舞蹈、岁时节令习俗舞蹈、人生礼仪舞蹈、宗教信仰舞蹈、生产习俗舞蹈
表演艺术	戏曲	曲牌体制的戏曲剧种、板腔体制的戏曲剧种、曲牌板腔综合体制的戏曲剧种、少数民族的戏曲剧种、民间小戏剧种、傩戏及祭祀仪式的戏曲剧种、傀儡戏曲剧种
	曲艺	说书、唱曲、谐谑、相声等
	民间杂技	杂技、魔术、马戏、乔妆戏、滑稽等
技艺美术	民间手工技艺	工具和机械制作、农畜产品加工、烧造、织染缝纫、金属工艺、编织扎制、霖漆、造纸、印刷和装帧等
	民间美术	绘画、雕塑、工艺、建筑等
民俗	生产商贸习俗	农业、林业、渔业、狩猎、饲养和畜牧业、商贸、副业等
	消费习俗	服饰、饮食、居住、交通等
	人生礼俗	妊娠、分娩、诞生、命名、满月、百日、周岁、成年礼、婚礼、寿诞礼、葬礼等
	岁时节令	汉族节日、少数民族节日等
知识信仰	民间信仰	民间信仰、原始信仰、俗神信仰、祖先信仰、庙会、巫术与禁忌
	民间知识	医药卫生、物候天象、灾害、数理知识、测量、纪事、营造等
竞技游戏	游艺、游戏、竞技	游艺、传统体育与竞技，包括室内游戏、庭院游戏、智能游戏、助兴游戏、博弈游戏、赛力游戏、技巧竞赛、杂耍（艺）竞技等
文化空间	文化空间	与上述文化表现形式相关的场所、场地、用具、实物等

（二）以可否被知识产权化分类

这种观点将非遗分成两大类，即可被知识产权化的非遗项目和不可被知识产权化的非遗项目。其本意为有些非遗项目可以成为知识产权法保护的客体，而其他非遗项目则难以得到知识产权法的保护。

可被知识产权化非物质文化遗产又分为三个小类：

第一，民间文学艺术。主要指口头相传的神话传说、民间故事、史话、谜语、诗歌等；传统表演艺术，包括戏剧、音乐、木偶、歌舞、曲艺等表现形式，以及风俗活动、仪式、礼节中具有表演性质的部分和利用民族语言创作的民间文学艺术。如我国的皮影、剪纸、昆曲、古琴艺术、新疆维吾尔族木卡姆艺术和蒙古族的传统民间长调等。

第二，传统科技。包括有关自然界和宇宙的民间传统知识及实践，具体指：有关大自然的观念，如传统节日；农业活动和知识，如拉萨甲米水磨坊制作技艺；药典和治疗方法，如中医生命与疾病认知方法；宇宙观，航海知识，预言与神谕，有关大自然、海洋、火山、环境保护与实践、天文和气象的具有神秘色彩的、精神上的、预言式的、宏观宇宙的和宗教方面的信仰与实践，如《推背图》《麻衣相术》等；冶金知识，阳城生铁冶铸技艺，南京金箔锻制技艺；记数和计算方法等；以及传统的手工艺技能，如纺织技能与艺术，丝绸文化和工艺，缝纫、染色和图案设计，花木艺术，食物的保存、制作、加工和发酵，古建筑营造技艺等。其中代表传统手工艺技能的招牌、名称可归入第三类传统识别性标志中。

第三，传统识别性标志。包括某一特定文化区域的名称、符号，反映某种传统手工艺技能来源的标志。如浏阳花炮，同仁堂中医药文化，藏医药，镇江恒顺香醋，茅台酒，杏花村汾酒，聚元号弓箭等。

知识产权保护的是人类的智力创造成果，而非物质文化遗产的这三类客体也都属于人类智力创造成果，因此如果能够具备必要条件，也就意味着它们可以获得相应的知识产权保护。这也就是人们之所以认为知识产权制度是保护非物质文化遗产较为理想选择的根本原因。本书上述对非物质文化遗产保护客体的遴选，也都是按照现代知识产权法律制度决定其取舍的。

不能被知识产权化的非遗项目有两小类：

第一，传统生活方式。包括社会风俗、礼仪、节庆，例如各民族都有针对人的生老病死的习俗即各种仪式，尤其传统的婚姻、殡葬等仪式在各地还较为盛行。另外，游戏和传统体育与竞技、定居模式、烹调技术、确定身份和长幼尊卑的仪式、有关四季的仪式，以及不同性别的社会习俗，打猎、捕鱼和收获习俗等；还包括民间信仰、民族语言。其中风俗活动、仪式、礼节中具有表演性质的部分和利用民族语言创作的民间文学艺术可归入到第一类民间文学艺术中。

第二，和非物质文化遗产上述表现形式相关的工具、实物、工艺品及文化场所或文化空间。工具、实物、工艺品，就是各种可移动的文物或以古法制作的物品。文化场所或文化空间是指被确定为一个集中了民间和传统文化活动的地点。如庙会，宗教仪式举办场所等。

第一项传统生活方式所蕴含的传统文化精神是最为丰厚的，反映一个国家或民族历史文化的长期积淀。它的受众是最广泛的,所谓民族的认同感、乡情乡音的亲切感在这类非遗项目中体现得淋漓尽致,折射出一个民族世代相传的精神品格。所以,政府非常关注对民族风俗、文化的保护,如春节、清明、端午和中秋等在我国定为法定假日。但是,不宜在传统生活方式上设定法律上的权利,尤其在国内立法上,对社会风俗、礼仪、节庆等传统生活方式,不能采用知识产权模式进行保护,即除原住群体以外的任何人,无需许可都可采用这项风俗,过这个节日。否则,不利于保护非物质文化遗产,不利于挽救濒临灭绝的传统文化。立法不应该禁止传统文化的传播,而是禁止对传统文化的歪曲、滥用①。至于在社会风俗、礼仪、节庆等生活方式中,可能涉及民间文学艺术或表演艺术,这些文化形式符合知识产权客体要求的,理所当然受知识产权法的保护。如陕西黄帝陵祭奠仪式就穿插着许多传统艺术表演形式,乃形成固定的程式,这些表演当然可以独立成为知识产权法的保护对象,甚至陕西黄帝陵祭奠仪式可以作为一个影视作品得到整体保护。但是,陕西黄帝陵祭奠并不能排斥河南新郑的黄帝故里祭奠,也不能排斥遍布中原许多地方祭奠黄帝的活动。再如各地纪念关羽的庙会各有特色,哪一个也不具有独占性、排他性。

第二项工具、实物、工艺品等并非典型的非遗,应该说只是某些非遗项目不可缺少的载体,作为非遗的构成部分。从权利客体的角度看,它自然应该受民法物权制度的保护,也可以受到文物法的保护,对这些物品,不适用知识产权保护。从文化遗产的角度看,文化场所是一个特殊的地点,这个地点是指可以找到人类智慧创造出来的物质存留,像有纪念物或遗址之类的地方。文化场所是传统生活习俗的物质载体,或者说环境依托,前述各种庙会、灯会、社火、祭祀大典等,离不开文化场所。该场所通常并无商业利用可能,不能作为私权客体,无需知识产权法介入。假如与地理标志制度有联系,其主体也不可能是个人。所以,有学者认为可以尝试对这些文化场所由政府设置民族文化原生态保护区,采用行政手段加以保护②。

(三) 以可否被产业化分类

学者朱海林、刘家志在研究我国西部少数民族地区建设小康社会的主题时,主张大力发展少数民族文化产业,并提出了民族文化可产业化的基本标准,即"只有那些价值低于市场价格或等于市场价格的民族文化内容和民族文化产品才

---

① 刘银良:"传统知识保护的法律问题研究",载郑成思、李明德编:《知识产权文丛(第13卷)》,中国方正出版社2006年版,第226页。

② 李华明:"论人类口头与非物质遗产的原生态保护法则",载《内蒙古大学艺术学院学报》2005年第2期,第6页。

能以市场为中介自负盈亏,才可以产业化"①。同时据此标准将民族文化分为三类:第一类是可以完全实现产业化的民族文化内容和民族文化表达形式。如民族音乐、民族戏剧、民族工艺等娱乐性、益智性的民族文化。第二类是可以以产业化为取向的民族文化形式,包括体现在民族生息繁衍过程中的习俗,大量雅俗共赏,寓教于乐的民族文化和服务。第三类是不能或现阶段还不适宜实现产业化的民族文化,主要是民族制度文化、宗教文化、教育文化等应追求社会效益的民族文化。

尽管两位学者提到的民族文化,与我们讨论的非物质文化遗产有一定区别,但核心内容是一样的,就是民族传统文化。在我国民族学和民俗学领域早已约定俗成,或者形成使用习惯的术语有很多,如民族文化,一般特指少数民族文化。如在中华民族的语境下谈论民族文化,则是对中国各民族传统文化,或者对古老中国传统文化的统一称谓。两位学者提出的文化产业化概念与经济学上的一般理解也不相同。经济学上的产业化是规模化、计划化、市场化的统一,而从他们对民族文化可产业化的标准的说明可以推断,他们的产业化指的是市场化。所谓价值低于市场价格的民族文化产品,本书理解为有市场前景,能获取良好的经济效益,这样的文化产品可以产业化,即市场化。而价值"高于市场价格"当指历史价值、艺术价值高,但市场未必认可,对这部分民族文化一分为二,视市场需求而定。

如果我们理解正确的话,这种分类在理论上有意义,而实践上操作难,而且缺乏科学性。如第二类可以以产业化为取向的民族文化形式,如果不经过实践检验就难以挑选出这类文化项目,即哪些习俗类民族文化可以市场化,哪些不能市场化,是需要通过市场检验的。在接触市场之前,并不能以一定标准分离出来。如一些民俗,甚至在以前仅仅是一种严肃的宗教仪式,仅仅在特定的时间,或为特定的事项才举行。究竟能不能被产业化呢?现实是有些被产业化,而且是旅游产业的支柱。而在理论上赞同者与反对者都有,有没有标准说不清,成功的例子都是市场认可和政府支持并存。而失败的例子多数因为失去了市场,而不是因为土著居民的反对。实际上,该划分标准的本质是商业化利用标准,有许多学者涉及该问题,并提出一些有益的观点,但确实很难找到一个大家都能接受的标准。

(四) 以归属关系分类

非物质文化遗产可以根据是否为来源社区所独有分为私有的非物质文化遗产

---

① 朱海林、刘家志:"民族文化的产业化与全面建设小康社会",载《云南民族大学学报》2003 年第 4 期,第 143 页。

和公共的非物质文化遗产。

这一划分方法来自美国学者苏珊·斯卡范迪，她在讨论政府对文化发展责任时，提到了非物质文化遗产的保护问题，而这一问题又涉及个人责任、社区责任与政府责任的划分。在她看来由于非物质文化遗产的归属关系不同，保护非遗的责任就有别。私有的非物质文化遗产并非仅指个人、家庭或一定规模的家族所有，也可以指来源社区所独有，是不对外公开的文化遗产。不对外公开并不是别人不能接触，而是其中的技术、诀窍、艺术等，行内所谓"门子"，是不公开的，父子师徒口耳相传。主要集中在传统手工艺和舞台表演类艺术形式当中，一些神秘的宗教仪式、家族祭祀仪式、传统医药药方也是不对外公开的。公共的文化遗产是来源社区自愿向外公开、传播的非物质文化遗产，不为来源社区所独有。如民间文学、传统习俗、民间音乐、民间舞蹈等，这些文化遗产大多是被一个族群，或一个社区的所有人掌握并对外公开展示和传播。

以归属关系分类可以确定传承主体，但如果上升到法律层面，尤其是私法保护的层面，将涉及私权意义上归属，所采取的保护措施与一般公法保护也有区别。所以为寻找更可行的法律保护模式，再将非遗进行细分成四类：私有的非商品化非物质文化遗产、私有的商品化非物质文化遗产、公共的非商品化非物质文化遗产、公共的商品化非物质文化遗产①，从而采取多层次的保护方式。对于私有的非商品化非物质文化遗产，即虽然不对社区或族群外公开，但也并非具有直接的商业利用价值，如部落宗教仪式上的舞蹈，具有神秘色彩，外面的人很想了解它，甚至想利用它满足世人的好奇心。可是，一旦被公开利用，很容易被破坏甚至毁灭，这就需要高水平的保护，如可以采用商业秘密的保护模式进行保护。禁止社会公众接触，禁止以各种未经允许的方式获取或传播，更不得进行开发利用；对于私有的商品化非物质文化遗产，即不对社区外公开，但可以用来在来源社区或族群内部成员之间进行买卖和使用。如宗教仪式的一些普通物品、念珠、经幡、法轮等。不需要很高水平的保护，可以通过知识产权制度加以保护，如专利、商标制度、著作权制度等即可。来源社区内的成员之间有权合法地占有、使用这些产品，而对外可以通过知识产权制度处理，社区外成员有义务保证不歪曲、贬损这些文化遗产；对于公共的非商品化非物质文化遗产，可以在社区内外自由传播，但不能以营利为目的进行商业开发。不过，仍受法律保护，防止被不当利用。传承群体仍有权通过一定形式加以控制，合理使用的不在此限，如地方戏曲、曲艺等；对于公共的商品化非物质文化遗产，即原持有社区居民或族群已经向社区外公开，可以通过市场行为进行商品开发、自由传播，如烹饪技艺、服

---

① Susan Scafidi, Who Owns Culture? Appropriation and Authenticity in American Law, Rutgers University Press, 2005, p. 151.

饰习惯、方言等①。来源社区居民可以对这些传统的技艺进行证明商标注册，通过许可使用制度，允许社区外的人使用原真性标记，否则禁止模仿者开发利用。许多手工技艺类文化遗产都可以通过地理标志法予以保护。

三、非物质文化遗产类型与开发利用的关系

正如前述，对非物质文化遗产进行分类的目的，一个是为了更加明确地界清非遗的外延，以有助于人们更加清楚地认识非遗本质属性。另一个则有利于立法的选择，即在公法保护与私法保护的问题上提供一定的依据。如有些非遗是可以商业化利用或者称为产业化的，那么最有效的保护模式就是私法保护，明确非遗的权利主体和权利内容，明确非遗许可使用或有偿转让程序性规定。而有些非遗则不适合商业化开发利用，要么是其本身缺少可经济利用的要素，要么不便于商业化开发，即一旦被商业利用会大大增加保护成本，甚至无法进行有效的保护。

本书认为，保护非遗的目的决定了我们采用的保护手段，我们要延续优秀文化，要使得濒临灭绝的非遗恢复活力，使仍在活跃的非遗发扬光大，无非就是两种手段：纯粹的保存和合理的开发。究竟适合哪一种手段和措施，取决于非遗项目自身的价值和可利用的现代科技。其自身的价值就是社会关注度和可接受度，这是客观标准，也是主观标准。说它有客观性，即它本身就是人们喜闻乐见的艺术形式，从未失去过市场，它们多数是生活的构成部分，同时又是艺术的表现方式，比如许多传统工艺美术就是如此。景德镇瓷器是我们生活不可缺少的日用品，也是艺术品，雅俗共赏。可接受度就是主观标准，如昆曲是我国诸多地方剧种的源头，艺术性很强，既登大雅之堂，作为专业水平的艺术来欣赏，又是百姓自我娱乐的形式，一度是百姓主要的精神食粮。但是，随着文化不断交流，文化艺术的表现形式现代化，后代接受艺术的方式发生了巨大变化，昆曲的市场价值就在贬值，这就是以主观标准衡量它的价值。

所谓可利用的现代科技手段指的是科学技术水平对于人们保护和利用非遗有一定的制约，科学越发达，保护和利用措施就越多、越完备，曾经的许多濒于灭绝的非遗项目，便因科技手段的支撑而焕发青春。如我国的许多民间传说，非常经典，寓意深刻，但是传统的说唱形式已经失去了魅力，大部分观众已经不接受这种艺术表达形式。可借助网络游戏或者动漫便能激发人们的热情，所以越是能被现代科技手段重新解构的非遗项目，越是能为新生代的群体所接受进而得以传承。总之，人们在对非遗进行分类的时候着眼点是不同的。

由于非物质文化遗产内容的多样性与复杂性，以及人们对非遗进行保护的模

---

① Susan Scafidi, Who Owns Culture? Appropriation and Authenticity in American Law, Rutgers University Press, 2005, p. 153.

式选择存在不同的观点，所以科学地界定非遗类型就存在困难。如我们参加的《保护非遗公约》是从公法角度保护非遗，它只是针对非遗的存在形态来选择最为恰当的保存、保管措施，从而进行分类。对便于拍照、摄影保存的民间文学、说唱艺术等，采用图书馆、博物馆保存保管模式。工艺美术类就用实物展示，场所、空间就采用封闭空间的形式。总之，就是以保护手段为标准，确定非遗的类型，也可以说非遗存在形态，决定了保护手段，最终相同保护手段的非遗分在一类之中。而以私法保护为主要理念的分类方法所关注的是哪些客体可以归入不同的私法体系，如民间文学和戏曲、曲艺、杂技、美术等受著作权法保护，具有地方特色、能够突出地理特点的识别性标志归为一类受商标法保护。传统科技类如工艺美术则受专利法保护。

由于非遗的私法保护重点是非遗的经济价值，也就是非遗持有人、传承人的经济利益，所以说有开发利用价值的非遗特指它的经济价值，即产业化前景。而非遗项目的经济价值并非一成不变，因为人们的精神需求和审美需求在发生变化。因此，并不能完全固定地将非遗项目划分为可产业化或不可产业化两类。就有学者将非遗分为三类：第一类是基本上退出人们生活、脱离现实的非遗，如传统戏剧、史诗等口头传播的文化形式，它们不可能成为产业化的对象，只能作为一种文化符号加以保护与传承。第二类是可以与当地的物质遗产、自然风光、环境生态等相结合成为一种旅游资源。这些遗产需要保护并且可以进一步创新和发展，如民歌、舞蹈和具有表演受众的遗产，当前许多旅游项目仍然很有市场，其核心内容就是满载着异域风情的民间艺术表演。第三类是本身就与地方经济密不可分，至今还在人们的经济生活中扮演着重要角色。这一类非物质文化遗产由于能够通过某种载体转化为产品或产业，所以只要自然资源仍能支撑它的存在，它就能继续发展，比如各地瓷器制作技艺，传统酿酒、造纸技艺，传统医药，民间美术以及杂技与竞技等，仍然有生存的空间，甚至是当地的经济支柱。

本书以为，理论界和实务界对于非遗种类的划分本来就有不同的着眼点，无所谓哪一个更科学，但侧重点有别。实务界受国际公约的影响，自非遗代表项目的申报，就是顺从联合国教科文组织的分类要求，安排国际和国内非遗项目保护名录的评审。因此以公法保护第一的观点，非遗的类项划分必然着眼于保护客体对保护手段的依赖，保护手段是分类的参考标准。所以，哪些非遗适合用相同或近似的方式进行保护，它们便被分在同类。如传说、故事就是一类，以书面记录，录音录像，然后存档或有选择地出版的方式保存，即以文字、音像保存。而杂技和民间传统体育，则采用提供资金援助，培养传承人的方式，政府部分拨款支持和自主市场化相结合的保护措施。而从私法保护的角度分类，乃是沿着知识产权和与知识产权有关联的权利体系的方向，寻找私法保护的依据，即分别适用著作权法、专利法、商标法、商业秘密法、反不正当竞争法，甚至可以制定具有私法性质的非遗特别法，以克服现行知识产权法在保护客体方面的局限。

第三节　非物质文化遗产产业化的内涵

一、产业化的定义

（一）何为产业？

"产业化"的概念是从"产业"的概念引申而来的，而"产业"的本来意义是指营业资产，如房屋、土地、工厂等，对应的英文即"property"，"estate"。但是，产业经济学认为，产业不是一堆财产，而是指具有某种同类或类似属性的企业或组织的集合，或者是指以某一标准划分的部分国民经济的总和①。简而言之，产业就是指国民经济的各种生产部门，甚至可以直接理解为生产事业，对应英文即"industry"。现在人们多从产品的生产、流通、分配和消费的角度进行界定，带有鲜明的市场属性。如提到文化产业，是指生产、再生产诸如通过小说、电影等产生的文化产品或服务的市场运作过程②。可见，产业是一个经济学的概念，从产品的生产、流通、分配和消费的角度进行界定，带有鲜明的市场属性。

（二）何为文化产业？

与本书讨论主题密切相关的一个核心概念就是"文化产业"，我们主张对非物质文化遗产进行开发利用，凭借的手段就是产业化，即发展文化产业。国内学界对文化产业词源的追溯有两种说法：一是认为文化产业一词是由德国法兰克福学派代表人物霍克海姆和阿尔多诺于1947年提出，他们在《启蒙的辩证法》中提出了"文化工业（Cultureindustry）"的概念。文化产品在工厂中凭借现代科学技术手段，复制、出版出来，相当于文化的生产制造，故称文化工业。但随着经济社会的发展，生产制造的内涵被不断扩展，工业一词被婉转地替换为产业，便有了"文化产业"的广泛使用③。而另一种说法则认为是德国学者本亚明20世纪30年代的《技术复制的时代》一书中首先提出，中文出自1989年东方出版社出版的日本学者日下公人所著《新文化产业论》④。后一出处对文化产业内涵的

① 苏东水：《产业经济学》，高等教育出版社2006年版。

② 黎永泰、黎伟：《企业管理的文化阶梯》，四川人民出版社2003年版，第57~62页。

③ 蔡尚伟、温洪泉：《文化产业导论》，复旦大学出版社2006年版，第103页。

④ 姚休："文化产业发展研究"，载《当代社科视野》2000年第11期。

解释是一样的，就是工业化生产文化产品的意思。2001 年全国政协与文化部组成的文化产业联合调查组对文化产业作了如下的定义：文化产业是指从事文化产品生产和提供文化服务的经营性行为，包括文化艺术、文化出版、广播影视、文化旅游、体育服务五个领域①。

对于文化产业的可行性历来是有争议的话题，不过 20 世纪 80 年代开始，文化产业不仅成为官方文件的专用名词，而且被人们作为一种产业类型接受。而随着传统文化遗产进入经济领域，为商人们所关注，许多沾染着乡土气息的、地方性的艺术形式被敏感的艺术家们重新整合，文化创意产业应运而生。文化的本土价值和地方性知识被逐步纳入文化产业，使得地方性的文化产品和表述方式为世界接受。而全球化、现代化和城市化的趋势又在逐渐把乡土文化特色的元素慢慢同化，但又不会消失，文化多元化的时代就是求同存异，让人们享受多彩的世界。总之，文化创意产业实质包括基于"想法"、"主意"或"点子"对传统的文化形态进行产业化，正是传统文化为产品注入更有认同感和生命力的元素，创意产业才得以蓬勃发展。

（三）产业化

产业化，就是把某个客体完完全全地变成一个经济产业，按照产业的规则和规律来运作②。尤其是对那些自身不具备经济功能的行业，通过市场机制，使其从不具备经济性质逐步转化为具有经济性质的过程。本书主要从这个层级使用产业化这个概念。实际上，在一般情形下，产业化强调按照一定的社会所承认的规模运行的过程，它要求具有同一属性的企业集合成社会承认的规模程度。简言之，是以营利为目的的、有计划的、有一定规模的生产经营活动。所以，产业化并不简单地强调规模化经营，更强调科学规划下，按照市场规律合理配置有限资源的营利活动，是市场经济条件下的经营方式。

由此，我们可以说产业化可以从几个方面理解：

第一，"化"表示转变成某种性质或状态。如多数非遗项目是与市场有一定距离的，如果把它推向市场，就是产业化的基本含义，即市场化。

第二，生产要素适度集中，具备能够适应市场需求的生产经营规模和拓展市场新需求的能力，故产业化利用、产业化运作是要有规模的。

第三，组织管理科学，开发利用有很强的计划性。因为非物质文化遗产实施产业化的本质在于大规模地制作非物质文化产品，如果缺少计划性，还是家庭小作坊式的经营模式难言产业化。

---

① 参见熊澄宇：《文化产业研究战略与对策》，清华大学出版社 2006 年版。

② 王松华、廖嵘："产业化视角下的非物质文化遗产保护"，载《同济大学学报》2008 年第 1 期，第 107～112 页。

产业化是以营利性为目的经营行为，是将某种行业传统的组织方式和运营方式变革为相对先进的业态，是一个过程，而这个过程依赖于人的主观能动性来发动和组织实施。

（四）产业化标准

人们通过对各类产业发展过程的考察，尤其对非遗项目开发利用方式的认知，认为文化资源的产业化从实现机理上并不难理解，即从文化资源到文化产品的转化过程，包含了从资源的整合到产品开发和形成过程。它既是一个物态转化过程，也是一个经济价值增值的过程。如果需要确定一个较为具体的产业化衡量标准，应该考虑以下因素：

（1）市场化的运作方式。其基本的表现就是政企分开，完全脱离计划体制的束缚，产权明晰，自主经营自负盈亏，有独立的市场地位。这种方式和家庭作坊为主的偶然交易行为不同，强调有完整的产业链、复杂的产销模式、充分配置内外部资源。

（2）达到了一定的规模。各类产业的技术经济特点不同，这个规模的临界线不同。从产业形成的三种形式即产业分化、衍生和新生长，无不以一定的规模为新产业生成的标准。如手工业自农业分离，必然是专门从事手工业的艺人形成一定规模，手工业产值达到一定程度，它对人们的生活和社会经济产生了相当影响，才能认为手工业成为独立于农业的一个产业。再如汽车产业形成后，与之相关的围绕为汽车产业服务、配套的汽车修理业，高速公路产业等应运而生，很显然后者是前者衍生出来的，但同时也是因为前者达到一定规模才有了衍生后者的条件。即使由于科技进步创新而生的新兴产业，也必须形成规模才可以称为产业的形成，即成批的产品或服务的不断供给。

联合国教科文组织在蒙特利尔会议上把文化产业定义为：文化产业就是按照工业标准，生产、再生产、储存以及分配文化产品和服务的一系列活动①。"按照工业标准"与"按照小农经济的方法"所不同的首先是规模大小。小规模的、零散的，没有按照生产、流通、销售、消费这样一个循环去生产文化产品就不属于文化产业。

（3）与资本有密切关系。资本的支持与资源的稳定供给是产业形成的基本保证。资本是产业运动的基本能量来源，没有资本的注入，产业难以启动、形成和发展。只有源源不断地从外界获得各种生产资料和各种信息、能源、劳动力等，并有效地吸收和转化，才可使一项新产业茁壮生成。资本的注入是产业启

① 参见常凌翀："文化产业的概念与分类"，载《新闻爱好者》2013年第12期，第30～34页。

动、形成和发展动力来源，而资本的注入离不开环境的支持，即投资人对产业发展的信心需要依赖一定的环境支撑，如政府产业政策导向就起到巨大作用。政府的产业战略客观上为新的产业的形成提供了机会，不仅把物质资源集中到待发展的产业，还会起到调动人力资源的作用，只要集中了物质资本与劳动力资本，那么这个产业就会发展起来。

（4）以利润最大化为目的。产业萌芽和产业形成的最基本和最重要的条件是人们的物质文化需要①。任何产业的萌生、发展都是利益诱导的结果。多年来，许多民俗学家之所以反对非遗产业化，就是惧怕经济利益驱使下对非遗的无度开发，认为金钱欲望注定要损害非遗的纯洁性。实际上，在非遗的发展史上，曾经有不少表现形态就是被产业化的，只是规模小。因为自古就存在谋生类的非遗项目，说唱艺术谋生、手艺谋生都存在，这些艺术被改进和发展的动力，直接来自于经济利益的追求，艺人们就是希望通过艺术进步赢得更多的经济利益。所以，诸如传统工艺美术用品之类的非遗项目实现产业化，并非现在市场经济体制逼迫使然，乃于历史上就作为谋生手段，利润最大化始终伴随着它的发展。

二、非物质文化遗产产业化的内涵

上文述及产业化既是一种经营规模体现，又是资源有效整合的方式，是在遵循一定规则的前提下，提高经营效益的必要途径。所谓非物质文化遗产的产业化就是在遵循保护第一的原则下，由政府出面协调各方面资源，有计划地合理开发利用非物质文化遗产的优秀项目，形成较强的产业发展能力，将非遗文化产品推向市场的过程。同时，把提高文化产品创新性、延展文化产业链，与发挥文化遗产精神价值密切结合，实现非遗经济效益和社会效益的共同提高。

然而，非物质文化遗产的稀缺性决定了它的产业化不能是野蛮、粗犷的利用。产业化是要强调规模开发的，也就是无论以现代化大生产模式发展文化产业，还是以传统的手工制作方式继承老手艺，都必须有规模。关键是这种规模经营是有计划的，正如有学者在区别"商业化经营"与"产业化开发"之时所言，"商业化经营"主要关注文化产品的营销，而"产业化开发"则要将非遗作为开发项目，通常要改变传统的非遗展现方式，通过现代科技手段的参与，主要是机械化生产，所以两者的作用方式和作用力度不同②。也即是说，非遗的产业化对非遗本真性的冲击要远远大于非遗传统传承方式的改变。但是，非遗产业化同样要求必须保障文化的本真性和可持续发展性，在尽可能融入文化要素的情况下，

---

① 参见尹章池：《文化产业概论》，北京大学出版社2014年版。

② 苑利、顾军："非物质文化遗产的产业化开发与商业化经营"，载《河南社会科学》2009年第4期，第20页。

增加产品的附加值，既满足人们对传统文化"味儿"的需求，又能对现代生活进行传统反思，提高文化生活品位。假如过分依赖机器而远离非遗的文化内涵，则该项非遗的产业化就是失败的，是脱离了开发利用基本要求的，它可以被认为是一种新的文化现象，但不是对非遗的传承。如我国的玉雕文化有著名的北京玉雕、南阳玉雕、苏州玉雕、扬州玉雕等不同雕刻流派，都是师徒相传的手工技艺。随着电脑和雕刻机械的介入，玉雕可以成为纯粹的工业产品，那么它就脱离了传统雕刻艺术的范畴，不再属于非遗的范畴。但是，也有一些非遗项目，其工业化生产模式并不会影响它的文化精神，比如运用现代电脑制作技术对民间故事、神话传说的再现。当然，作为非遗项目的传承和发展，更为重要的一点是要有一定规模的民众参与，非遗产业化可以激发社区内具有共同文化背景的民众参与文化保护和继承，以一种特殊形态促进非遗向产业化发展。

非物质文化遗产的经济价值是其产业化的基础和动因，但产业化本身并不是传统文化本真性的"天敌"。非遗中蕴藏的文化元素和精神特质，集中体现某个民族或社区民众的价值观念、审美情趣、心理情感等方面的特征。这些特征恰恰能够被以各种表达形式展现出来，给人们以美的感受、心灵的震撼或者物质的享受。如许多地方文化中的山歌、口头文学、民间技艺、民俗表演等，都能成为发展旅游业的基础和人文支撑。再如社会习俗、婚丧礼仪不仅在加强族群认同感方面发挥作用，也可以发展成为旅游项目，增加其经济价值。至于非遗中的传统技艺，流传千百年仍经久不衰。人们仍然惊叹于它们的巧夺天工、天才的艺术创造以及无与伦比的艺术技巧，这类非遗的经济价值就更加突出，也是非遗产业化利用的重要项目。当然，非遗的经济价值也需要进行创造性开发和利用，才能使之成为现实生产力①。

非遗的产业化内涵可以总结为以下特点：

第一，产业化视角下的非遗可以把某些过去私相授受、零散学习的民间技艺形式变成一个完全按照市场规律运作的经济形式。不管哪种形式的非遗项目在历史上主要都经历了两种发展方式：一是完全由民间零星传播，如多数家族内传承的手工技艺。二是由官府控制，如汉唐以前手工业基本上由官府垄断，直至清朝还设有宫廷造办处。但总体讲，古代非遗主要是民间小规模传播，而且是作为生活的一个构成部分。到新中国成立后的很长时期内，政府及社会各界都将非遗保护视为消费性事业，由公共福利性部门负责，并不把非遗作为文化资源进行经济开发。政府只是采取一定的保护措施，投入有限的资金对即将灭绝的非遗加以博物馆式的拯救，效果极差。非遗产业化则要在评估非遗的市场化可行性基础上，

---

① 唐金培："区域历史文化传承与区域文化资源产业化"，载《攀登》2009 年第 6 期，第 115 ~ 118 页。

引导社会投资充分、合理、有效的开发利用非遗资源，从而使非物质文化遗产保护的投入产出效益化①。非遗从政府控制下的直接行政管理转变为按照产业发展的自身规律发展与运行。被充分挖掘其经济价值的文化遗产，不再单单是艺术品或者技艺等文化形式，而是赋予了相应的经济价值或者带来一定的经济效益。

　　第二，实现非物质文化遗产保护主体多元化。在传统农业社会，非遗传承主体主要以家族、家庭、个人为主，除了民俗和民间舞蹈等群体参与的项目外，非遗的社会化程度不高。有许多项目因为原生地缺少扩展的机会，主体投入不足，又很难开拓外部市场，只能走向衰落。产业化是一个引入社会资源共同参与非遗开发保护的群体性活动，不仅出资人可以是多元的，传承人也可以是多元的，只要经过原持有人许可，任何人都可以成为新传承人。所谓投资主体的多元化也是我国打破计划体制后，市场经济体制所要求的。只要非遗走产业化之路，必然推动社会团体、企业和个人通过多种形式投资非遗产业，形成政府和社会力量共同参与，传承主体多元化的新格局。以便在原传承主体经济能力欠缺，而政府财力投入又不足的情况下，为保护非物质文化遗产、发展非物质文化遗产筹集更多的资金。政府在制定非物质文化遗产保护与发展的相关政策时，不仅要从公共政策角度考虑非物质文化遗产的保护与发展，也要从经济政策角度考虑非物质文化遗产保护的现实效益。

　　第三，产业化打破非物质文化遗产的自我封闭状态，面向社会，以社会需求为导向。如此才能保障非遗与时俱进，吸收外来文化的精髓，熔炼为当代大众所需的精神食粮，才能获得重生而不会枯萎。所谓"活力""生命力"只能在不断创新中获得，许多非遗的传统表现方式就是由于同现代人的审美观存在较大差距而不被人们接受，逐渐失去了资金关注。纵观非遗的历史发展脉络，无论哪一类型的非遗都不是一成不变的，它在不断回应人们的需求，即所谓适者生存。所有能够摆脱灭绝命运的非遗都是在不断更新，或者说传承人在不断地优化非遗以满足自己和他人。那些自古以来就作为谋生手段的非遗，由于传承人受到诸多方面的局限，如财力和才气的缺乏，不能及时改造非遗以适应社会需求，被迫任其走向没落。产业化为非遗的复苏提供可能，现代艺术表达方式的介入，优秀外来文化的借鉴，都在一定程度上使传统的非遗"现代化"。有人把这种现象称为传统文化的变异，是传统的丧失。实际上，文化表现形式的变化未必导致文化内涵的变迁，形式对内容的影响有时是微不足道的。当然，我们不排除有些非遗项目被不当开发利用招致面目全非，但如果是迫不得已，即若不如此便会消亡，则无可厚非，持有人有选择权。

---

　　① 李昕："可经营性非物质文化遗产保护产业化运作合理性探讨"，载《广西民族研究》2009年第1期，第165～171页。

第四，产业化就是将传统文化资源变为文化资本。非遗是历代先民创造的极其珍贵的文化财富，是民族精神的重要载体。今天所见的非遗项目乃经过祖先千百年的改造而遗留的文化遗产信息，多数并非其原始状态。作为人类文化"活的记忆"，所呈现出的是各种文化符号的活态聚合，文化符号可以成为发展文化产业的文化资源。而能够体现民族文化特色的文化资源，因为具有稀缺性和不可再生性，使得非遗具有了经济价值，具备了进入文化产业、成为文化资本的潜质。文化资本与物质资本的结合便能够生产出文化产品，然后进入流通环节，通过接受者的文化消费再次转换成物质资本的收益①。

应特别强调，非物质文化遗产产业化不同于一般的利用，而是规模化营利活动，因而受制于多种因素，并非所有非遗项目都能搞产业化经营，如节庆习俗就很难想象如何进行产业化。一般来讲，遗产项目的类型、市场价值、经营环境这三个方面对传统文化产业化的影响是至关重要的。对于有良好市场开发前景的非遗项目，政府有必要给予引导，甚至组织社会力量进行联合开发，利用市场机制，提高产业发展能力和发展效益。如此，既能扩大文化遗产的知名度，提高社区对民族文化的认同感，又能增加持有人的经济收入，还有利于文化的传承。但是，有些历史文化价值突出，但与现代生产、生活方式相去甚远的文化遗产，由于消费群体所限便不宜进行产业化利用，而应该采取资料保管的方式保护。这类文化遗产仍然要认真对待，因为现在缺乏产业化价值，不等于日后不能被产业化，因此要有长远眼光，文化也要强调可持续发展。事实上，自2002年开始，我国有关部门已经开始重视非遗的合理开发利用，看到了开发利用对文化传承的重大意义，所以才出台了对于国家级非遗项目开发利用拨付专项经费的规定②。

三、非物质文化遗产开发利用与产业化的关系

依据我国《非遗法》第37条的规定：国家鼓励和支持社会力量合理利用非物质文化遗产代表性项目，包括开发相关的文化产品和文化服务。但是这些开发利用活动不能影响到代表性传承人的正常传承活动，或者应该发挥这些人的优势和积极性，鼓励他们参与开发利用。同时要求开发利用非遗必须保护相关的物质载体，即属于该项目组成部分的实物和场所。

理论界对于合理开发利用的讨论颇多，多集中在是否开发和如何开发上。至于"合理"开发利用的标准并没有一致看法。人们能够想到的主要是"保真"，

---

① ［法］皮埃尔·布尔迪厄：《文化资本与社会炼金术》，包亚明译，上海人民出版社1997年版。

② 文化部民族民间文艺发展中心编：《中国非物质文化遗产保护研究（2005·苏州）》，北京师范大学出版社2007年版。

这是合理开发的基本要求，另外就是可持续发展理念的灌输。可持续发展的本意是对资源的开发利用要适度，要给后代留有继续利用的空间，它的基本假设有二：其一是现有科技水平对资源的利用不够充分即存在浪费资源可能；其二是存在主观上浪费资源的可能，即为了追求短期利益，在能够采取措施节约能源、但需要较大投入的情况下，怠于采取合理措施，任由资源浪费。所以，要讲非遗的合理利用，就是不能歪曲文化本意，不能损害持有人的精神利益，不能以破坏相关实物和空间为代价。

而所谓开发，是指通过规划和物化劳动以达到利用或提高其利用价值，实现新的利用的过程。因此，"开发"包括创新，甚至是强调创新，是采用有别于传统方式对非遗的经济价值进行更深度的发掘。人们所称资源开发、软件开发、经济开发，均含有创新基础上再利用的含义，是发现价值、利用价值的过程。《非遗法》中的"开发利用"应该是从非物质文化遗产的经济价值考虑的。由此可见，我国的非遗保护立法不仅重视非物质文化遗产的人文价值，也强调开发其经济价值。

产业化是开发利用的最高形式，它不仅强调了资源利用的规模，更突出了资源利用的形式，即借助市场机制、有组织、有计划的开发利用。因此，要正确理解产业化视角下的非物质文化遗产开发利用，首先是转变思维，认识到非物质文化遗产的经济价值，它不仅是精神财富，也能创造出物质财富。其次是理解产业化的非遗就不再是零散的无规模的自己使用和享受，而是规模化的传承模式。所以，我们要分清商业化经营和产业化开发。因为前者仅仅是某种"非遗"成品作为商品进行的某种商业化营销，是人们普遍理解的所谓"商业化利用"，这种利用是以获得利润为目的的非遗利用方式。它的对称便是"生活化"利用，即根据非物质文化遗产的本质属性及其生存境况，追本溯源，传承民众的原始传统生产生活方式，还原或部分还原非物质文化遗产赖以存续的社会生活情境。这样一来，既可以为原社区族群继续传承祖宗的文化提供场景，同时也可以让旅游者真实体验到非物质文化遗产，领悟其丰富内涵。可见，"生活化"利用也是非遗开发利用的一种方式，只是它所体现的非遗是生活中的习俗类项目，它主要指传承主体的"返祖"现象，目的也有一定的营利性。而且可以是外人的体验活动，只是它比"舞台化"利用少了些艺术加工，近年来各地开发的大型旅游演艺节目，就属于非遗的"舞台化"利用，是典型的商业化利用非遗方式。

我们之所以一再强调产业化开发不同于一般商业化利用，则是将某种非遗作为开发项目，而对其实施的大规模的机械化生产和产业化经营。当然，非遗产业化并非简单的机器化、工业化，必须以非遗的保护与传承为核心。所以，非遗产业化不是将非遗自原生空间移植到生产车间，恰恰相反，应该是经过科学论证，作为一个系统的工程项目，利用非物质文化遗产的象征性，增加与之相关的文化产品的附加价值。由此实现从传统文化资源到文化产品的转化，期间需要经过以下三个步骤：文化创意、文化生产、文化产品市场化。传统文化资源的多样性，为多角度的文化创意、多元的文化产品开发模式、多渠道的文化市场进路提供了可能。我国非物质文化遗产所蕴含的文化资源丰富多彩，许多资源优势远远没有转化为产业优势。当前正处于消费热点的文化旅游产业，仅仅是对民俗和民族传统工艺类非物质文化遗产的小规模产业开发，尚有许多非遗项目处在持有群体自娱自乐自用状态。而实际上这些文化具有极大的市场开发价值，只是我们还缺乏文化创意，不能把这些有着丰厚肥沃土壤的民间文化带出大山，不过这只是时间问题。随着土著居民观念的转变，文化开发利用模式的优化选择，相信会有更多的非遗项目进入产业化轨道。

由此我们得出这样的结论：非物质文化遗产的开发利用可以广义地理解为商业化利用，由于涉及利用现代手段拓展非遗经济价值，故可称为开发利用。而产业化开发则是开发利用非遗的最高形式。既可以借助通讯、新闻、出版、娱乐、游戏等多媒体功能，发展传统文化产业，也可以借助生产销售传统工艺品，以及发展影视、旅游产业，从多视角开发新兴文化产业，促进传统文化生产性保护方式进一步创新。

第四节　非物质文化遗产产业化的必要性

一、克服非物质文化遗产公法保护的局限

我国《非遗法》第 3 条规定：国家对非物质文化遗产采取认定、记录、建档等措施予以保存，对体现中华民族优秀传统文化，具有历史、文学、艺术、科学价值的非物质文化遗产采取传承、传播等措施予以保护。为此《非遗法》确立了几项制度，如非遗项目调查制度、传承代表人制度、代表项目申报及名录保护制度等。由此看来，非物质文化遗产的保护，就是认定、记录、存档，成为博物馆里的东西，成为"死"的文化。文化遗产是"活"的精神财富，离开人们广泛的参与就失去了意义。

公法立法宗旨的核心内容可以概括为八个字"保护、保存、传承、传播"，试图抛开文化的经济内涵，而纯粹追求其精神内涵，指望在博物馆、档案馆和传承代表人的家里就能实现非遗的保护与发展，实在是过于理想化。

首先，公法保护的局限之一就是发生"公地悲剧"。美国作家哈丁在其 1968年发表在《科学》杂志上的《公地悲剧》中提出，当某类资源可以任由任意一个主体自由开发时，投资人会选择最大限度的开发该资源。最终"公地"资源

由于社会主体的过度和无序开发而耗竭①。"公地悲剧"发生的经济学原因在于个人边际成本无限低于社会边际成本，其制度原因在于资源没有清晰的产权归属。非物质文化遗产多为一个群体或一定地域内的人们共同持有，如果不能通过私法明确权利主体，而放任自流，势必发生谁都享有而谁都不愿意投入精力予以保护的境地。而产业化就是要将非遗从偶然的、个别化的、单一而僵化的保护模式下解放出来，发挥私法保护的功能，在明确产权的基础上，实现有序、有规模、可控制的开发利用。

其次，公法保护将主要责任推给政府，实行消极的防御式保护，已经黔驴技穷，显现出疲于应付、流于形式的态势。如按照《非遗法》第6条规定，保护经费由县级以上人民政府出资列入本级财政预算，而实际上政府根本没有那么多资金投入到不见经济效益的保护上，为此某些地方政府就采取强制手段，没有钱投入就需要采用其他激励机制，即所谓责任制。2006年9月浙江省杭州市政府出台《关于加强我市非物质文化遗产保护工作的意见》，把保护非物质文化遗产作为政府的重要工作，落实干部责任制，把非遗保护纳入干部业绩考核内容②。可见，公法保护非物质文化遗产已经到了十分窘迫的地步。

最后，公法保护过于强调非遗的公益性和"原汁原味"的传承，而忽视其多元化发展，将非遗保护逼上了绝境。文化多样性不仅体现在人类文化遗产通过丰富多彩的文化表现形式来表达，即表现方式的多样性。如牛郎织女的传说，可以是戏剧方式表达，还可以评书、京东大鼓、相声等方式表达，就是戏剧方式还可以各种剧种以各种曲调表达。同时，文化多样性也体现在借助各种方式和技术进行的艺术创造。如花木兰传说，传统表达方式就是地方戏曲，现在利用高科技手段创作出电视剧、电影、动画片、电子游戏等。因此非遗的有效保护既是对非遗项目进行商业性开发利用的前提和基础，又是实现非遗可持续利用的保证。

如果仅仅将非物质文化遗产保护限定在公法层面，只是想留给后代一些文化遗产的历史证据，真正没有必要花大力气保护它。如果文化遗产不能给人们带来精神的愉悦、物质的增加，不能弘扬人类生存的价值，其消灭不仅必然而且应当。非物质文化遗产要"活"就不能一味被动地强调公益性，不能仅靠行政手段保护。以往的做法已经有了教训：为了获得一定的政府资金支持，各地方政府在申报非遗代表性项目的时候，只重申报，一旦申报成功便搁在一边少有管理。而一旦确定投资开发某个非遗项目便只看经济效益而轻视保护。最终的后果就是申报结果成为面子工程仅仅用来美化政绩，实质性保护缺乏热情，投入不足，且

---

① 参见刘琳："'公地悲剧'中的伦理治理"，载《齐鲁学刊》2014年第5期，第84~87页。
② 见中国杭州网，http://www.hangzhou.gov.cn，2006-10-12.

缺乏专业人才。因此，只有走传统文化产业化发展道路，借助市场机制，才能实现传统文化的社会文化价值和经济价值共赢①。我们应当做的是一方面利用现有知识产权制度业已形成的保护，推动国民在高新技术与文化产品领域搞创造与创作这个"流"；另一方面积极促进新的知识产权制度来保护我们目前可能处优势的传统知识及生物多样化这个"源"。这样，才更有利于加快我们向知识经济发展的过程②。产业化就是要在不根本误解和扭曲非物质文化遗产的基础上，尽可能发挥其经济价值即让它进入市场，并以私法制度为其保驾护航，明确各个主体在非遗产业化过程中的权利义务关系，才能使非物质文化遗产起死回生。

总之，非物质文化遗产产业化可以起到促进私法保护体系尽快形成，从而克服公法保护局限性的作用。

二、激发非物质文化遗产传承者主动保护积极性

从生产者的角度看，通过产业化开发，可以自发地产生关于知识产权保护的要求，从而从法制角度确立非遗主体，促进非物质文化遗产保护和传承的良性发展。因此，产业化要求产权明晰，也只有明晰产权才能提供有效激励，中国国企30年的改革实践证实了西方产权经济学这一真理性的结论。产权明晰可以保障投入主体和收到回报的主体的统一性，因此才有投入的积极性和为提高回报而悉心经营的动力。当前非遗持有群体并不拥有产权，对非遗传承经济利益上的激励主要源于两方面：其一，某些非遗主要通过商业秘密的方式运作，如祖传的配方、工艺，虽然没有另行赋予非遗产权，但可借助《反不正当竞争法》中的商业秘密加以独占。其二，来自政府的输血，数额肯定是有限的，且仅仅限于入选各级非遗保护名录的项目和被确认为代表性项目的代表性传承人。这在《国家非物质文化遗产保护专项资金管理暂行办法》（2006）和《国家级非物质文化遗产项目代表性传承人认定与管理暂行办法》（2008）及《非遗法》中都有明确规定。

第一种情形仅仅对极少部分非遗项目在一定程度上进行保护，由于缺乏其他法规配套，单纯以《反不正当竞争法》进行保护，难以解决产权交易问题。这类非遗的命运完全取决于市场对它的认可和持有人的个人偏好，只要保有人没有兴趣，不再花费心思，最终市场会抛弃它，非遗就会自生自灭。在第二种情形下，尽管进入代表性项目名录的非遗可以获得一定的保护资金，但因为没有确定的产权主体，这部分资金的使用效率很低，使用完毕了也就失去了关注，没有人

---

① 吴汉东教授在 2008 年 "非物质文化遗产保护与知识产权国际研讨会" 上的讲话，见 http://www.iprcn.com，2009 – 04 – 02.

② 郑成思主编：《知识产权文丛（第 13 卷）》，中国方正出版社 2006 年版，第 6 页。

会关心它的未来。而代表性传承人在获得名誉和一定资金支持的情况下，尚有一定的积极性，但仅凭其个人能力完成一个非遗项目的传承是不可能的。由于来源群体才是非物质文化遗产之社会基础，他们不被重视也就缺乏相应的激励机制。对于代表性传承人和来源群体的区别对待一定程度上伤害了来源群体对本地非物质文化遗产的情感联系①。所以，一项非遗有了代表性传承人不等于能够顺利地传承下去，因为有许多集体传承项目无人积极参与。来源群体的冷漠标着文化认同感的淡漠，这种文化即使存在也是名存实亡了。加之，政府主导下的行政保护模式受政绩观的影响而目标短视，把本地区有多少个非遗项目列入各级保护名录，有多少艺人被确定为代表性传承人，作为考核非遗保护的成果，导致政府部门在非物质文化遗产保护工作中重申报、轻保护。

过分强调保护，却又缺乏保护手段，是我国非物质文化遗产走向衰败的主要原因。忽视了文化只有在不断创新中才能发展延续的规律，仅仅将文化遗产与博物馆、图书馆联系起来，而忽视了它的活态性特征，文化遗产只能走向灭亡。活态文化只能是现实生活需要的文化形态，它的生命力就在于人们的生活所需。反思传统京剧、相声衰败的原因，不难得出以下结论，即脱离人们需求的文化现象不具有生命力，即使梅兰芳、侯宝林两位艺术大师健在，也挽救不了传统京剧、相声今日之生存状态。确定代表性传承人，赋予大师称号，给予一定物质的和精神的支持，是挽救文化遗产的一种方式，但不能成为主要方式。只有公众参与，才能从根本上达到保护文化遗产的目的。而激发公众参与传承、保护文化遗产的最佳形式，是为他们提供更多的自娱自乐场所和机会，如春节联欢晚会为唐山皮影的传承发展起到了至关重要的作用。

在市场经济体制下，只有当文化遗产的传承主体获得充分尊重并得到实际的利益回馈，他们才有可能为自己占有稀缺资源而自豪，并能够主动发挥这些资源的最大价值为主体服务，这些传统资源才会焕发勃勃生机。因而，在行政保护的同时，必然要将视野放宽至私法保护层面，调动传承主体的自觉性②。花木兰的剧本被好莱坞大张旗鼓地改编成剧，并在娱乐节目广泛传播，大赚中国观众的人民币。于是，中国的公法保护模式的缺陷立刻表现出来，不敏感、无所谓、无人问津。试想，如果将花木兰的传说确定一个私法主体，通过私法途径保护主体的利益，美国人一有动静，中国的权利主体马上就会有所主张，以维护自己的合法利益，侵权行为会大大减少。实际上在国内这类实例也不鲜见，如灯台树、灯盏花是我国云南各少数民族，尤其是藏族、羌族世代相传的治病良药，只是因缺乏

---

① 胡惠林、王媛：“非物质文化遗产保护：从‘生产性保护’转向‘生活性保护’”，载《艺术百家》2013 年第 4 期，第 21 页。

② 郑成思：“牵动知识产权这个‘牛鼻子’”，载《人民论坛》2004 年第 2 期，第 13 页。

市场意识未加以产业利用，被人成功地开发成为止咳、治疗心脑血管疾病特效药后，开发者大发横财，而这些传统医药知识的提供者却未得到任何回报①。长此以往，非物质文化遗产不走向灭亡倒是难以理解了。事实上，公共产品在消费上不具有对抗性和排他胜，也就缺乏激励和责任，只有确认持有人的私权利，借助他们对于自身利益的关切，可以弥补政府关注的不足和偏好。

非遗走向衰败的一个直接表象就是规模越来越小，且不断有非遗项目淡出文化舞台。面对现代社会日新月异的文化消费选择与强势文化挤压，无论是民间技艺的传承人还是对这些非物质文化仍感兴趣的受众，群体规模都越来越小。人是非遗活的载体，没有了传承人就没有了非遗。果真如此，人类某些重要文化和思想就会永远断绝。所以，形成规模是非物质文化遗产存续与发展的硬道理。只有群众的广泛参与才能使非遗开发利用形成规模，从而使其得以发展。而群众参与的最好途径就是将可能的非物质文化遗产产业化。但是，要让群众有参与的积极性，就必须让他们得到利益，享受非遗的精神慰藉是一种利益，而同时不能忽视他们应该获得的物质利益②。

三、杜绝非物质文化遗产资源的滥用

产业化促进产权制度的完善，产权制度反过来保护产业的顺利进行。产权制度为什么会有这样的作用呢？克服公地悲剧，产生激励机制。赋予非物质文化遗产所有人对其非遗产的排他性权利，尤其是获取经济利益的权利，才能起到定纷止争，消除在非物质文化遗产的营利活动中的无序状态。持有人首先会为精神利益而战，对于歪曲、贬损其祖先人格尊严和民族形象的行为予以反击，直至寻求法律的保护。对于以营利为目的的侵权行为，持有人为捍卫自己的经济利益，自会不遗余力地遏制侵权人。现实中侵害非物质文化遗产的行为，往往出于经济利益的需要，即使采用贬损的手段也是为了提高自己文化产品的竞争力，打击其他人文化产品市场形象，真正出于阶级仇民族恨的单纯精神贬损行为并不多见，那只是一种恶作剧而已。如果以此而挑拨民族关系，制造民族矛盾，则不再是私法上的名誉侵害问题，是严重的分裂国家、破坏安定团结的社会秩序问题，将有更为严厉的法律制裁。所以，发生对非遗的侵害，往往是为了经济利益，对于能够产业化的非遗未经持有人允许而擅自开发利用，对于不能进行产业化的纯粹精神项目进行经济开发，只有明确了非遗的权利主体，才能激发持有人自觉保护的积

---

① 龙文："什么是传统资源"，载李发耀编：《多维视野下的传统知识保护机制实证研究》，知识产权出版社 2008 年版，第 6 页。

② 黄凤兰："从民俗影视片看非物质文化遗产保护"，载《江西社会科学》2005 年第 12 期，第 25～28 页。

极性，杜绝非遗保护中的搭便车的心理和行为①。

非遗产业化除了通过明确产权确认主体的权责，赋予权利人自行权利排除侵权人，净化非遗开发利用市场外，产业化作为有组织、有计划地利用非遗，在保护非遗方面也有着无可比拟的优势。非物质文化遗产个别开发利用的欠规范性，已经给人们留下了惨痛的教训。由于个体开发主体只顾经济利益和眼前利益，多采取杀鸡取卵式的掠夺性开发，不顾非遗持有群体的心理感受和传统文化的内涵，一味迎合部分观众的心理，不惜歪曲、篡改甚至戏说非遗文化，造成了恶劣的社会影响。近年来各地发生的破坏非遗的案件层出不穷，歪曲、篡改多为情绪化"恶作剧"，而滥用和过度开发则出于经济利益考虑，可现有法律尚不能对个别利用行为中的弊端进行有效弥补。尽管许多地方法规已经加大了对该类行为的惩罚力度，但这类案件不易侦破，与其亡羊补牢，不如事先防范，必须寻求有组织的规模化合理利用和开发，才能实现集中管理。

产业化经营的最大优势就在于计划性，克服分散利用的无组织性、盲目性。通过制定和实施经营的发展规划，可以实现合理规划和布局，扶持新兴产业，形成新的行业，创造出衍生产品，从而形成包括传统文化收集整理，到创作、制作文化成品，再到营销等一系列经营环节构成的成熟的产业链。这期间需要动员各方资源要素，进行有机的集聚和整合。这是分散、封闭的个别利用所不能完成的。当然，非遗产业化需要有一定的文化基础，有必要挑选国家级、省级非遗代表项目先行实践，不断挖掘，不断创新。在形成特定产品后实施企业化生产，用历史标准规范其传统工艺，把传统产品与现代科技相结合，借以现代企业制度进行管理，以便增强传统文化产品的竞争力②。

产业化开发利用可以充分发挥开发主体或者组织者自身科学的治理结构，利用团队协作优势，协调拥有者改善生活环境和社会地位与保护者保持非遗延续性之间的利益关系。许多非遗的群体性项目必须依赖于产业化，这倒不是因为这类项目自身需要多数人的参与，因为再多的无组织的个体也难以很好地完成需要组织化的活动，那是一盘散沙，缺乏科学的组织。如文化空间的保护便是明显的例子，在实际的操作过程中，许多非遗所凭借的文化空间和社会环境往往与落后的生活方式和相对封闭的社会群体相联系。如果刻意地保留非遗赖以生存的环境，就是剥夺传承群体赶上时代步伐的发展权，如果不把这个环境封闭起来，则难以维系非物质文化遗产的自然传承。产业化就解决了这一难题，各地专门建立文化

---

① ［美］罗伯特·考特，托马斯·尤伦：《法和经济学》，张军译，上海三联书店1994年版，第147页。

② 薄君："我国非物质文化遗产保护体系构建分析"，载《山东省农业管理干部学院学报》2006年第5期，第134页。

生态园，可以为原本的相关资源提供可操作的平台，使之相对独立于社会和文化空间之外，依赖性降低。如此，非遗持有群体生活方式的改变和所引起的文化空间的转变，不再过多的受制于非遗保护和传承的限制。相应地，从保护者的角度讲，文化生态园为非遗创立独立的保护空间，使其在一个相对封闭的人文空间以新的姿态存在下去。这不仅挽救了传统文化，也保障了非遗持有群体享受改革开放30年的成果，过上新生活。既遏制了个别开发的过渡商业化，又能保证非遗的可持续发展，保证文化的多样性。

产业化利用能够得到政府的扶持和关心，政府除了在开发资金上给予一定的优惠，更重要的是要担负起净化文化市场的责任，由政府对营利性开发利用非物质文化遗产的行为进行有效监督，协助非遗持有人遏制非遗的非法开发利用，保证非物质文化遗产的合理利用。

四、促进地方经济的发展

非遗的很多表现形式在其产生的那一天，可能没有艺术加工，就是生活的一个构成部分。而在后来，有些非遗项目便演化为生活和艺术的综合体，艺术成分在增加，部分人就开始成为专业人员而从事艺术活动，舞台演出、手工制作、中医中药等都独立于农业生产，成为专业化经营，非遗的经济价值越来越突出。直到今日，很多非物质文化遗产都可以进行经济开发和利用，是当代许多文化产业的文化资源，口头传说、表演艺术类等，都是音乐、戏曲、电影、电视、旅游等产业发展的资源。手工技艺成为手工艺品、旅游业开发利用的资源。有关农业、医药的知识仍然为农业生产和中医药事业提供服务。在很多国家，以非物质文化遗产开发利用取得了显著的成效。例如韩国每年的江陵端午祭和节日庆典吸引了上百万国内外游客。2000～2001年，印度的手工艺产业产值达61亿美元[①]。

如何才能使可经营性非遗项目获得最好的经济效益和社会效益呢？一直以来，非物质文化遗产都是以种族、家族为单位进行传承，种族传承的非遗项目多以非经济利用方式进行，而家族传承的非遗项目以技艺类为主、以经济利用为目的。但两种传统的传承方式都比较保守，传承范围和内容又相互制约。父子、师徒之间的秘密传承严重制约了非遗的发展规模和创新能力，使得非遗的经济价值未能得到有效的发挥。而宗族式传承方式也因存在"公地悲剧"而几近灭亡。

非遗的产业化开发利用则打破了传统传承方式的局限。以产业化方式利用非

---

① 王鹤云、高绍安：《中国非物质文化遗产保护法律机制研究》，知识产权出版社2009年版，第54页。

物质文化遗产，将创意表现与市场化结合起来，从而表现出更为强有力的时代适应性和创新特征。不仅可以传递古老文化信息，让现代人在了解和享受古代文明的同时，还能够促进非遗持有人或投资人财富的增加。各地地方政府在非物质文化遗产的产业化发展方面也动了许多心思，进行了积极有益的探索，特别是内陆科技经济欠发达而传统文化底蕴又相对深厚的少数民族聚居的地区，如云南、广西、贵州等地，近年来的传统文化产业发展已有相当规模，为当地群众带来了实惠，目前已成规模并在全国都有影响。在改革开放后才逐渐恢复起来的非遗产业化项目比比皆是，如沙县小吃、兰州拉面绝不逊色于肯德基、麦当劳等世界著名的连锁品牌；南京的织云锦、扬州的漆艺、苏州刺绣等传统手工技艺都历经多年的探索，已经大量进入工业制造领域；广西、云南的原生态歌舞、东北的二人转是歌舞曲艺类非遗项目中脱颖而出的产业化榜样，不仅复兴了地方戏曲，也带动了旅游业，进而打造出可以容纳诸多文艺表现形式的良好平台，带动了地方经济①。世人皆知，以少数民族歌舞为主的观赏和体验相结合的大型旅游项目，已经创出了世界驰名的旅游产业品牌：广西的"印象刘三姐"，云南的"云南映象"，广东的"客家意象"，不仅丰富了游客的文化之旅，还给地方带来经济效益。数据应该更有说服力，有学者统计，2008 年以来，非遗资源居全国中游的江西，在九类文化及创意产业中，有四类产业发展迅猛并具有发展前景，即艺术品交易、茶文化、文艺演出和制作与出品，由非遗项目发展起来的产业占比超过60%，尤其在艺术品交易中，非遗项目产品占到了75.3%②。还有学者对西北经济落后地区青海省黄南藏族自治州的非遗产业进行考察，结论是 2009 年仅全州民间热贡艺术（唐卡绘画、堆绣、雕塑）等文化产品销售收入 5000 余万元，已成为此地区农牧民群众主要的经济收入来源，户均收入超万元③。非物质文化遗产实施产业化是我国一些少数民族地区尽快脱贫致富的重要手段。全国所有旅游景观几乎不存在纯粹的自然景观游，都是人文与自然结合，这是非物质文化遗产产业链延伸的结果。它不仅丰富了旅游的文化内涵，增加了旅游情趣，也大大促进了当地经济的发展，为我国跨越温饱线起到了至关重要的作用。

非遗产业化对地方经济的积极作用是长远的，有一些在短期内并不能显现出来，但却意义重大。比如优化文化产业结构，创建集约化经营模式。利用非遗的地域性、民族性特点，创造民族品牌，可以打破地区封锁，实现跨区域经营。具

---

① 于海广：《传统的回归与守护：无形文化遗产研究文集》，山东大学出版社 2005 年版，第93 页。

② 郑克强、王志平："产业结构服务化与江西非物质文化遗产产业发展"，载《求实》2011 年第 11 期，第 64 页。

③ 华珍："热贡文化产业化问题研究"，载《青海师范大学学报》2012 年第 2 期，第 75 页。

有相同民族特色的文化产品可以实现跨区域联合开发，共同经营传统文化产品。非遗资源丰富的农村可以和掌控创意设计、图书出版、影视娱乐等优势的城市文化企业进行合作，充分挖掘文化资源的潜在价值，改变过去农村靠出卖矿山能源生存的状况，实现产业升级，关闭污染严重的工业企业，满足人们对文化产品的消费需求。产业化还可以解决农村文化资源分散、条块分割的弊端，发挥政府协调作用，整合资源，对传统文化产品实行结构调整。目前，有许多地方的新农村建设就是以传统文化产业为龙头，营造新型生态环境，成为适于人类居住的区域。

但是，从全国范围来看，到目前为止已经被批准的国家级非物质文化遗产代表项目共四批近 1400 个，投入保护经费 30 多亿元，但主要用于材料整理和代表性传承人的物质鼓励，至于产业化尚处于起步、探索阶段。即使已经开始尝试用文化谋经济发展的项目也是规模偏小，数量也不多，尤其大多数文化产业实体未能形成一定规模，散、乱、差、弱是它们的共同特点。相信通过产业政策的逐渐落实，国家立法的进一步完善，非遗产业化将有长足发展，进一步为地方经济发展做贡献。

综上所述，对非物质文化遗产进行产业化开发利用，可以孵化和培育具有中国文化特色的新产业，而且这些产业具有可循环使用、无污染的经济特征，是符合可持续发展要求的经济发展模式。有利于传统文化资源的合理配置和有效传承，产业化过程又是一个文化积累和再创造过程，可以利用现代化技术和新型的文化表达方式，把传统的文化意识融入进去，成为适合当代人消费的文化产品，既丰富人们的精神世界，又丰富了人们的业余生活，还陶冶了人们的情操。总之，中国经济的飞速发展和社会的文明进步，要求我们在现代化建设中充分利用文化遗产所蕴含的无法估量的价值，同时切实对文化遗产加强保护，使其在产业化传承下得到健康发展。

五、有利于弘扬民族文化精神

无论哪个类型的非遗，其产生之初必为生存所需，而生存的第一需要是物质需求，在温饱存在威胁的情况下不可能讨论精神需求。也可以说，即使有精神世界的文化活动也是为了获取物质，如早期的图腾崇拜活动直至后来的家族祭祀活动等等，这些看似纯粹的精神活动无一例外都是为了满足温饱。所以，把非遗活动作为精神文化活动对待，或者作为精神享受，只是近年来的事情。以前可以认为就是物质文化活动，或者只是经济活动，和文化根本就不沾边，不是意识形态范畴的东西。

现在我们大力发展非遗，提倡保护非遗，是要弘扬积淀在这些传统文化形式中的灿烂的民族精神，增强认同感，协调人们之间的关系。仁义礼智信等文化精髓理念是蕴含在各类非遗项目中的，传说、戏曲、舞蹈、美术、手工艺器物、庆典礼仪等，都会不同程度地从某一个方面散发着民族精神，弘扬推动人类进步的价值观。由于精神寓于物质载体之中，或者在某一场景中才会被重现和加强，因此，一个民族传统文化的精神不能脱离载体和环境。有人认为非遗的载体就是具体的传承人，这话有一定道理，如许多口头文学，或仅仅靠师徒口头相传的非遗便是。但绝大多数非遗项目是要凭借有形载体而存在的，那么如果人们对这些有形载体的需求降低或者不再需要，如果没有人愿意以某种方式把口头文学记录下来，则绝大多数非遗将会消失。而要弘扬我们所需要的传统价值观，需要传承一种积极的精神，就需要保护这种精神依赖的物质载体和传承人。

非物质文化遗产保护的产业化运作能更有效地传播民族文化。非遗产业化运作与纯粹的行政保护相比，文化传播的优势十分明显。传统文化资源通过产业化打出自己的特色品牌，不仅能产生更多经济利益而且能将其社会效益最大化。产业化激发人们参与非遗开发和传承的积极性，能够吸引更广泛的群体参与，因为有经济利益的刺激，这是市场的作用。通过产业运作，文化产品通过各种商业渠道，迅速流转到消费者手中，其文化传播的扩散效应十分明显。如通过影视观看、器物制作、旅游纪念、食品销售等，可以从视听、触、食等多方面进行全方位的文化传播[1]。产业化能够在获得利润的同时传播文化，而后将获得的利润甚至借入资本再投资于文化产业，迅速实现扩大再生产，产生的经济效益可以为事业发展、科学研究、保护和传承非物质文化遗产提供物质基础。但是，个别化开发，或者政府主导的保护模式下，多是简单再生产或缓慢的扩大再生产，不仅产品单一，创新能力也远远不能适应市场要求，所以才走向衰败。近年来，我们保护非遗、发展非遗的实践已经证明，传统的传承模式已经走进了死胡同，必须有赖于新型的传播方式。如将传统的民间工艺品、传统食品、戏剧曲艺、民风民俗等许多濒临灭绝的非遗项目，纳入旅游产业，重新发掘、整理、更新和提高，将持有人源于经济原因对非遗的兴趣重新激发出来，提高他们的认知水平，实现经济效益和社会效益共同提升。

继承和弘扬中华传统文化的重要阵地在农村，农村不仅是我国非物质文化的发源地，而且也是主要保存和传承地。产业化不仅使非遗成为许多农村地区的经济支柱产业，增加了农民收入，改善了他们的生活条件，同时培养了大批非遗传承人。有许多学者谴责非遗在农村的商业化开发，认为这样会破坏文化的真实性，不能真正使文化内涵得以传承，这是杞人忧天。非遗产业化不仅不会破坏文化的本真性，相反会使持有人更加信奉他们的文化。因为传统文化给他们带来经

---

① 贺正楚、张蜜、吴艳："非物质文化遗产的产业化模式：以'二人转'为案例"，载《广义虚拟经济研究》2012年第4期，第50～56页。

济利益，让他们过好日子，他们感谢祖先留下的这份宝贵遗产，为游客进行的表演并不会淡化他们真正举行仪式时的虔诚，游客也不苛求表演者是真实的表演。游客也不可能真心参与到表演中，游客观看表演仅仅是了解一种文化和习俗。非遗持有群体是否全身心的投入表演，游客是感受不到的，所以非遗产业化不会破坏文化的本真性。相反，它会促使更多人了解甚至参与保护非遗的活动，即使非遗持有群体以外的人，也会为民族文化的博大精深所感染，自觉地以各种方式加入非遗保护队伍，更多的非遗受众意味着更多的关注，为非遗的"活态"保护营造良好的氛围。所以，产业化可以使非遗面向社会，参与保护主体多元化，非遗的传承更加全面和完整。

非遗产业化不仅使得传统文化以较迅速的方式在大众中传播，使更多的国民在消费文化产品和参与非遗文化活动的过程中，了解到我们的文化内涵，激发起民族自豪感和爱家、爱国、爱同胞的情怀。产业化还可以起到宣传、教育和普及的效果，使得大众对非遗有更多的认识，为非物质文化遗产传承营造必要的文化空间和社会环境。同时，文化的差异性又促进了文化交流，文化差异性越大，文化产业的发展空间就越大，区域文化交流的必要性就越强烈。不同文化背景的人对文化消费品的需要日趋多样化，交流需要文化机构把传统文化与现代科技手段结合起来。通过对外提供文化产品，向他们再现中国优秀的历史文化传统，让世界人民能够更全面更真实地了解中华民族的辉煌历史和风土人情，为各种文明的融合和交流提供一个广阔的平台，为世界文化多样性的独特发展作出我们的贡献。

第二章　我国非物质文化遗产产业化实践

第一节　非物质文化遗产产业化概览

一、非物质文化遗产产业化现状

非遗的开发利用不是现在才开始的事情，许多非遗项目从产生之日至今从未停止过利用，有些甚至在不断更新。但是绝大多数非遗的存世规模越来越小，逐渐淡出生活和艺术。即使仍延续的非遗生产，多数没有产业化，以家庭作坊为主，甚至有些仅仅是偶然的、个别的利用。

在 21 世纪初，受联合国教科文组织《保护非遗公约》的影响，尤其在加入公约并参加世界非物质文化遗产保护名录申报活动之后，我国针对非遗保护工作和相关立法被纳入各级政府的文化工作日程。在几批非遗代表名录申报工作结束后，各地对非遗存在状态有了一个大概了解，其中有影响的非遗项目陆续被地方政府发动起来，开发出许多旅游项目。这些项目大多依托有形古遗址或文物单位，作为辅助游览项目，为旅游经济的发展开辟了新的发展路径。然而，不管中央立法还是地方立法，均针对非遗保护而忽视它的利用，直到保护为主、抢救第一的方针带来不测后果之时，即包括某些纳入保护名录的非遗项目因为缺乏社会的积极参与而逐步消亡，或者面临愈见式微的尴尬境地。文化管理部门才突破学术界坚守的本真不可动摇原则，结合各地建立非物质文化遗产生产性保护示范基地的实践，于 2012 年印发了《关于加强非物质文化遗产生产性保护的指导意见》确立了"以人为本、活态传承"原则，强调保护和利用的同等重要，要求处理好保护传承和开发利用的关系，坚持在保护的基础上合理利用，尊重非物质文化遗产生产方式的多样性，坚持传统工艺流程的整体性和核心技艺的真实性。提出将非遗及资源转化成具体的表现形式，并能带动相关产业的发展。具体实施机制就是以政府为主导方向，号召社会的加入，发挥专业人员的作用。

一旦将保护与开发紧密结合，给开发利用指明方向，允许社会力量在市场引导下参与非遗的产业化，离管理层确立的生产性保护目标就会更近一步。依照上述《指导意见》的规定，生产性保护并没有限定在哪一类非遗，而是提示主要是在传统技艺、传统美术和传统医药类非遗领域实施。实际上这也无需提醒，因为这些非遗项目有市场基础，有产业化可能性。它们从未脱离市场而被搁置，只是在新经济模式下被边缘化了，只要被纳入新经济发展规划，即文化产业发展规划，将与现代科技手段和产业发展模式相结合，为传承传统文化提供可能。

如果以确切的数字甚至大概数字较为精确的描述非遗在中国产业化的状态几乎是不可能的，因为非遗产业化从来不是独立的经济发展态势，而是和其他产业相结合而得以发展。即使把非遗产业作为一个独立产业看待，也无法准确评估它的产业规模，因为非遗产业投资主体、经营主体是多元的，经营网点是分散的，规模是多样的。目前非遗产业化相对集中的行业是旅游业，它可以把许多非遗项目整合在一个场景下并提供给游客。即使如此，我们还是很难从非遗在旅游业收入中的贡献，猜测它对经济的贡献。非遗在旅游业的独树一帜，缘于旅游业对传统文化的有机整合能力。由于绝大多数非遗项目，无论过去以实用技艺存在，还是以表演艺术存在，在当代价值观念和文化大潮的冲击下，基本上都失去了实用性。把它们作为一种艺术表达形式或工艺品提供给游客，游客不求其真而求其奇，进行消费仅仅是作为一种经历留下纪念而已。如此，则既成就了旅游业，又传承了文化遗产。

最近几年，北京大学出版社每年出版"中国文化产业年度发展报告"，总结前一年文化产业发展概况，展望未来几年文化产业发展前景。其中数据设计文化产业产值达到几万亿元的规模，2015年全国文化及相关产业增加值就达到27235亿元，最近几年该数字以10%以上的速度增加①。尽管其中难以将非遗的贡献以数据说明，但从现在文化产品的主要表现形态即影视、游戏、文化旅游，我们可以推断，非遗作为文化产业的重要资源，是文化产业发展取之不尽的源泉。

二、非物质文化遗产产业化模式

非物质文化遗产有形化利用模式主要指有偿利用，产业化是利用形式之一，但不是利用模式问题，产业化也存在多种利用非遗的模式。非遗利用模式主要指借助一定的方法和手段、寻求特定的有形化载体对非遗的内涵进行再现，是对非遗的生动形象的表达。既然称为开发利用就不是持有人在原形式上的重复，而至少是一种发展。在使用工业化手段介入非遗生产之前，非遗的延续就是两条主

---

① 邢成斌："国家统计局：2015年我国文化产业增加值2.7万亿元"，见唯象资讯网，http://www.wixiang.com/news/26296.html，2016－09－01.

线，一是持有人传统生产生活本身的原始传承，即未被外界文化过分冲击，仍然被沿用的非遗。二是被自己或外来文化进行了改造的开发。传承是利用，只是未被市场化，或者说自古它就不是能够被市场化的文化形态。如许多集体性娱乐项目，并不存在以此为生的专业化演出队伍。开发也是利用，但是属于市场化利用，古代也有这种利用方式，即最初仅仅为生活所需，后来却成为一种经营行为。如很早就由自我消费进入市场经营的传统手工技艺以及专业化演出的戏剧、曲艺、杂技等。而我们所讲的开发利用模式，主要是利用现代文化表现手段对传统文化进行升级改造，把生活化的传统文化艺术化，变物质生存手段为艺术体验或娱乐享受。针对第二种形式的开发利用，人们大致上又将其分为两个类别：静态开发模式和动态开发模式。

（一）静态开发模式

静态开发模式如博物馆开发模式、主题公园开发模式等。博物馆开发模式是将一些濒临消亡、难以维持自身发展、但依然有生存希望的非物质文化遗产项目，集中到一个合适的场所，供人们参观、学习和研究。其中有些非遗是以书面、实物形式展示，也有少部分由传承人或者代表性传承人表演，通过录像、拍照方式保存，只要留下资料就留有一种"复活"的希望①。

这种模式既然也称为开发模式，就是一种可以被"用活"的资源，所以搜集、保管、研究、陈列有关历史、文化、艺术、科技等方面的文物或标本，是要让更多的人从中获得艺术享受和精神满足。同时，博物馆作为重要的人文旅游资源可以带来丰厚的经济和社会回报。如河北省武强县在 1985 年建立了全国第一家年画专业博物馆——武强年画博物馆，占地总面积25100平方米，建筑面积4700多平方米。馆藏年画古版4000余件，古旧年画及原稿资料6000余件，三级以上文物 500 余件。被确定为青少年爱国主义教育基地，"国家 AA 级旅游景点"，年接待游客 10 余万人次②。博物馆开发模式也可以办成生态博物馆，以整个社区作为博物馆空间，对自然生态和人文生态进行整体保护，以多种方式记载文化精华，促进社区的发展，为实现少数民族文化旅游事业提供了一个可持续发展模式。例如1998 年10 月由中国和挪威共同出资在贵州省六盘水市六枝特区与织金县交界的梭嘎乡建成的梭嘎苗族生态博物馆，参观者不仅可以在此亲身体会梭嘎苗族百姓的生活起居，也能观摩欣赏他们的音乐艺术。通过发展旅游产业既能让外界了解苗族传统文化，也能为当地带来经济收入，还能为保护传统文化积

---

① 韩洋："非物质文化遗产与博物馆相关问题的探讨"，载《博物馆研究》2006 年第 3 期，第 68~75 页。

② "武强年画博物馆"。见百度百科网，https://baike.baidu.comlviewf 167770. htm.

累资金①。

静态开发还有一种模式，即主题公园开发模式。该模式主要是为了满足游客文化旅游的需求，建立一处园区，通过仿造生态环境，表演特色节目，展示手工艺品等，将特色文化集中呈献给游客，目的在于打造出一种全新的遗产旅游开发模式。当然，这一模式并非非遗的客观存在方式，而是非物质文化遗产的舞台形式或者叫"展演出来"的非遗。尽管如此，形似的非遗照样有重大的现实意义，它可以将非物质文化资源"异地移植"到新的环境，将多种非遗表现形态集中在一起，便于非物质文化遗产的宣传和交流，让更多的人在较短时间内接触更多的非遗项目。这种"集约化"开发，"工厂化"生产与经营的模式，可以实现社会效益与经济效益的"双赢"。如坐落在四川成都的中国非物质文化遗产主题公园，一期工程（国家公园核心区）于 2007 年即对外开放。园区坚持"与生态保护相结合、与产业化相结合、与市场化相结合"建园方针，逐步建造数字博物馆、皮影博物馆、年画博物馆等 20 余个专业或民俗博物馆，并有风情小镇、文化广场等。将入选国家保护名录的非遗项目引入园中，游客既可以观赏，也可以参与互动，更加深切地了解和接触非遗项目，既受到教育，又陶冶情操。作为综合性传统文化旅游项目，主题公园是国家 AAAA 级文化景区，总占地约 4 897 亩，曾举办国际非物质文化遗产节，以及大型非物质文化遗产博览会②。收到良好的社会效益和经济效益。主题公园模式是一种非遗的产业化开发模式，通过门票、旅游纪念品及服务等，为投资人和表演者提供汇报，激发开发者和传承人的积极性，同时为保护和传承非遗提供物质基础，成为中国非物质文化遗产保护基地和青少年爱国主义教育基地。

（二）动态开发模式

动态开发模式是以保护非遗生存环境为前提，保留非遗的灵魂，为非遗生存和发展提供物质基础，使文化遗产成为"活态"文化。在商业化的氛围中，使其不断获得发展的动力，最终实现传承和发展。现实中有四种开发模式都属于动态开发模式：

一是文化生态村开发模式。考虑到许多文化遗产表现形态具有鲜明的活态延续特点，尤其一些生活方式和习俗，有赖于特定的生活环境才能排除外来文化的干扰得以健康发展。为此，自 1988 年以来，文化部开始命名"民族艺术之乡"、"特色艺术之乡"，倡导非遗的原生态保护，于是全国涌现出一大批具有浓郁民

① 毛俊玉："梭戛苗族生态博物馆：一个生活以外的世界收藏"，见中国民族宗教网，http://www. mzb. com. cn/html/report/256950 – 1. htm.

② "中国成都国际非物质文化遗产节主题公园"，见新华网四川频道，http://www. sc. xinhua. org/content/2015 – 08/09/c_1116191454. htm.

族特色和艺术风格的艺术之乡。而后，有学者提出了建设"民族文化生态村"的构想，即选定传统文化保留相对完整的村寨为试点，刻意让居民延续传统生活方式，传承原汁原味的文化形式，保留或者回归祖先生活的印记，让外界感受淳朴的风土人情①。游客可以深入村落，参与到当地居民的活动中，其表现形态是"农家乐""渔家乐""古村落"等。而在城市建设的所谓"中国民俗文化村""民俗游乐园"等，则不属于文化生态村的范畴，而是属于前述博物馆开发模式。这种开发模式弥补了博物馆模式动态参与方面的不足，不仅保护了非遗自身，还保护了它们赖以生存的生态环境。从运作机制来看，政府或开发投资主体选择非遗保护比较完整的村寨作为开发对象，在深入考察论证的基础上确定开发计划，明确开发目标，以旅游产业为重点，带动其他产业发展。如广西宜州刘三姐故乡打造的以民间歌舞演出为主的"刘三姐文化艺术村"，以及云南丽江的摩梭寨等。当地百姓通过开发和销售旅游产品、参加有组织的文化表演以及向游客提供文化宣传服务，逐渐脱贫致富。

二是节庆演艺开发模式。该模式适用性普遍、条件限制少，是一种新型旅游开发模式。它的特点在于借助静态的舞台效应及动态的参与性活动进行整体综合展示，可以提升游客的体验性。目前，我国每年有六千多个旅游节庆活动，除了各民族传统节日外，又开发了许多节庆形式或有节庆内容的旅游项目。前者是大家耳熟能详的，如西双版纳泼水节、苗族赶秋节、蒙古族的那幕达和马奶节、回族的古尔邦节、藏族的雪顿节、各地汉族庙会、端午节，等等。而开发的旅游节如潍坊风筝节、沧州武术节、吴桥杂技节等，还有许多名目的美食节、商帮文化节、狂欢节也都是贯穿传统风俗的新节日。另外，各地运用文化遗址兴起的集体祭祀大典活动也属此类。将民俗活动与旅游经济紧密结合起来，如山东曲阜孔子文化节、陕西黄帝陵祭祖节等。在这些节庆中，既有按照传统程序进行的节日活动，也有新开发的商业类演出活动、旅游产品贸易活动、传统技艺表演活动，等等。当地百姓与游客共度节日，集观光、购物、欣赏、参与于一体，有利于弘扬传统文化，增进民族认同感。

三是旅游商品开发模式。非物质文化遗产中的民间美术如年画、刺绣、雕刻等，传统手工技艺中的陶瓷制作、各种纺织技艺、土法造纸技艺、酿酒技艺等等，除了很少部分还属于实用技艺，其产品为百姓日用消费，绝大多数已经退出实用物品的范畴成为工艺品。许多旅游项目以向游客提供传统工艺制作的旅游纪念品为主要收入，有一些则是体验性项目，如为游客提供动手实践的机会，游客可以亲自制作各种手工艺品，制瓷、纺线、剪纸等。游客在"体验坊"能够体

---

① 李荣启："采取系统科学的有效方法做好非物质文化遗产保护工作"，载《重庆社会科学》2006年第4期，第112页。

验到整个制作过程，既满足了新奇感，又激发购买旅游产品的欲望，当然主要的还是从中体会到传统文化的博大精深，激发保护非遗的热情。所以，旅游商品包括运用非遗技艺生产的有形物，制作这些有形物的程序视频、说明资料等，也包括文化体验和文化服务。开发旅游产品不排除现代技术的参与，以传统手工制作的产品可以让游客获得原汁原味的工艺品。但可能因产能有限而不能满足人们的需要，机器的参与并非一定会破坏工艺品的艺术性，如珠宝玉器使用新型电动雕刻工具、工艺陶瓷实用当代燃料和烧制工具，照样可以保证不降低艺术价值。

四是工业生态园模式，这种模式也被称为为支柱型产业拉动模式。这类模式主要针对尚未退出实用领域的传统技艺类的非物质文化遗产。如我国许多地方都有用传统方法酿造白酒的产业，甚至是许多地方的支柱产业，山西汾酒、贵州茅台、四川五粮液等。地方政府不仅把这些企业建成了企业集团，而且利用这些企业悠久的传统酿酒技艺发展起酿酒文化。他们利用酿酒集团现有的场地、设施、设备、将工业与旅游业密切结合，建立名酒工艺生态文化园区，供游客参观酿酒厂、了解名酒制作工艺、品尝美酒的一种开发模式。这种模式可以让企业、游客和城市多方受益，也能促进非物质文化遗产的保护，从而达到双赢甚至多赢的效果①。再如，2004 年开始建设的景德镇陶瓷工业园区，面积达 27.4 平方公里，不仅是江西省陶瓷产业基地，也是全国陶瓷产业示范基地。园区集陶瓷制作、陶瓷新材料研发、陶瓷文化产业于一体。到 2014 年园区陶瓷总产值完成 142.4 亿元，占园区工业总产值的 79.5%，占全市陶瓷总产值的 48.8%②。

第二节 民间文学艺术的产业化

一、刘三姐歌谣

刘三姐是广西壮族民间传说人物，最早还被记载于南宋王象之《舆地纪胜》卷九十八《三妹山》。传说刘三姐生于唐中宗神龙年间，自幼聪慧过人，能歌善唱，被尊为"歌仙"。四邻八乡能歌者常找她赛歌，于是促进了民间歌谣的发展，后来还演化出广西宜山三月三歌圩大会。刘三姐歌谣大体分为生活歌、生产歌、爱情歌、仪式歌、谜语歌、故事歌及创世古歌七大类，极大地活跃了壮族民众的文化生活。

1961 年，电影《刘三姐》诞生了，刘三姐歌谣文化引起海内外轰动。"刘三

---

① 魏小安：《旅游产业新论》，中国旅游出版社 2002 年版，第 183 页。
② "景德镇陶瓷工业园区概况"，见景德镇陶瓷工业园区网，www.jdzcip.com/，2015 – 01 – 07.

姐"逐渐成为地方品牌，如最先出现了刘三姐牌的香烟。1992 年 6 月，桂林市文化局与香港中地投资有限公司合资的刘三姐艺术团成立了，后来政企分开改制为刘三姐集团公司，黄婉秋任董事长①。该集团公司不仅经营文艺、旅游、珠宝、字画、艺术装饰，还经营百货、五金交电、建材、农副轻工产品服务、批零售等，促进了桂林文化产业的发展。2002 年，黄婉秋辞去桂林市文化局副局长职务与大连的一家公司合资在桂林修建了一座桂林刘三姐景观园，后改名为刘三姐大观园。2012 年 8 月 10 日该园被国家旅游局批准为国家 AAAA 级旅游景区、广西首批民族风情旅游示范点。

刘三姐品牌利用的另一道浓墨重彩是桂林山水实景演出《印象·刘三姐》。2004 年 3 月 20 日，以张艺谋、王潮歌、樊跃为总导演，梅帅元为总策划、制作人的《印象·刘三姐》正式公演，极大地带动了场景所在地阳朔县经济的发展。桂林阳朔的山水甲天下，乃国内著名旅游胜地，不过 1996 年阳朔接待中外游客仅 130 万人次，旅游收入 7 223 万元。自从开发刘三姐歌谣文化，尤其增加《印象·刘三姐》等旅游项目后，旅游产业迅猛发展。2015 年，阳朔县接待游客总人数约 1 304.9 万人次，同比增长 6.01%；旅游总收入达到了 100.2 亿元，同比增长 20.1%。阳朔成为广西首个旅游年收入突破百亿的县。20 年来，到阳朔旅游的游客增长了 10 倍，而旅游收入增长了 100 多倍②。《印象·刘三姐》的成功在于文化产业运作引入了市场化机制，在资本运作上，除了广西壮族自治区政府在项目初期给予 20 万元启动经费外，其他近 1 亿元投资都是由项目总策划人梅帅元组织业主实施产业化运作，完全按照市场化运作，吸纳国家政策性扶持资金、民营公司自有资金、银行贷款和品牌无形资产等进行多元投资经营的。

一方面，《印象·刘三姐》把"民族区域原生态艺术"作为核心卖点，利用"原生态"这个概念，适应了工业化、城市化背景下人们渴望回归自然的心态。另一方面，它借助电影《刘三姐》本身的市场吸引力以及张艺谋等人的名人效应来成为其打开市场的钥匙。另一方面，《印象·刘三姐》的成功不仅有赖于政府的扶持，市场化运作的营销手段，更重要的是传统文化的创新，仅仅一个刘三姐的故事，仅仅电影《刘三姐》的插曲，不可能把刘三姐的产业做大。它不仅是七十分钟的场景表演，还有一整套可供游客参与的文化体验，也带动了其他旅游产品的消费，解决了当地的就业问题。

---

① "黄婉秋"，见百度百科网，https://baike.baidu.com/view/67755.htm.
② 景碧锋、汤世亮："阳朔旅游收入去年突破百亿"，载《桂林日报》2016 年 3 月 27 日。

二、梁祝传说

梁山伯与祝英台的传说，是一个美丽、凄婉、动人的故事，在我国流传甚广。以梁祝为题材创作的文学、戏曲、电影、电视和音乐作品，可谓数不胜数。近年来有关梁祝传说的大型出版物有浙江省宁波市 1993 年完成搜集整理出版的《梁祝故事集》、四卷本《梁祝文化大观》和十卷本《梁祝文库》等。由于前些年我国还没有解决温饱问题，旅游产业发展缓慢，像梁祝传说之类的口头文学即使有一些遗址资料，也没能发展成为旅游产业，而仅仅从口头到书面，再到舞台演出。但随着后工业时代的到来，我国经济发展到足以把人们带向休闲消费的阶段，旅游业得以发展，各地开始挖掘梁祝文化资源，把它从戏剧和文坛延展到更广阔的场域。

由于梁祝传说流传甚广，许多地方都有一些涉及梁祝传说的文物和遗址，都号称梁祝故里。浙江有三处：宁波有梁山伯庙，杭州有梁祝读书处万松书院，上虞有祝家庄祝氏祖堂；江苏宜兴有梁祝共读的善卷洞；山东济宁有梁祝墓、梁祝祠；河南驻马店市汝南县有梁山伯墓、祝英台墓。以上各处基本上都有县志之类的古文献记载为凭。2004 年四省六地启动"梁祝传说"联合申遗，2006 年"梁祝传说"入选第一批国家非遗保护名录，以浙江宁波市为首申单位，其他五个地方也都有权利称为梁祝故里或梁祝传说发源地。到 2015 年四省六地举办梁祝文化论坛，要将梁祝文化推向世界，联合申报联合国人类非物质文化遗产代表作，打破地域界限，变争抢为共享，求同存异、兼容并蓄、交流互鉴，实现共享资源。

受弘扬传统文化的国际国内形势的影响，自改革开放以来，梁祝文化各遗存地政府高度重视，纷纷制定了梁祝传说保护规划，从抢救、保护、传承历史文化和民间文化原貌出发，对梁祝文化遗产进行保护。贯彻保护与利用并重的原则，努力使遗产保护和文化产业发展取得双赢的效果。目前，浙江三地的联合开发保护走在前面。1984 年，宁波鄞州高桥百姓为了保护梁祝文化，自发集资重建了梁山伯庙，塑起了梁山伯、祝英台等塑像，又寻回了民间收藏的梁山伯庙内的遗物，并于 1995 年重新对游客开放。现在的梁山伯庙是鄞州区高桥镇政府 1996 年在原址上扩建的。1999 年梁祝文化公园开园，以梁山伯庙为主体，梁祝故事为主线，由夫妻桥、恩爱亭、梁祝化蝶雕塑、大型喷泉广场、梁圣君庙、中国梁祝文化博物馆等众多景点组成，年迎接游客五十万人次，是由民间资本投入开发的国家 4A 级旅游风景区①。上虞市开发了英台故里祝家庄景区，整个建筑由前庭、员外楼、英台楼、文心苑、书斋及戏台、假山等附属建筑组成。祝家庄村还成立

---

① 见梁祝文化园网首页，http://www.nblzgy.com/.

了上虞市梁祝文化传媒有限公司，经营相关文化产品。杭州梁祝读书处万松书院市西湖景区南线主要旅游景点，景点每年举行相亲会为广大青年提供服务①。

江苏宜兴梁祝文化开发由政府规划实施，先后制定了《梁祝文化遗产保护规划》与《保护和恢复建设"梁祝文化景观"的实施方案》，并把它列入"十一五"发展计划，投巨资开发了善卷洞景区，该景区内包括梁祝读书处"祝英台琴剑冢"，离洞不远还有"祝英台故里祝陵村"，景点包括善卷洞、碧鲜庵、黄泥墩、观音堂、茶亭、十里亭、七里亭等。为弘扬梁祝文化，自 2010 年宜兴市确定每年农历三月二十八为宜兴传统的"观蝶节"，这一天是民间梁祝故事中祝英台的化蝶之日。

山东济宁也是"梁祝"故里之一，有关传说十分久远，并留下了众多遗迹。尤其 2003 年 10 月 27 日明朝正德年间的梁祝墓碑在微山县马坡乡的出土，与峄山上的梁祝读书洞、梁祝泉、梁祝祠等遗迹构成梁祝传说的实物证据，《邹县志》《峄山志》都记载了梁祝传说。但是，当地政府和企业均未大规模投入进行开发②。

2005 年 12 月，河南省汝南县被中国民间文艺家协会命名为"中国梁祝之乡"，汝南县马乡镇是梁祝传说故事的发生地，有梁祝故里之称。该镇境内一直存有梁山伯墓、祝英台墓、泪井、一步三孔桥、曹桥、红罗山书院、白衣阁等最为完整的梁祝故事遗址，流传着许多梁祝的故事和传说。2006 年梁祝传说被列入国家首批非物质文化遗产名录，为了更好地保护和开发梁祝文化，汝南县特申请马乡镇更名为梁祝镇。2007 年经河南省人民政府批准，同意汝南县马乡镇更名为梁祝镇，唯一一个以梁祝命名的地方行政区由此而生。之后，围绕着梁祝镇的开发一波三折。地方政府要把这一个凄美的爱情故事作为招商项目，积极推进商业开发，但是自立起"梁祝故里"的牌坊后，开发步伐却十分缓慢③。

目前，尽管只有浙江、江苏两省对梁祝传说作为旅游项目进行了有规模的开发，而实际上许多地方政府和文化团体尚以其他形式利用梁祝故事，开发出多种艺术产品。如地方戏剧中就有越剧"梁山伯与祝英台"，京剧"英台抗婚"，川戏"柳荫记"。它还是话剧、舞剧、芭蕾、黄梅戏，以及电影、电视、歌舞、画、陶、剪纸的重要素材。另外，还有评话、弹词以及宁波走书、四明南词、蛟川走书、唱新闻等形式多样、丰富多彩的艺术表达形式，在不断传颂着这个美丽的故事。

---

① 见万松书院网首页，http://www.hzwssy.com.cn/.
② 张自义等："梁山伯祝英台家在孔孟之乡济宁"，见孔孟之乡网，http://www.kmzx.org/wenhua/ShowArticle.asp? ArticleID = 37054.
③ "梁祝故里开发何以无疾而终"，见大河网，http://newpaper.dahe.cn/dhb/html/2012 - 08/23/.

第三节　表演艺术的产业化

一、东北"二人转"

东北"二人转",起源于辽宁,以东北大秧歌为基础,糅合河北莲花落的曲调和步伐等,逐步形成的一种集舞、唱、说为一体的走唱类曲艺。在辽宁、吉林、黑龙江三省和内蒙古东部三盟一市(现呼伦贝尔市、兴安盟、通辽市和赤峰市)广泛流传。"二人转"唱腔高亢粗犷,唱词诙谐风趣。而且表演方式既简单明了又质朴自然,对演员的表演技巧要求不高,无需复杂的专业培训,因此深受广大人民群众的喜爱,正如东北俗语所说:"宁舍一顿饭,不舍'二人转'。"2006 年经辽、吉、黑三省联合申报,东北"二人转"被列入国家第一批非物质文化遗产保护名录。

自"二人转"初创至今三百年以来,作为一种艺术形式,一直在民间传承,是老百姓自娱自乐的艺术形式,最初没有乐器伴奏,不算是舞台艺术,也没有专业的"二人转"艺人。它和其他如皮影、地方戏曲相比,还称不上艺术,就是大众化的新的秧歌形式,人人都能扭两下、唱两句。新中国成立后,经过艺术家们的加工,许多东北的国家演出团体如丹东歌舞团、东北文工团等,开始有专业演员专门演出"二人转","二人转"才走向舞台成为艺术。20 世纪 80 年代辽宁地方戏艺术团、吉林省民间艺术团等演出团体,不仅使"二人转"登上了大雅之堂,而且走出国门,走向世界。赵本山、潘长江、黄晓娟、闫学晶等一大批"二人转"演员脱颖而出,活跃在全国舞台。到 20 世纪 90 年代,"二人转"多次登上春节联欢晚会大舞台,成为家喻户晓的艺术表现形式。具有全国影响力的中央电视台著名栏目,如《中国文艺》《曲苑杂坛》《周末喜相逢》《乡村大世界》《星光大道》《梦想剧场》《金土地》《开心辞典》等,都有"二人转"节目上演。进入 21 世纪,"二人转"文化被赵本山等一批大牌明星推向了辉煌,不仅产生了良好的社会效益,也带来了东北文化产业的发展。

二人转代表性传承人之一的赵本山创办辽宁民间艺术团发扬光大"二人转"文化,通过吸收传统民俗文化的精华,打造具有地方特色的优势概念产品和应用产品——"二人转",重新整合民俗资源并使"二人转"获得新的生命力。"二人转"产业化模式主要有两种:

第一,"二人转"的剧场演出业。从 2002 年开始,赵本山租用沈阳中街上的大舞台剧场举办"二人转"演出,取名"刘老根大舞台",取得了巨大的成功,剧场每年收入 400 万元①。之后，在北京、天津、长春、深圳、泰安等市先后成立了"刘老根大舞台"，均获得了圆满的成功。同时，赵本山倡导"绿色二人转"，摒弃原有"二人转"中低俗的部分，并凭借个人声望强力推介，组织进行了全国百场巡演和赴美国商业演出活动，将"二人转"这个有 300 年历史的东北民间艺术形式打造成为沈阳文化演出市场的知名品牌。

第二，"二人转"进军影视业。"二人转"融入了电视剧《刘老根》《马大帅》《乡村爱情》等。这些电视剧先后在中央电视台播出，连创中央电视台当年电视剧收视率冠军，取得了良好的综合效益。2006 年，本山传媒集团与辽宁电视台合作推出的"转星大比拼"栏目，成为辽宁电视台娱乐节目的龙头。2009 年 2 月 14 日辽宁卫视首播的《明星转起来》是赵本山、本山传媒集团、辽宁卫视共同策划执行播出的娱乐节目，当期收视率据统计在全国收视率居于首位。2009 年开始与黑龙江卫视合作推出《本山快乐营》，2013 年和 2014 年与辽宁卫视合作推出《本山选谁上春晚》，都受到观众好评②。

"二人转"之所以在众多传统曲艺形式中能够脱颖而出，重新焕发青春，与赵本山等艺术家的不懈努力分不开，他们选择了正确的产业化开发模式。首先，本山传媒注意培育"二人转"认知，让更多的人认可"二人转"，如参加中央电视台或者地方电视台举办的各类晚会，让观众喜欢上这种艺术表达形式。其次，举办有关"二人转"的各类大赛，提升和扩散"二人转"的品牌价值，整体提升众多获奖演员的个人无形价值，从而形成追星效应，形成"二人转"潜在市场。再次，不断创新"二人转"内容，保持它的吸引力。传统"二人转"曲目尽管数量不少，大概有二三百个段子，如《大西厢》《回杯记》《祝九红吊孝》《梁塞金撺面》《马前泼水》《包公断太后》等。但是，年轻观众的思维模式是赶潮，没有内容创新，就会失去这部分观众，失去了他们，就是失去了发展前途，就会走向消亡，所以内容必须创新。同时，要想实现形式与内容完全契合，又必须改进表达方式，由此而出现了所谓的"新型二人转"。新型"二人转"现已演变为包含传统"二人转"、流行歌曲、单口相声、脱口秀、拉丁舞、绝活、杂技在内的综合舞台艺术。本身并非一个成熟的艺术形式，它还在"发酵"的状态，需要继续与其他艺术形式进行交融、碰撞③。

"二人转"产业化不仅要求有投资人提供物质基础，还得有人才。既需要创

---

① 杜芳、周文杰："论非物质文化遗产产业化的培育与实施策略——以赵本山推动辽宁二人转产业化为个案"，载《理论界》2010 年第 9 期，第 147 页。

② "从嫁女儿看赵本山的创业之道"，见全球品牌网，http://www.globrand.com/2010/399063.shtml.

③ 杨朴：《戏谑与狂欢：新型二人转艺术特征论》，辽宁人民出版社 2010 年版。

作人才，也需要表演人才。人是非物质文化遗产中"活"的文化，也是非物质文化遗产产业化链条中最薄弱的环节。本山传媒等文化团体，不仅通过"二人转"大奖赛和"刘老根大舞台"演员海选等方式，将隐藏在民间的"二人转"人才挖掘出来，还通过师傅带徒弟的传统人才培养模式与学校集中培养模式相结合的途径，培养接班人。赵本山与辽宁大学合作，成立本山艺术学院，并出任院长。该学院为艺术类全日制本科，由辽宁大学提供宿舍、部分师资，学院开设的专业中就包括"二人转"专业。不仅激发了教师的科研工作，为"二人转"的创新提供技术支持，而且进一步提升了"二人转"的文化含量，增强了"二人转"的发展后劲①。

通过一批像赵本山这样热爱并积极投身"二人转"事业的人的不懈努力，如今的"二人转"不仅在东北地区被轰轰烈烈地传播开来，在全国各地也在不断被人们了解和接受。赵本山通过"二人转"的产业化不仅使自己成为福布斯关注的文化人，他也带动了一大批年轻艺术家跨进这个门槛，提高了艺术水平，增加了经济收入。同时，许多"二人转"民间演出团体也得益于"二人转"的复活，他们改善了家庭生活、挽救了民间文化，也为人们提供了丰富多彩的艺术享受。"二人转"产业化成就无法仅仅用经济数据说明，人们都清楚东北地区在重工业逐渐走下坡路的形势下，正是靠"二人转"等传统文化产业承接了数目巨大的就业人口，活跃了地方经济。"二人转"的成功模式，对我国非物质文化遗产产业化有重大启示。首先，让我们明确了，没有过时的文化形式，只有过时的内容，必须寻求内容创新，老瓶要装新酒，才能满足现代人的口味。其次，要采用合适的传播方式。要树立品牌，政府提供一定的启动资金，能够规划文化产业园区、建立文化产业基地的，就该抓住时机，大力培植和宣传，形成传统文化传播的氛围。

二、重庆金桥吹打

民间音乐由民歌、器乐、舞蹈音乐、戏曲音乐、曲艺音乐等表现形式，尤其指民歌、器乐为主。民歌自古并无舞台演出形式，是纯粹的民间音乐，在人们生产生活中流传，非专业化传承，不存在靠为他人演唱民歌生存的人。但是，器乐演奏则以专业化为主。除了作为戏剧伴奏的乐队之外，走街串巷专门为各种仪式进行演奏的器乐班子，是传承和创新民乐的主力军。我们就以这两种民间音乐形式为例，考察民间音乐的产业化前景。

经营性质的民间器乐组织相对分散，他们蛰伏在广大的农村，多数属于半职

---

① 贺正楚、张蜜、吴艳："非物质文化遗产的产业化模式：以'二人转'为案例"，载《广义虚拟经济研究》2012年第4期，第50页。

业化，农忙时下地，农闲时演出。随着农村文化生活的逐渐丰富，文化娱乐形式的多样化，传统民乐除了完成自娱自乐的功能，又逐渐与现代歌舞融合创新出易被现代人接受的音乐表现形式。民歌各地都有，民乐队也活跃在广大农村，但能走产业化道路的并不多，且规模有限，在此我们列举几个典型例子。

吹打器乐在我国有着广泛的群众基础，四批入选国家级非遗名录显示，所有省区几乎都有吹打器乐项目入选。在第一批名录中比较有名的是重庆市巴南区的接龙吹打、万盛区的金桥吹打。巴南接龙吹打是巴南区乃至重庆市民族民间文化的一项重要的民间艺术。接龙是重庆市巴南区的一个乡镇，接龙吹打因此得名。该吹打乐器分为吹奏类、打击类、弓弦类3大类别，分为七大乐种：丫溪调、下河调、青山调、昆词、教仪调、将军锣鼓和伴舞锣鼓，有传统乐曲983首，曲牌主要有大号牌、朝排、将军令、水龙吟、南锣、六幺令、风入松等。全镇有260多个乐班、近2000名乐手，500余人加入民间吹打乐协会，保存有上百年的古老乐器26件，其中4件在200年以上。因此在1991年，接龙镇被重庆市文化局命名为"民间吹打乐之乡"，1999年又被评为巴渝十大民间艺术之一，1999年重庆市首届民间吹打乐比赛获得特等奖。同时，还出版了约八十万字的《接龙吹打乐》、二十余万字的《乡乐新韵——接龙吹打乐论文选》①。重庆市万盛区金桥镇也有久负盛名的民间吹打乐，它产生于宋元时期，距今已有七百多年历史。20世纪80年代金桥镇11个村有乐班70多个、乐手800多人。在长时期的传承中，金桥吹打形成了喜庆类、生产生活类、丧事类、民间传说类等类别，有花灯、大曲牌、朝牌、宫堂等曲牌和品打、刁打、散打、干打、夹打、刁散打、竹叶吹奏、口哨等演奏技艺。主要乐器有唢呐、鼓、锣、钵。其音正节稳、音质纯洁、清晰清脆，具有音域宽、音量大、音色明快、穿透力强等特点。曲目达一千余首，分属近300个曲牌，其中许多曲牌被收入《中国民族民间器乐曲集成·重庆卷》，金桥吹打也于1999年被评为"巴渝十大民间艺术"之一②。

目前，接龙吹打和金桥吹打均已传承到第六代，期间历经了各代传承人对吹打技艺的不断改进，这些民间艺术家为此做出了不可磨灭的贡献，利用吹打乐器就能表现欢快、悲伤。规模不等的吹打乐队主要受聘在节庆婚丧场合进行有偿演出，大多数都是实景实情演奏，很少在城市进行表演类演出。到20世纪80年代末90年代初，重庆吹打达到了兴盛，之后以家庭为基础的吹打班子逐渐走向分化，有些解散，有些重组。2014年重庆材林民间吹打演艺有限公司成立，坐落于重庆万盛旅游文化街，成为金桥吹打的集大成者。由此，重庆吹打演出团体从

---

① "接龙吹打乐简介"，见重庆市巴南区接龙镇人民政府网，http://www.cqbnjl.gov.cn/Html/1/whts/2014-07-22/550.html.

② 吴艾佳、孙伟："重庆金桥吹打的现状、保护及传承"，载《岁月月刊》2010年第11期。

松散的演出班子到企业化转变，产业化经营具备了一种新的形式。但是，传统吹打的前景并不乐观，两个镇都存在相同的困境：有造诣的吹打乐手年事渐高，相继谢世；年轻人参加吹打者日趋减少，一些绝技难以传承，接龙吹打与金桥吹打均处于濒危状况，急需抢救保护。

三、云南原生态歌舞

云南是我国少数民族聚居大省，各少数民族都是能歌善舞，并有着广泛的群众基础，不仅在节庆日各民族穿戴节日盛装载歌载舞，即使在平时亲朋好友聚会，也会用歌舞即兴表达感情。原生态的少数民族歌舞自古以来就是当地人生活娱乐的一部分，这一原始的艺术表达形式有着深厚的文化底蕴，如何将它升华为对外文化交流和发展地方经济的品牌艺术，是当地文化、旅游主管部门及文艺工作者反复思考的问题。21世纪初，经多方论证和努力，由我国著名舞蹈艺术家杨丽萍出任艺术总监和总编导并领衔主演的原生态歌舞精品——《云南映像》，于2003年同广大观众见面以来，在昆明、北京、上海、广州、厦门、西安等城市巡回演出近千场，并走出了国门，获得了丰厚的经济效益和良好的社会效益，仅在昆明的多场试演，门票收入即逾千万元。

《云南映像》将原生态乡土歌舞精髓和民族舞经典全新整合重构，展现了云南浓郁的民族风情。这一大型歌舞作品主要是由来自云南各地田间地头的本土少数民族歌舞爱好者演出的，90多名演员中只有20多名是专业演员，目的是充分展现原生态因素。为此，演出服装也以云南各民族民间生活着装为原型设计。《云南映像》的成功离不开杨丽萍等一批民族歌舞艺术家的努力和奉献，离不开台前幕后许多民族民间艺术爱好者的热心支持，更离不开当地政府的大力支持。云南省对传统文化产业的支持在全国名列前茅，不仅出台了最早针对非遗保护利用的地方立法，出资赞助并打造了多支优秀的民间文艺团体，还举办了多届"云南省少数民族文艺汇演"、"云南省新剧目展演"、"云南省民族民间歌舞乐展演"和"云南省青年演员比赛"，培养了大批优秀的民族民间艺术传承人[1]。同时，《云南映像》的成功也说明了传统艺术表现形式能够很好地与当代科学技术相结合，从而满足当代人的艺术审美要求，增加它的艺术魅力。如《云南映像》的音乐、服装、灯光、道具等舞台设计，便采用了许多现代声光电技术，并没有破坏民间艺术的整体性美感，反倒留给观众一个"原生态"的特定印象。它也充分说明艺术创新是传统文化艺术得以不断延续发展必不可少的条件，墨守成规只能葬送非遗，错失发扬光大的有利时机。《云南映像》不仅带动了民族民间歌舞

---

[1] "云南省多举措推动少数民族文艺繁荣发展"，见国家民族宗教委员会官方网站，http://www.seac.gov.cn/art/2016/6/24/art_86_258174.html.

市场的繁荣，最主要的是增强了文化主管部门和非遗传承人发展非遗产业的信心，也推进了其他非遗产业的发展。如今漫步在丽江古城、泸沽湖畔和香格里拉国家公园，所见所闻并非单纯的自然遗产，而是集有形遗产和无形遗产为一体的综合文化遗产。经过当地人的付出，不仅带动了旅游经济的发展，也为保护生物多样性和文化多样性做出了贡献。在正确的文化产业开发理念的指导下，实现少数民族地区经济文化社会的可持续发展已经变成现实，并不断造福子孙后代。

四、广东咸水歌

在已经评选出的四批入选国家级非遗名录的民间艺术形式中，民歌占了极大的比重。因为民歌是我国各族人民在生产生活中集体创作的结晶，是百姓喜闻乐见的艺术形式。同时，它还是现代音乐的创作源泉。但是，民歌不同于其他艺术形式之处在于，民歌是生活化的自娱自乐形式，从来没有被舞台化，而与它非常接近的戏剧和曲艺则是被舞台化和艺术化的形式，而且后者的专业性越来越强。所以，民歌的原生态是创造者日常生活的构成部分，并未艺术化。它推动了现代音乐的发展，又是城里人了解农村风土人情的一个窗口。尽管民歌源头的人们对民歌也有感情，对于嗓子好的民歌王，也有追星热情，但毕竟在其源头司空见惯，不能作为产品销售给当地人。而在城市的演出团体倒是有一些民歌演员，由现代歌舞与民歌搭配演出效果尚可，纯粹的民歌演出队伍在 20 世纪八九十年代也还是有市场的。但是，随着人们审美取向的变化，尤其是年轻人对新兴音乐形式的向往，又逐渐把民歌挤出了大中城市的有偿消费市场，民歌的专业化演出队伍在城市难以立足。

咸水歌流传于广东的珠江、东江、西江、北江、汕尾，广西的梧州、北海，海南的三亚以及福建部分沿海地区、港澳地区等。南方水域所流动的疍民，历史上都有传唱咸水歌的习俗，尤以中山咸水歌影响最大。2006 年中山咸水歌入选第一批国家非遗名录。

中山咸水歌的源头在坦洲镇，有长短句咸水歌、高棠歌、大缯歌、姑妹歌和叹家姐等多种类型，在不同场合唱不同的歌①。由于咸水歌自古以来就是疍家的风俗，不是舞台演出艺术，也无专业歌者，多为随编随唱，见景生情。但作为一种民间艺术离不开民俗活动的生态环境，是民俗中的重要组成部分。咸水歌作为疍民喜闻乐见的艺术形式维系着其族群民俗活动的开展，而民俗活动的举行也潜移默化地推动着咸水歌的传承与发展。如青年男女从恋爱到举办水上婚礼、斗歌比赛等民俗活动中都需要咸水歌。演唱咸水歌的风俗贯穿疍民青年男女相识、恋

---

① 甘建波：《中山民俗与民间艺术》，珠海出版社 2002 年版，第 3 页。

爱、求婚，以及婚礼仪式的全过程①。女方送嫁唱"叹家姐"，男方迎亲婚礼上唱"高堂歌"。随着疍民们脱离水上生活逐渐到岸上定居，并在婚姻等习俗上与陆地各民族融合，咸水歌的生存环境发生了变化。

政府为了保护咸水歌，分别在坦洲镇新合小学、东升镇胜龙小学等建立了咸水歌传承基地，将咸水歌带进课堂，让青少年一代认识咸水歌、传唱咸水歌，均取得了良好效果。2007 年开始举办广东省珠三角咸水歌会，2008 年滨江水上居民民俗博物馆落成，东莞市松山湖科技产业园（2001 年）旅游度假区增加了"水乡文化"的旅游项目，这些将咸水歌以表演的形式展现给慕名而来的游客，通过与现场观众互动的形式把情歌、斗歌及水上婚礼等疍民习俗生动再现出来，成为外地人了解咸水歌的旅游项目。但是，由于珠三角地区工业经济相对发达，人们还没有热情大规模开发咸水歌产业，而随着不断地投入，咸水歌不仅能够恢复和保留，还有可能成为当地经济的增长点。

五、山西河曲民歌

近年来，各地政府为弘扬传统文化，尤其是宣传当地文化品牌，挽救如民歌一类的濒危艺术形式，也举办过民歌赛之类的活动。但是效果不佳，如同过节日，过去了就沉寂了。所以，多数地方对民歌的保护就是以记录、存档为主，然后经过筛选合集出版，成为可资借鉴的音乐创作参考素材。若想发展成演出产业不太现实。有鉴于此，有些地方政府和开发组织，将民歌纳入旅游产业，作为一个旅游项目。还有一些民歌与其他艺术形式结合得以生存，著名的山西河曲民歌和二人台结合起来，便仍然有市场，尽管其市场尚有待开发。有人曾经实地调查河曲民歌的发展现状，结果是当地 90% 多的百姓喜欢听民歌、唱民歌，不喜欢的都是二十岁以下的年轻人。河曲民歌是第一批入选国家非遗名录的项目，几百年来，河曲人民不论是在田间劳作、西口路上搬运货物，还是作为一种表达情感的手段，都会用唱歌来表现，可谓是曲不离口。当前河曲民歌的主要功能是自娱自乐、商业化演出、宣传时演唱、记者采访演唱。各年龄层次都有跟老艺人学习民歌的，但目的不同，依次是赚钱、考学、爱好、解闷②。河曲民歌之所以丰富多彩，离不开河曲当年复杂的社会生活。它是生活的真实写照，是劳苦大众宣泄生活情绪的直接表现。由于许多民歌如船工号子、劳动号子，因为已经不存在那种劳动场面，当地人渐渐淡忘了这些民歌。另外，许多反对包办婚姻、咒骂煤窑

---

① 马达、李小威："中山咸水歌的生态环境系统解读"，载《艺术百家》2015 年第 6 期，第 166 ~ 168 页。

② 参见佟鑫："山西河曲民歌现状调查及成因研究"，山西大学 2009 年硕士学位论文。

窑主等方面的民歌也因为社会环境的改变而失去了生存的土壤①。河曲民歌的整体现状虽然处于一个衰败的状态，但是近年来政府大力宣传非遗保护，人们从思想上能够建立起一个保护和传承的意识。原本是在山野田间劳作时解忧闷的歌曲变成了精心处理、经过包装的舞台艺术。也有一些民歌班子外出进行商业演出，文化部门也组织民歌比赛或歌会，营造传承气氛，涌现出辛礼生这样的西北歌王。同时，有许多热心民歌传承的工作者不断创新民歌，使其生命力更加旺盛，如韩运德先生作词作曲的《红嘴唇唇一笑就扰乱哥哥的心》和《想妹妹想的没深浅》；王来红创作的《红红火火的日子咱唱着过》和《十件实事喜人心》；营宝憨创作的《热身身扑在冷窗台》等，不仅受到群众欢迎，还多次获奖。在各种河曲民歌展演活动中，新编民歌已经成为人们最为关注的曲目。2008年和2011年河曲两次被文化部授予"中国民间文化艺术之乡"荣誉称号，2009年和2012年分别被山西省文化厅授予"山西民族传统节日保护示范地"和"河曲文化生态保护实验区"称号②。

六、西北民歌"花儿"

区域性的民歌类型就是"花儿"。"花儿"是流行于我国西北地区甘、青、宁、新等省区，汉、回、藏、土、裕固、东乡、保安、撒拉等民族的群众用汉语演唱的一种以反映爱情为主要内容的山歌。2006年"花儿"成功入选首批国家级非物质文化遗产名录，2009年又成功入选联合国《世界遗产名录》。尽管不同地区的"花儿"各有特点，但也有相同的品质，如曲调丰富，以抒情见长，文辞优美、朴实、生动、形象，结构严谨、演唱灵活等。"花儿"是土生土长的艺术形式，是劳动人民生活中创造出来的艺术形式。随着生活环境的变化，外界文化的涌入，"花儿"传承面临困境。为挽救传统文化，在"花儿"流行地区，每年都会有群众自发或者政府举办的各种"花儿会"。青海省规模较大的"花儿会"有：乐都县瞿坛寺"花儿会"、民和县峡门"花儿会"、互助县五峰寺"花儿会"、丹麻场"花儿会"、大通县老爷山"花儿会"、七里寺"花儿会"等。甘肃省较为著名的"花儿会"有：莲花山"花儿会"、炳灵寺"花儿会"、紫松山"花儿会"、松鸣岩"花儿会"等。在"花儿会"上，当地群众演唱"花儿"，休闲娱乐，其乐融融，这为"花儿"的发展提供了无限生机。当地政府部门完全可以通过举办"花儿"演唱会来做好招商引资工作，将"花儿会"与当地的旅游业紧紧联系起来，就可以为当地群众提供多种致富途径，将"花儿"作为

①　项阳："中国音乐民间传承变与不变的思考"，载《中国音乐学》2003年第4期，第68~72页。

②　"河曲民歌"，见百度百科网，https://baike.baidu.com/link? url.

一种文化产业，便可将其不断做强、做大。只有当人们尝到了"花儿"的甜头，感到"花儿"不仅具有精神乐趣，还具有物质价值，才会自觉地投入到"花儿"保护与开发的行列中来①。青海省大通县政府积极发展文化旅游，将"花儿"艺术根植在老爷山景区中，打造了一台地方特色浓郁的以老爷山为背景，以盛传于大通的"花儿"为主题旋律的《花儿唱红老爷山》情景剧，受到社会各方关注②。宁夏曾成功举办"西部十二省民歌（花儿）歌会"，并编排了以"花儿"为题材的艺术作品，多次赴京演出；新疆连续几年举办了"中国花儿艺术节"，并获得成功。西北民歌的繁荣不仅为传承民间艺术提供了契机，也促进了少数民族地区旅游产业的发展。

第四节　民间美术的产业化

一、"泥人张"彩塑

天津泥人张艺术是从民间玩偶发展、提升而来的，是雅化了的民间艺术，成为具有独立审美价值的艺术品。

泥人张第一代张长林（1826～1906年），字明山，从八岁起随父张万全学艺做泥人。13岁起开始独立创作，18岁时已以"泥人张"闻名于世。到77岁逝世，一生留下作品万余件，主要作品除肖像外，还有戏剧人物和民俗题材。起初，他尝试着把身边的世俗活动捏成泥人，摆摊售卖，意外地受到群众欢迎。后来发展成彩塑且在清末曾被进贡内廷，有些作品至今保存在故宫和颐和园内。泥人张的艺术经历近两个世纪，依然葆有生命力，是由于几代人的传承与发扬。目前，"泥人张"泥塑所用材料是含沙量低且无杂质的纯净胶泥，经风化、打浆、过滤、脱水，加以棉絮反复杂糅而成"熟泥"，其特点是黏合性强。辅助材料还有木材、竹藤、铅丝、纸张绢花等。塑造好的作品应避免阳光直射或置于炉火周围，目前的晾干方法是自然风干。"泥人"彻底干燥后入窑烘烧，温度要达到1000℃左右，出窑后经打磨、整理即可着色③。

"泥人张"技艺主要在张长林的后辈中传承，至今已经是第六代。新中国成

---

① 马伟华、胡鸿保："'花儿'研究现状及其保护开发"，载《民间文化论坛》2006年第2期，第79～82页。

② 史薇蕊、边世平："论非物质文化遗产青海'花儿'的旅游开发"，载《生态经济》2014年第6期，第160页。

③ "泥人张"，见百度百科网，https://baike.baidu.com/link? url.

立后，20 世纪 50 年代，"泥人张"分为北京和天津两支，北京一支第三代传人张景祜打破了民间艺术不传外姓、不传女的老规矩，破例招收郑于鹤、沈吉（女）为徒。天津一支传至第六代传人张宇，他成立了天津市泥人张世家绘塑老作坊和泥人张美术馆。2006 年天津"泥人张"彩塑入选第一批国家级非遗名录。因泥人张彩塑为纯手工制作，每年创作的作品数量有限，无法大规模量产①。

二、曲阳石雕

曲阳石雕艺术是以地名命名的一门雕刻艺术，可谓驰名中外。曲阳位于河北省保定市西南部，太行山东麓脚下，盛产汉白玉大理石，石质具有洁白晶莹、纯净细腻、脂润坚韧、经久耐磨等特点。靠山吃山，靠水吃水，得天独厚的石材资源，为曲阳雕刻艺术产生与发展提供了条件，历经 2000 多年发展，曲阳石雕艺术兼实用和艺术为一体，誉满海内外，已经成为我国石雕行业的一个重要分支，代表了我国北方石雕艺术风格。曲阳石雕艺人不仅延续了曲阳石雕的传统工艺，而且不断升华，将现代科技运用到雕刻中，以电动工具雕刻，提高了雕刻的效率。匠人们运用圆雕、浮雕、线雕技法，将解剖学、美学融为一体，所雕作品既有高贵华美的传统特点，又有新颖明快的时代精神。目前，曲阳石雕艺术已经将雕刻材料拓展到了玉石、木材、象牙、青铜、不锈钢等，大大拓展了产业范围②。

近年来，曲阳石雕业在当地政府的大力扶植下已步入产业化发展的轨道，初步形成了辐射全县 8 个乡镇、50 多个村的雕刻基地；全曲阳共有石雕业户 2374 家，从业人员 10 万余人，石雕文化产业年产值已达近 100 亿元，每年一次的"中国（曲阳）雕刻艺术节"也已成为当地重要的文化品牌，产品远销 80 国家和地区③。雕刻业已成为该县重要的特色富民文化产业。此外，雕刻艺术节、雕刻展销会、雕刻大讲坛、雕刻大奖赛等重大雕刻产品推介活动也为雕刻业的发展搭建了良好的平台④。

目前曲阳石雕存在的问题还很多，如家庭作坊多，有规模企业少；粗加工多，精细加工少；技工的学历层次低，对外技术交流少，创新能力缺乏后劲。同时，石雕业尚未和旅游业有机结合，产业链条不完整，利润外流严重。

---

① 李松："'泥人张'艺术的传承与变异出版"，载《史料》2006 年第 1 期，第 65 ~ 67 页。

② 辛儒、张淑芬："产业化与产业升级是开发和保护非物质文化遗产的新思路——以河北曲阳石雕与旅游开发为例"，载《生产力研究》2010 年第 5 期，第 210 ~ 212 页。

③ "石雕产业为曲阳一年经济创收上亿万元"，见凤凰河北综合新闻，http://hebei.ifeng.com/zt/quyangshidia/detail_2014_11/26/3204640_0.shtml.

④ 王渊："河北省非物质文化遗产的开发与旅游业的互动研究·曲阳石雕延伸的产业链条"，载《河北经济日报》2008 年 10 月 24 日。

三、河北蔚县剪纸

蔚县剪纸源于明代，是一种风格独特、在国内外享有盛誉的汉族民间艺术。它不是"剪"，而是"刻"，吸收了河北武强木版水印窗花以及河北雕刻刺绣花样等民间传统艺术形式的特色。以薄薄的宣纸为原料，用小巧锐利的雕刀手工刻制，再点染明快绚丽的色彩而成，需经过画、订、浸、刻、染、包六道工序才能出品。剪纸构图朴实饱满，造型生动优美逼真，色彩对比强烈，带有浓郁的乡土气息。它还是全国唯一一种以阴刻为主、阳刻为辅的点彩剪纸，已有 200 余年的历史。2003 年 8 月全国剪纸专项工作会议在蔚县成功召开，蔚县被命名为"中国剪纸艺术之乡"、"中国剪纸艺术研究基地"[1]。2006 年蔚县剪纸入选第一批国家级非遗保护名录，2009 年蔚县剪纸又名列中国剪纸之首入选世界《人类非物质文化遗产代表名录》，在九个剪纸项目中排在第一。

蔚县剪纸大部分出自世世代代不知名的农民艺术家之手，乡村生活气息浓郁，题材广泛。种类有戏曲人物，鸟虫鱼兽，还有对农村现实生活的描绘等。最早是用来贴在窗户上的，作为一种装饰或逢年过节办喜事的喜庆点缀。如今蔚县剪纸已逐步发展成为具有欣赏、收藏价值的民间艺术精品、国家级馈赠礼品。随着国内外对非遗保护与开发的重视，以及国家号召大力发展文化产业的背景，蔚县文化主管部门十分重视剪纸的产业化。打造出包括"中国蔚县剪纸博物馆、中国剪纸第一街、中国剪纸第一村、蔚县剪纸艺术学校"等 4 个项目在内的中国蔚县剪纸产业园区，形成了"展示—营销—基地—培训"一条龙的剪纸产业链条。形成了集创意设计、加工剪刻、推介销售为一体的运作模式，成为世界剪纸集散地和交易中心。2010 年蔚县剪纸被列入河北省 30 个重点文化建设项目之一，2011 年蔚县剪纸荣获"2011 CCTV 7《乡土盛典》最具活力民间文化产业"殊荣，2012 年蔚县被评为河北省文化产业十强县之一[2]。目前，蔚县政府将剪纸艺术作为强县富民的特色文化产业来抓，吸引了大量人才、信息和资金，带动了全县绿色产业快速发展。对研究我国农村文化产业的发展具有代表性意义，对传承和保护非遗，弘扬中国传统文化具有重要的实践意义。

蔚县剪纸能够发展成为规模产业，成为县域经济的龙头，除了政府重视外，还有一些因素，首先，蔚县地处京津冀三角地带的中心，历来是交通汇集、各民族融合之地，便于文化交往。其次，有着深厚的文化底蕴，县内有 9 处国家重点

---

[1]　崔元培、刘鹏、刘丽影："非物质文化遗产视角下农村特色文化产业发展对策——以蔚县剪纸为例"，载《环渤海经济瞭望》2014 年第 6 期，第 38～41 页。

[2]　"河北'三个十'引领文化建设'百花齐放'"，见长城网，http://heb.hebei.com.cn/system/2013/08/15/012935557.shtml.

文物保护单位、30 处省级重点文物保护单位；1 项世界非物质文化遗产、3 项国家级非物质文化遗产、5 项省级非物质文化遗产等众多文化资源。当地人民抓住了这一机遇，大力发展剪纸及相关产业。据不完全统计，目前蔚县共有 22 个乡镇 561 个村，剪纸产业便分布于 16 个乡镇 108 个村，其中蔚县剪纸专业户 1100 户，全县 73% 的乡镇、19% 的行政村分布着 3.6 万多名剪纸从业人员，较大的剪纸厂就有 50 家，剪纸专业村 28 个。2012 年全县生产剪纸 600 多万套，产值达到约 5.08 亿元，约占全县 GDP 的 6.4%，成为重要的富民产业和新兴支柱产业，产品行销 100 多个国家和地区①。但是，人们知识产权保护意识不强，创新能力又受制于艺人们的文化水平，所以简单重复传统剪纸内容，影响了它的受众范围。同时，企业经营分散，没有形成集群化。

四、衡水冀派内画

我国传统内画艺术起源于内画鼻烟壶，后扩展到内画水晶球、内画摆件、内画屏风、内画笔筒、内画花瓶等。以特制的变形细笔，在玻璃、水晶、琥珀等材质的壶坯内，手绘出细致入微的画面，格调典雅、笔触精妙。自乾隆末年至今，内画艺术分为京、冀、鲁、粤、秦五大流派，其中尤以冀派内画，规模最大、发展最快、影响最大②。2006 年衡水内画入选第一批国家级非遗保护名录。冀派内画基础雄厚，拥有国家级工艺美术大师 3 人，省级工艺美术大师 30 余人，技术研发力量在全国遥遥领先。内画在河北衡水当地俨然成为一个产业，年产值逾 10 亿元，带动了 4 万多人就业③。

20 世纪七八十年代，冀派内画与其他美术、手工艺类的非遗存在形态差不多，由集体经济组织或城市国有工艺美术厂集中生产经营。但规模小且产品主要用于出口换汇，对人们的生活影响有限，参与传承的人也不多。建立市场经济体制提出初期，冀派内画企业星罗棋布，大小企业共有几百家之多。但大多数是门市类型的家庭加工，既无原材料的加工能力，也无中、高端内画艺术品的制作水平，更没有设计能力。但是经过近三十年的努力，衡水内画产业的经营模式发生了变化，已经发展成为衡水市的支柱性文化产业，成了衡水市的一种象征。分析衡水市内画艺术产业现有的经营模式主要可以分为三个：国有企业改制经营；传承人开发性经营；内画艺人家庭式经营。

---

① 郭安丽：“河北蔚县：‘小剪纸’带动文化发展‘大产业’”，载《中国联合商报》（电子版），http：//www. cubn. com. cn/news3/news_detail. asp? id = 12802.

② “衡水内画”，见百度百科网，https：//baike. baidu. com/link? url.

③ 扈炜、刘朋朋：“非遗衡水内画传承创新，多名弟子集中收徒”，见长城网，http：//report. hebei. com. cn/system/2015/10/16/016291589. shtml.

第一种经营模式是国有企业改制经营，典型的是创办于 1972 年的衡水市特种工艺厂后改制为衡水一壶斋工艺品有限公司，现有艺人百余名，技术力量雄厚。公司工艺品有内画鼻烟壶、内画摆件、内画佛珠、内画水晶球及外画系列"古月轩"等产品，先后十几次荣获轻工部一等奖，1985 年获国家珍金杯奖。1990 年 12 月，中央电视台来该公司拍摄了"中国内画一绝"专题片发行海内外。1993 年 12 月，国家文化部以衡水市特种工艺厂为基地，命名衡水市为"内画艺术之乡"。1994 年 6 月获第五届亚太博览会国际金奖，1994 年 10 月获文化部"中国民间艺术一绝大展"金奖。"'一壶斋'牌内画鼻烟壶于 2008 年被评为'河北省文化产业产品十佳品牌'"①。

第二种经营模式是代表性传承人开发经营。王习三是我国著名的冀派内画大师，1979 年被评为中国工艺美术大师，是内画行业第一位大师，2007 年被评为国家级非遗项目衡水内画的代表性传承人、首批"中国民间文化杰出传承人"。他在 20 世纪 80 年代曾任衡水特种工艺厂厂长，并于 1988 年创办中国衡水市内画艺术院，培养内画人才。退休后于 1996 年支持其子王自勇（艺名王又三）创办衡水习三内画艺术有限公司，生产销售内画鼻烟壶、内画水晶球、内画摆件、内画花瓶、内画茶叶罐等内画工艺②。公司有员工一百余人，其中高级工艺师三十多名。公司注重产品的定向开发，成功地为中国旅游胜地承德绘制了承德风光系列套壶；为"97 燕赵放歌迎港归大会"绘制了内画奖杯座球（后申报为专利产品）；2001 年，成功地为世界旅游胜地夏威夷绘制了夏威夷风情系列烟壶；2002 年，绘制的"山海关与长城"作品荣获"首届中国旅游纪念品设计大赛优秀奖"；同年，"河北风采系列烟壶"作品荣获"首届河北省旅游纪念品设计大赛优秀奖"。③ 2006 年 12 月，公司生产的"习三牌"内画壶获得联合国教科文组织杰出手工艺品徽章认证。2008 年 4 月，公司被命名为河北省第一批文化产业示范基地。2008 年 9 月，公司被文化部命名为国家文化产业示范基地。

目前，衡水习三内画艺术有限公司的内画产品年产值已经达到数千万元，它的产业化路径之所以成功，首先，注意了品牌效应。"习三牌"借用了大师的影响力，使产品附加值远远高于普通艺术品。其次，注重创新，瞄准市场，多出新品，公司拥有多项实用新型和外观设计专利，保持旺盛的创造力。再次，建立内画艺术院，注意后备人才培养。最后，加大宣传力度，内画传承人王自勇自筹资

① "河北省衡水市依靠品牌效应，推动文化产业发展"，见长城网，http://heb.hebei.com.cn/system/2011/04/10/011065437.shtml.

② "王习三"，见百度百科网，baike.baidu.com/view/203118.htm.

③ "衡水习三内画艺术有限公司·基地简介"，见中国美术家网首页，http://hengshuixisanneihua.meishujia.cn/.

金 600 万元建立了中国内画艺术之乡展览馆。

第三种经营模式是内画艺人家庭式经营。家庭作坊式的经营即前店后厂的产销模式，是我国许多美术工艺品的经营方式。据不完全统计，衡水市此种规模较小的普通内画经营企业有 130 多家①。珍壶斋内画工艺美术公司是衡水内画产业的一个极具代表性的企业，是衡水市内众多民营的家庭作坊式或半作坊式内画企业的一个典型的缩影。该公司是一个由任氏四兄弟创建管理的家族企业，1996年创建之初，总经理任永军提出改进技术、拓展市场、谋求对外合作的产业化思路：没有大师坐镇，可以引进先进设备；国内市场竞争激烈，就想办法开拓国外市场。最终成为衡水市民营内画工艺品生产的第一家，并且与迪士尼公司签下了长期合作的合同。珍壶斋以经营大众化艺术品为主流产品，多档次产品并存，全国各地都有代理销售店，它把内画产品作为百姓能够买得起的艺术品来经营，而不是当作古玩市场上的收藏品来经营，接地气，以量取胜，这也是衡水大多数内画经营企业采用的经营理念。但珍壶斋的品牌意识有待提高，低水平重复生产的产品附加值不仅太低，而且不利于产业的升级换代②。

三种开发经营模式各有特点，之所以能够并存，在于他们有各自的市场，满足不同人群的需要，这一点非常重要。但是，不管哪一种模式要想做的更长久必须创新，紧贴人们的生活。把握好人们审美观的发展脉络，市场是消费者决定的，而不是商人决定的。

五、武强木版年画

武强年画是河北省武强县传统民间工艺品之一，因其产地在河北武强而得名，是中国民间特有的一种绘画体裁，具有浓郁的乡土气息和地方特色。武强年画产生于宋元时期，至明代初年已有相当高的造型设计能力和镌刻水平，已趋成熟阶段，兴盛于清康熙、嘉庆年间。当时，武强年画的生产以县城南关为中心，辐射周围 68 个村庄，很多农民以年画为副业，他们农忙务农、农闲印画。也有专业从事年画制作的作坊，较为著名的画店有"天玉和"、"万兴恒"、"宁泰"、"泰兴"等。它们都是前店后坊的经营模式，有的画店长期雇工五六十人，几十台刷画案子，最大的"宁泰"长年雇工三百多人，在武强的南关有画案一百多台，在西安、内蒙古等地还设有外加工点③。

武强年画构图丰满，线条粗犷，设色鲜亮，装饰夸张，节俗特色浓厚，是民

---

① 见康占营新浪博客，http://blog.sina.com.cn/u/1801229977.

② 王常荣："壶里乾坤——任氏四兄弟创业传奇"，载《衡水日报·农村周刊》2004 年 11 月21 日。

③ "武强年画"，见百度百科网，https://baike.baidu.com/link？url.

间年画中的佼佼者。一般是"绘、刻、印"三道工序完成。古代的武强年画，是纯手工描绘。后发展为木版套色水印，其创作一般是集体完成，画师设计样稿，刻版师镌刻画版，印刷师印刷。到 20 世纪 30 年代，受石印年画的冲击，各大城镇木版年画作坊连续垮掉。而武强年画仍然保持着一定规模和发展势头。直到"七·七"事变以前，武强南关开业的大小画店还有 77 家之多，武强年画生产仍保持一定规模。新中国成立之初的社会主义改造时期，曾成立了远大画业合作社，1958 年改为武强县画业合作工厂，后简称武强画厂。"文革"时期年画因题材多为传统文化内容，几乎被彻底破坏。改革开放以后，自 1980 年武强县成立年画学会开始，政府重视年画的抢救，经文化部批准成立了全国唯一县级出版单位——武强年画社（1995 年更名为河北武强画社），到 2002 年共出版发行武强年画 780 种，发行 6000 万张册。1985 年，武强建立了全国第一家年画专题博物馆。后来成为国家级重点博物馆、省级重点博物馆、河北省爱国主义教育基地、省国防教育基地、国家 AA 级旅游景点，南京大学等十几所大专院校的教学研究基地。年接待观众量达 30 余万人次①。

2006 年武强年画入选第一批国家级非遗保护名录，目前的保护工作主要以古板、古画的挖掘与保存为主，同时资助鼓励代表性传承人授徒传艺，但产业化路径艰难。走过了八九十年代胶印批零生产的复兴时期以后，年画市场大幅萎缩。新世纪以来有限的个性化需求曾刺激年画的私人定制，但局面尚未打开，有待进行市场开发。实际上，新一代消费群体对于胶印年画没有任何兴趣，而木版画的私人定制成本极高，一般人不易接受，本来几角钱的年画，可能要几百元，如果一块板打不开市场，那么定做年画者就等于买刻板了，就得几千元。所以，武强年画的市场开拓遇到了困难，不能指望农村家庭都有能力和兴趣花几十元买手工雕刻的年画。而城镇市场应该有所作为，因为这些年城里人崇尚返璞归真，推崇传统手工制作。但是市场有待开发，须让更多的人认可木板年画。

第五节　手工技艺的产业化

一、磁州窑烧制技艺

磁州窑是中国传统制瓷工艺的珍品，中国古代北方最大的民窑体系，也是著名的民间瓷窑，有"南有景德，北有彭城"之说。狭义的磁州窑仅指窑址在今河北省邯郸市峰峰矿区的彭城镇和磁县的观台镇一带的磁州窑。因磁县于宋代称

---

① "武强年画俏全球"，见中国文明网，http://www.wenming.cn/fwms/jh/201201/.

磁州，故而得名。而从制作技艺角度讲，广义的磁州窑系，除了河北的彭城、磁县古瓷窑外，还包括河南修武当阳峪窑、鹤壁集窑、禹州扒村窑、登封曲河窑、新密西关窑和窑沟窑，山西介休窑，山东淄博窑，安徽萧县窑等。

磁州窑的特点是釉色较为丰富，有白釉、黑釉、酱釉和绿釉等，尤以白釉最为出名。它对中国陶瓷史的贡献主要有两点：其一是白地黑褐彩绘，把传统的书画艺术与制瓷工艺结合在一起；其二是把诗词、谚语、警句和文学作品作为纹饰，这是很有历史价值的文化遗产。磁州窑在技艺上创造了世界上最早的釉上彩绘，在宋、金、元时代共创造了三十多种装饰陶瓷技法，如："白地刻划"、"铁锈花"、"珍珠地"、"白地褐彩"、"白剔花"、"黑釉剔花"、"芘纹刻划"等①。

当代磁州窑文化产业的发展肇始于当地党委政府的推动。峰峰矿区区委、区政府顺应转型发展趋势和群众呼声，高度重视文化旅游业的发展，把 2014 年确定为"文化建设行动年"，以抓工业的理念抓文化产业项目的包装和开发，制定实施了"十项文化工程"，围绕磁州窑文化发展，该区启动了彭城古街开发改造工程。聘请高水平专业团队对古文化街区进行整体策划包装和规划，将富田遗址和新华街区的古窑、作坊、古建筑等亮点串联起来，沿街建筑改造成古建风格的陶瓷、书画、古玩、地方名小吃等特色店铺。整合小型专业博物馆、陶艺工作室入驻，兼容茶馆、酒吧、咖啡屋、小型剧院等，打造集旅游休闲、餐饮购物于一体的文化商业步行街，努力把彭城镇建设成为中国陶瓷历史文化游目的地；大力推动磁州窑博物馆体系建设工程，改造升级富田、盐店遗址博物馆，结合文物征集，提升馆藏文物档次。博物馆补充收集近现代文物，收藏当代艺术大师作品，丰富馆藏精品；对具有文化旅游开发价值的古窑址、古作坊、大渣堆、笼盔墙、古民居和古树名木进行普查，登记造册；大力实施磁州窑文化品牌和人才带动工程，引导和鼓励文化企业引进名师大家，制作孤品、珍品、极品，提升品牌知名度，并通过电子商务拓展国际、国内市场，扩大规模；加强陶艺师队伍建设，与河北工程大学、邯郸学院合作办学，恢复陶瓷学校，依托大师工作室和陶瓷学校，培养青年陶艺家和陶瓷专业人才；引导企业申请注册公司和商标，打造自身品牌，向规模化、名牌化发展……这一项项既宏伟又具体，既兼顾当前又着眼长远的文化工程和举措，激发和唤醒了全区陶瓷企业、陶瓷作坊、陶瓷大师、陶瓷经销商、陶瓷技工的工作热情和创业激情，将磁州窑艺术推向历史的顶峰②。

彭城镇范围内现有大型磁州窑文化艺术主题博物馆 2 处，民间博物馆 5 处，

---

① "磁州窑"，见百度百科网，https://baike.baidu.com/link? url.

② "穿越千年的黑白神话：磁州窑"，见中国文物网，http://www.wenwuchina.com/News/zhuanti/2015cizhouKiln/index.html.

陶瓷文化企业、陶瓷大师工作室、陶瓷遗址博物馆等文化企业百余家，地域集中、人才荟萃、底蕴深厚，是天然的磁州窑文化产业聚集区。以彭城镇滏阳西路和半壁街为中轴东至元宝山、西至邢都公路、北至彭新路、南至原邯郸陶瓷总公司陶瓷一厂和春蕾瓷厂，面积约 3.5 平方公里。产业集聚区将重点围绕"三区、两园、一基地"打造，即历史文化体验区、地方民俗文化体验区、古玩艺术品展销区、文化创意产业园、陶瓷工业文化遗址公园和磁州窑文化产品生产基地①。为推动集聚区工作的开展，峰峰矿区成立了由区委副书记任主任，党政主管领导任副主任，各相关职能部门负责人为成员的文化产业集聚区管委会。委员会下设办公室，统一协调文化、发改、工商、税务、国土、工信、电力等部门为企业提供全方位一站式服务，切实解决企业生产中的实际问题；出台了《关于进一步支持文化产业发展的若干政策》《关于加强磁州窑文化产业集聚区建设的意见》等，实行全国入园准入门槛最低、占地价格最低、税费减免最多的优惠政策；组织成立了磁州窑文化企业联谊会，负责企业间的沟通联系、互通有无，开展磁州窑文化学术交流，协调资金运作、对外宣传推介等，为企业的发展提供了智力保障；目前已新建、整修 5 条总长 12.5 公里的道路，实现了路、水、电、气、网络通信、有线电视、金融网点等基础设施的全覆盖。不久的将来，一个集磁州窑文化产品设计研发、生产制造、包装印刷、文化创意、文物收藏、文化旅游、休闲娱乐、会展交流等为一体的，集历史与现代、人文与科技、生产与生活交相辉映的北方重要磁州窑文化产品生产基地和国内著名的文化旅游景区将呈现在世人面前。当代磁州窑一直在求变求异求创新，这在磁州窑中青年陶艺师的作品中表现得尤为明显和强烈②。

二、易水砚制作技艺

易水砚，古称奚砚，东汉时期就已经开始生产，历史悠久。因砚石产于河北省易县的易水河南岸黄龙岗和西峪山，故名易水砚，是我国名砚中的瑰宝。千百年来，易砚以其天赋的优等石料和独特的艺术风格而名扬天下。《保定名产》记载："易砚石质不亚于端溪"，"砚石有紫、绿、白诸色，质细而硬，为砚颇佳"。在清代易水砚的雕刻之美备受青睐，康熙、乾隆曾将易砚作为珍宝分赐左右亲近大臣。

历史上，易水砚的制作以家庭作坊为主，零星经营，规模有限。新中国成立

---

① 峰峰矿区宣传部："峰峰磁州窑陶瓷文化产业发展方兴未艾"，见新浪河北，http://hebei.sina.com.cn/hd/economy/2015－06－24.

② 何旭丹："王健方. 磁州窑文化产业步入发展'春天'"，载《邯郸日报》（数字报）2014年5月29日。

后，曾将个体经营的家庭制砚作坊通过公有化为集体所有，易县成立了县工艺美术厂，但生产规模有限。随着钢笔代替毛笔成为主要书写工具，尤其电脑、打印机等现代办公用具的出现，作为文房四宝之一的砚台逐渐淡出社会，作为实用书写工具的砚台也逐渐退出历史舞台。有限的几个集体所有制的砚台制作企业生存陷入困境，面临倒闭。改革开放之后，易水砚迎来了新的发展阶段，逐渐从实用器向艺术品方向发展，以前濒临倒闭的集体制砚企业纷纷改制，或被重组成立公司，其中河北易水砚有限公司、河北省易县易水砚开发总公司等都是佼佼者。尤其河北易水砚有限公司注重产品转型和市场开拓，发挥易水砚代表性作品的传播效应，把易水砚产业越做越大①。

河北易水砚有限公司前身是建于 1989 年的燕下都易水古砚厂，由易水砚代表性传承人邹洪利夫妇筹资兴办，后改制为有限公司。他们对传统产品进行创新，一是提升易砚的艺术性、观赏性和收藏性，将其从实用商品转为艺术品、收藏品。二是拓展易砚的表现力，使之题材广泛，丰富多彩。三是提高制砚艺人素质，培养一批制砚名匠和雕刻大师，出精品创名牌。1999 年，为迎接新中国成立 50 周年大庆，他设计制作重 30 吨的《中华九龙巨砚》陈列于北京中华世纪坛。1997 年，为纪念香港回归制作的 5 吨巨砚《归砚》，现在作为国宝收藏于北京人民大会堂。2004 年中法文化年之际，邹洪利精心设计制作了一方精美绝伦的《乾坤朝阳砚》，于 10 月 10 日赠送给来华访问的法国领导人。2007 年邹洪利设计制作的巨砚杰作《中华腾龙砚》，在体积、重量、工艺上为世界之最，现在已载入世界吉尼斯纪录②。

河北易水砚有限公司总经理邹洪利真正发挥了代表性传承人的继承和创新带头人作用，把全部精力投入到易水砚的研发和设计制作中，首开中国制砚业工艺化制作和巨砚制作之先河。他带领公司技术骨干参与设计创作的作品在国家级、省级评比中屡获殊荣，精品《归缘砚》《菊花牡丹砚》《家春秋砚》《群星璀璨砚》《书简砚》分别被北京园博园、中国军事博物馆、巴金文学院、清华大学、人民大学等国家机关、大型公共场所、重点大学、外国首脑等收藏，并多次作为国礼赠送外国总统和友人。作品曾获全国文房四宝艺术博览会金奖、中国名砚博览会金奖、中国特色产业精品金奖等 100 多个奖项。易水砚也注册了"易水"商标，成为四大名砚之一③。

为充分利用易水石资源，河北易水砚有限公司适应市场对茶文化的需求，设

---

① "易水砚"，载百度百科网，https://baike.baidu.com/.

② "专注易水砚三十年——河北易水砚有限公司"，载河北易水砚有限公司官网，http://www.yishuiyan.com/.

③ 张淑芬："深耕'易水砚'"，载新浪网，http://finance.sina.com.cn/leadership/mroll/20140319.

计开发出中国茶文化中非常重要的茶具——易水石质茶海，将易水砚石的天然纹理、明丽色彩、温润石质和奇异造型，充分地展现出来，其系列砚石茶具已成为易水砚系列产品中的优质名牌产品，畅销国内外市场。同时，公司还开发了天然石版画、工艺包装盒以及风景石、观赏石，以其精美的制作工艺和天然的纹饰造型俏销市场。

为将易水砚文化产业做强做大，开创易水砚发展新格局，在易县县委县政府的大力支持下，公司承建了规划占地 1000 亩，总投资 26 亿元的中华砚文化博览城项目，计划建设中华砚文化博物馆、展览展销中心、技术检测研发中心、旅游接待中心、会议中心、艺术品文化长廊。同时还要建设与易水砚继承发展相配套的艺术家名苑，包括艺术家创作室、艺术家展馆、艺术培训基地等，将文房四宝的产销与文化艺术品的产销紧密结合。实现了其实用价值、观赏价值、收藏价值"三位一体"的完美结合。项目建设完成后，将成为中国文房四宝行业最大的产业聚集区，从而带动当地整体经济和文化的长足发展。

目前，河北易水砚有限公司被授予国家文化产业示范基地、国家级非物质文化遗产传承单位、中华诚信老字号和河北省十强文化企业等称号，河北省消费者信得过单位，易砚文化产业龙头企业。

三、衡水老白干酒传统酿造技艺

衡水老白干是河北名酒之一，历史悠久，可追溯到汉代，正式定名于明代。以高粱为主料，精选小麦踩制的清茬曲为糖化发酵剂，以新鲜的稻皮清蒸后作填充料，采取清烧混蒸老五额工艺，低温入池，地缸发酵，酒头回沙，缓慢蒸馏，分段滴酒，分收入库，精心勾兑而成。

自汉代至今，衡水酒的酿造生产近两千年基本上没有间断，且品质越来越优。1915 年获"巴拿马万国物品博览会金奖"，1948 年在匈牙利展出获得好评。衡水解放后，党和政府把当时的 18 家个体酿酒作坊收归国有，成立了冀南行署国营制酒厂，20 世纪 70 年代又恢复河北衡水老白干酒厂的名称。1979 年被评为省内名酒，2004 年"衡水老白干酒"被国家工商管理总局认定为"中国驰名商标"，2006 年衡水老白干被国家商务局评为"中华老字号"。

1996 年 11 月，随着国企改制步伐的加快，成立了河北衡水老白干酿酒（集团）有限公司，下设一个上市公司（衡水老白干业股份有限公司）、三个全资子公司：河北衡水九州啤酒有限公司、衡水天丰房地产开发公司、三五五二服装公司，现已成为国家大型一档企业、中国白酒行业老白干香型中生产规模最大的生产厂家，拥有员工 4000 人，占地 2000 亩。集团以现代化管理与传统工艺相结合，使产品质量不断提高，产品品种不断增加，目前已形成了从 67 度到 36 度

100 多个品种规格的衡水老白干系列白酒①。

集团公司注意打造知名品牌，利用品牌效应做大做强企业。公司拥有了衡水老白干和十八酒坊两大驰名品牌。集团也先后被授予"五·一劳动奖状"、"中国食品优秀企业"、"产品质量信得过企业"等称号。借此东风，集团公司积极开拓市场，使公司实现了跨越式发展。无论是衡水老白干酒的品牌，还是市场占有率都得到大幅度提升。当前公司在路北开发区工业园的白酒扩产项目已陆续投产，使衡水老白干酒的产量达到 10 万吨，利税实现 5 亿元，进入全国白酒十强的行列，总资产 25 亿元②。

四、泊头传统铸造技艺

泊头铸造业有文字考证的历史距今 1300 多年，近代以来泊头就成为我国著名的铸造之乡。党的十一届三中全会以来，泊头铸造业焕发出勃勃生机和活力。2008 年泊头传统铸造技艺被列为第二批国家级非物质文化遗产。

新中国成立之初，泊头是国家建设事业中铸工劳力的重要来源。1958 年 5 月，仅 6 万亩耕地、3242 户的东辛店一乡，只剩 3405 人，铸工外出者多达 6200 人。1959 年，全县各人民公社都建立了铸造厂，其中寺门村社办厂用玛钢生产耙齿、耧脚、镐等农具，开创了以铸代锻的先例，年创产值 50 万元。为此，河北省机电厅和国家商业部召开了现场会，将产品推向全国。20 世纪 60 年代初中期，在县委组织下，全县 100 多个生产队汇集泊镇建起 75 家铸造厂，100 多座冲天炉、四五千铸工联合从事铸造业，年产铸件 4 万吨。1964 年，泊头传统产品犁镜在机电部高级工程师凌业勤的改造下发展成为 50 多个规格的系列产品，它采用了金属模工艺。从此，犁镜成为泊头名牌产品畅销全国。20 世纪 70 年代初，邯邢钢铁基地工程上马。以工程需要为主线，泊头承担了 19 万件铸造和加工配套任务，其中 1800 毫米大阀门等硬骨头项目，实行大会战的方法，全部如期完工。至此，铸造业已发展成为泊头工业经济的支柱产业。

改革开放以来，泊头铸造业得到飞速发展。十几年来，泊头铸造产品在向系列化迈进，从 20 世纪 70 年代末普通灰铸铁的一统天下发展到高强度灰铸铁、球墨铸铁、抗磨铸铁、耐热耐蚀铸铁、高牌号玛钢等各种材质。同时，现代科学技术闯入铸造之乡，使铸造业焕然一新。1987 年，郝村电梯厂采用消失模工艺开发了汽车模，并很快传播开来。1991 年、1992 年河日、新乔两个中外合资企业相继投产，开创了泊头树脂砂造型工艺的新纪元。1995 年泊头市铸管厂引进真空实型铸造技术开发了汽车曲轴。至 1995 年年底，泊头市已有注册的铸造企业

---

① "衡水老白干"，见百度百科网，https://baike.baidu.com/link? url.
② 见衡水老白干酒业集团官网首页，http://www.laobaigan-hs.com/Aboutus/1.

966 个，其中国营、集体企业 14 个，乡镇企业 23 个，私营和个体企业 929 个，年产铸件 18.53 万吨，从业人数达 4.9 万人①。

第六节　民俗的产业化

一、女娲祭典

涉县位于河北省西南部晋冀豫三省交界处，城西 10 公里的古中皇山上建有娲皇宫，占地面积 550 亩。主要建筑有朝元宫、停骖宫、广生宫和娲皇宫等，分为山上和山下两组，中间以十八盘山道相连。这些古建筑，便是为祭祀女娲而建。娲皇宫始建于北齐天保年间，迄今已有 1450 多年的历史。每年的农历三月十八日是传说中女娲的生日，来自晋、冀、鲁、豫四省的人们都要前来朝拜女娲，由此形成影响深远的娲皇宫庙会。

女娲和伏羲一样，是中国古代神话传说中汉族和其他一些兄弟民族的共同始祖神，被列入"三皇"之中。女娲作为始祖母神、高媒之神，历来都享受着国家和传统民间的祭祀和供奉。在明清时期已有公祭活动，涉县本地四周的村庄几乎村村有社，甚至一村多社。从清康熙年间后，上顶朝拜的有七道社，分别为：曲峧社、石门社、七原社、温村社、索堡社、桃城社和唐王峧社。农历三月初一，各社组织人员，多则上千人，少则几百人，全副古装穿戴。祭品有三牲太牢、时果三珍、馒首干果等，祭器设备有金瓜钺斧朝天镫、祭旗、功德旗、黄龙旗、五彩旗等。祭祀队伍一字长龙，浩浩荡荡，甚是壮观。传统民俗活动融入了音乐、舞蹈、服装、道具等极为丰富的文化内涵。四方之客人先到弹音村行客拜过，然后到娲皇宫朝拜。在村里香耆、社首的指挥下，组织戏班、娱乐班、武术班等，十道社合计起来千人之众。女娲祭典是娲皇宫庙会的核心内容，也是一种古老的传统民俗及民间宗教文化活动，以颂扬人类始祖女娲抟土造人、炼石补天、断鳌足、立四极、治洪水、通婚姻、作笙簧等功德为主，主要内容包括民祭、公祭、朝拜等。庙会期间是女娲信仰习俗集中展现的时候，主要有拴娃娃、开锁等生育习俗；问病求医、求平安等求吉避凶习俗；坐夜、撒米面等敬奉女娲习俗，及与女娲有关的岁时节庆、婚姻习俗等。各地零散香客云集娲皇宫，祈禳还愿，整月川流不息。祈禳内容包括求福、求寿、求财、求前程、求子、求平安、求康健、问前程等；形式有坐夜、打扇鼓、撒米、结索开索、披红、垒石

---

① "泊头传统铸造技艺"，见百度百科网，https://baike.baidu.com/subview/2987083/2987083.htm.

子、结红布、绑娃娃、开锁等，丰富多彩，不一而足①。

涉县女娲文化，源远流长，内容丰富。以庙会的历史沿革为主，代表了涉县女娲文化的历史渊源。女娲文化主要分布在以涉县为中心的河北邯郸、山西晋东南及河南安阳等地区。当地人民群众至今在生活方式、各种礼仪、婚嫁、生育、庆典、祭祀、节日等民俗活动中，都可以看到女娲文化的影响。女娲文化作为始祖文化的重要组成部分，有着丰富的文化内涵，有神话传说故事、民间祭祀朝拜、祈禳还愿、史料记载等内容，且流传地域广泛，妇孺童叟皆知，久传不衰，有口皆碑。每当正月初一、正月十五、端午节、七夕节、中秋节等重要岁时节庆日，人们都要到娲皇宫拜谒女娲，并把这些节庆当作女娲赐给他们的幸福和节庆欢乐。

新中国成立后，民间朝拜延续不断，"文革"期间，娲皇宫庙会被当作封建迷信而禁锢，致使千年古刹销声隐迹，无人问津，横遭冷落。娲皇古建、石刻也遭到很大程度的破坏，女娲文化的很多内容和形式也濒临失传。1978年改革开放后，娲皇宫庙会开始复苏，逐渐恢复了往日盛况，民间祭祀规模浩大，八方香客云集于此，祭祀形式丰富多彩，女娲文化又得以延续，并得到有力保护。县委、县政府对文物古建筑十分重视，每年拨专款对娲皇古建筑进行抢救性修复，1996年11月20日，娲皇宫被国务院公布为全国重点文物保护单位。

女娲文化集人类生存文化、婚姻文化、生育文化等于一体，不仅具有重要的研究价值，而且对于增进民族团结，构建和谐社会，起到巨大的作用。中华民族同拜一位祖先，同谒一位始祖，对构建社会主义和谐社会、促进人们全面发展，对本地区乃至全国的精神文明建设，丰富人民群众的文化生活、提高人民群众的整体素质，都将产生重要的促进作用。2006年5月20日，民俗女娲祭典经国务院批准列入首批国家级非物质文化遗产。为了弘扬女娲精神，推动地方经济发展，当地政府定于每年9月25日至10月10日在本县举办"中国·涉县女娲文化节"。涉县旅游开发有限公司《娲皇宫景区旅游基础设施建设项目》拟投资五亿余元，对景区进行大规模建设。包括建设消防救援站、景观步游景区周边生态修复、双回路电力、通信、广电、电力线路入地、风雨廊桥建设、补天湖水土保持、生态环境监测设施安装、古树名木保护、环保交通配套设施、天然气管道铺设等②。

---

① "北方六省最大祭祀庙会河北娲皇宫开幕"，见人民网，http://travel. people. com. cn/n1/2016/0408/.

② 见河北项目网，http://www.aiweibang.com/yuedu/121353786.html，2016 - 06 - 02.

二、安国药市

安国是隶属于河北省保定的一个县级市，古名祁州。北宋时期，这里就成为我国著名的中药材集散地，至清朝道光年间达到鼎盛，称祁州为"药州"、"药都"，享有"祁州药材名天下"之盛誉。

安国药商为纪念药王邳彤，在其安葬地安国南关修建药王庙，并定期举办规模盛大的药王庙会，凡参加药市的人，总要去瞻仰、拜谒药王庙。邳彤之所以受到药商们的爱戴，不仅医术高明，精通医理，而且辅佐刘秀打天下，忠心耿耿，能文善武，官至太常少府，是当时济世爱民的清官。因此，安国药市因药王庙会而世代兴盛，药王庙也因药市的发展香火旺盛，经历朝历代的整修，药王庙成为纪念历代医圣的古建筑群。药王庙拥有全国三个之最：一是全国最大的药王庙建筑群；二是药王墓建于庙院在全国独一无二；三是庙外广场上立有两根铁铸旗杆，高达24米，每根重约15吨，盘龙翔凤，悬斗挂铃，造型奇巧独特，国内实属罕见。经过1958年的修缮，药王庙已被列为全国重点文物保护单位①。

药王庙会是由香火会演变为以药业为中心的物资交流会。随着药王庙会声望日隆，药材交易规模不断扩大，清代中期逐渐形成全国各地药商组成的"十三帮"及"五大会"，同时建立了招待商客、管理市场的"安客堂"，安国自此成为我国北方最大的药材交流中心和药材集散地。自明清至民国，庙会由"十三帮"轮流操办，有"春五秋七"之说，即春庙五个月，秋庙七个月，经年不断。实际上，是指药市长年不断，庙会则是逢重要日子便有大典，是狭义的赶庙会。如春庙的正期是农历四月二十八，天下药商集聚药王庙为药王过生日，乃为春庙最盛的一天。冬庙则以农历十月十五为正期，这天为药王祭日，盛况与春庙正日相同。庙会有其独特的参拜礼仪，包括演戏、抬大供、献鼎、树伞、塑金身、挂匾、献袍、捐地、劳役等多种形式。礼仪则分三拜九叩和四叩礼等数种，另供面食、三牲祭品。其间还有丰富多彩的游艺活动，安国药市不仅是具有地域特色和行业特色的民俗文化，而且在带动药业发展、促进社会进步等方面具有积极的作用②。

2006年5月20日，安国药市经国务院批准列入第一批国家级非物质文化遗产名录。

三、蔚县拜灯山

张家口市蔚县古称蔚州，为"燕云十六州"之一。位于河北省西北部，东

---

① 参见郭娟娟："安国药市研究"，北京师范大学2011年硕士学位论文。
② 张云："安国药市点评"，载《全国药材信息》2009年第19期，第3页。

临北京，南接保定，西倚山西大同，北枕张家口市区，是中国文化先进县、民间艺术之乡、剪纸艺术之乡、剪纸艺术研究中心、最佳民俗文化旅游城市、仁用杏之乡，河北省历史文化名城，全国重点文物保护单位21处，中国传统村落名录7处，中国历史文化名镇2处，中国历史文化名村2处①。

蔚县宋家庄镇上苏庄村，是一个古老的村庄，450多年前的堡墙、堡门和堡内建筑大部分保存完好。自明朝嘉靖年以来，该村流行拜灯山的民间习俗。这一民间祭拜活动自从嘉靖时期孕育雏形，到明末清初成形。它伴随民间祭祀活动而产生，融入民间文化的内涵，完善自身特有的表现形式，形成了民间习俗的程序性特征，同时又吸收民间社火和民间戏曲艺术营养，形成了民俗文化的多元性特征。

作为一种古老的汉族民俗文化，拜灯山活动从正月十二就开始筹备了，连续进行三天。其基本内容有点灯山、拜灯山、耍社火、唱大戏四部分。点灯山时，首先准备好祭祀供品和点灯山用的灯捻儿、灯盏、麻油等。点灯山的人由三到五名有文化的村民组成，在灯山楼内的层层木架上由上向下将数百个灯盏摆出花边儿和文字图案，把浸过麻油的灯捻儿插入灯盏，一一注满油。夜幕降临后，用蜡烛将摆成图案的灯盏一一点燃，呈现出灯火字画。拜灯山时，选一名父母双全的男童扮为"灯官"，坐在由四名青壮年村民扮成"衙役"抬着的独杆轿上，村里戏班的演员粉墨浓妆伴其左右，在社火队伍中"老王八"和"老妈子"的引领下，从堡门外进堡，率村民及观光者一路敲锣打鼓到灯山楼前祭拜。拜灯山后，祭拜队伍返回途中在堡中心伴随锣鼓点开始耍社火，或舞蹈，或嬉戏，表演者和观众共同沉浸在欢乐喜庆之中。最后是唱大戏，当祭拜队伍和群众由堡内涌出堡外时，戏楼前已经张灯结彩，这时，鞭炮鸣，鼓乐起，大戏开，由村戏班子演员为村民演绎历史故事或神话传说②。

在长期的发展过程中，蔚县拜灯山形成了鲜明的个性特征。它伴随汉族民间祭祀活动而产生，吸收汉族民间社火和民间戏曲艺术营养，形成自身特有的表现形式和固定的程序。由于其源于汉族民间祭祀，注入了百姓敬神尚贤、祈求平安的精神寄托，因此具有广泛群众基础。拜灯山活动作为蔚县古老而独特的社火活动和国家级非物质文化遗产项目，她是活态的，具有传承性。但如果活态的载体——老艺人不存在了，她的艺术生命也会随即结束。所以保护民间艺人与传承艺术之间有着不可隔断的联系。然而，拜灯山习俗所面临的资金、人才、资料等抢救与保护问题已十分迫切。近几年，当地政府对她的保护渐渐重视起来。在

---

① "蔚县拜灯山"，见互动百科网，http://www.baike.com/wiki.
② "直击河北蔚县拜灯山：神秘民俗吸引大批城里人"，见中国新闻网，http://www.chinanews.com/cul/2014/02－14/5840903.shtml.

2003 年成立了专门保护拜灯山习俗的相关机构。镇政府聘请民俗专家对拜灯山习俗进行了专题论证，确定了抢救保护的目标与现状管理，设立了以镇党委书记为组长的拜灯山民俗保护领导小组，把拜灯山民俗保护工作纳入镇、村干部考核内容。但是，要想将拜灯山活动与古村堡旅游有机结合起来，还需要统一规划，由政府出资或招商引资，打造古堡旅游品牌，使拜灯山活动不仅成为当地群众获得精神满足的民俗，也成为发展地方经济的一条路径。

四、正定腊会

坐落在滹沱河畔的正定县城，是一座历史悠久千年古城，有着厚重的历史文化积淀。世人对正定的名胜古迹多有了解："四塔"即凌霄塔、华塔、须弥塔、澄灵塔；"八大寺"指隆兴寺、广惠寺、临济寺、开元寺、天宁寺、前寺、后寺、崇因寺；"二十四座金牌坊"是过去正定拥有大大小小二十四座牌坊，像较大的许家牌坊、梁家牌坊等。实际上这些物质文化遗产不可能孤立地存在，它们是许多文化活动的场所。在众多的民间文化活动中，正定腊会是最具特色的一项。

腊会是汉族民间除夕守时的娱乐活动。正定城内的传统腊会为群众喜闻乐见，它是由祭庙拜神逐步演化、完善的。最初是由几人至十几人在除夕夜提着灯笼到附近庙宇中烧香拜神。清朝道光年间开始，增添锣鼓，鸣锣开道，擂鼓助威，一为震慑富人，二为招徕穷人，长志出气。后来，唢呐加入腊会乐队。每年起会时，人们便闻声涌上街头，争相观看。送这道腊会走，又迎那道腊会来，人人精神抖擞，毫无倦意。有的老年爱好者，总是愿意抢过唢呐，跟着灯会吹行几道街；有的年轻人更要一直跟到落会，痛痛快快地敲一通大鼓方才尽兴而归。

正定腊会规模宏大，最兴盛时，全县有腊会 23 道，分布在城内各条街道和城外四关附近村庄。每道有会首，俗名会头，是腊会主要组织者。会头一般都是自愿争当，争当的人多时，则抽签排队，轮流担任。其职责是保管会里的公共财物，组织主持本年腊会，如筹集资金，准备用品，购置公物，安排各项事宜及掌管与公布账目等。还有就是负责送会。每道腊会由腊队、灯队、乐队三部分组成，每逢除夕之夜，一道道腊会，排成队，鼓乐喧天，游历各街，通宵达旦。腊会所有的灯，大灯燃大蜡烛，小灯点小蜡烛，从天黑起会点燃，直到落会，支支蜡烛光亮不熄。乐队一般由十几天至二十几人组成，使用的乐器主要是大唢呐 2 ~ 4 支，配以挎鼓、小钹、小镲及二号锣等。吹奏的乐曲优美动听，表现人们欢庆丰收、祝愿平安、家业兴旺的心情①。

腊会的参加者，最初以为求神、烧香就可免除灾难和贫穷，参加腊会是为了

---

① 武英伟："正定腊会闹灯火"，载《石家庄日报》2012 年 2 月 11 日。

祈求自己所希望的一切。后来，腊会带来辞旧迎新的性质，人们是为了娱乐而参加，乐队都是毫无分文报酬的，只是落会后，在会头家吃喝一顿而已；而那些扛灯笼的孩子们却是过年欢乐与好奇自愿参加的，但会里规定，到了夜里 12 点左右，由会里分给每人半斤点心，喝碗大米稀饭，落会时每人再分得一个壮工的工钱，以示酬劳。腊会的经费来源，都是本街住户自愿布施，或多或少不限，入不敷用时，由本街富户分摊或独自包拿。近几年的经费，除大家自愿捐款外，不足之数由街（村）补贴。县文化馆每年都拿出一定数量的经费拨给各腊会购置东西，各街专业户也都自愿捐助。

正定腊会因战乱等原因，曾几度停止，但因其是群众喜闻乐见的汉族传统民俗文化活动，最终相沿成俗，流传到今。近几年，规模更大，显示了其强大的生命力。

第七节　竞技游戏的产业化

一、吴桥杂技

吴桥人练杂技是古老的传统风俗。自古吴桥是庙会盛地，境内曾庙宇林立，庵寺错落，庙会繁多。至今以庙宇命名的村就有张仙庙、霸天庙、双庙王等不下十个；以寺命名的村就有大悟寺、张朝寺、石佛寺等也有十多个；以庵命名的村也有董家庵、牟家庵、大小马家庵等不下十个。庙会为杂技提供表演的场所，杂技为庙会招徕香客，两者相辅相成。久而久之，便成了吴桥传统风格。据《吴桥县志》载，吴桥还有逢年过节"掌灯三日，放烟火，演杂戏，士女喧阗，官不禁夜"的传统风俗。逢红白喜事，喜庆丰收时，百姓们涌上街头，或头戴猛兽面具，或身着七色彩衣，竞技献艺，通宵达旦的风俗。1987 年，文化部、河北省政府在省会石家庄举办了以吴桥命名的第一届"中国吴桥杂技艺术节"，至今已成功地举办了五届，成为继巴黎、摩纳哥之后的世界第三大国际杂技赛场。

1991 年吴桥人民在"以经济建设为中心"理论的正确指引下，提出了一个大胆的设想，即"开发杂技文化资源，发展旅游业"，建立"吴桥杂技大世界"，实现"杂技搭台，经济唱戏"的目的。总体规划面积 3000 亩，投资 1 亿元，由杂技旅游区、商品集散区、人才培养开发区三个部分组成，集旅游、博物、艺术交流与比赛、人才培养、商品集散、对外开放六大功能于一体。杂技大世界系列工程基本完工，并于 1993 年 11 月渐次开放。南部是江湖文化城、吕祖庙、孙公祠、泰山行宫等仿古建筑群；北部由杂技奇观宫、魔术迷幻宫、杂技宾馆餐厅等现代建筑群环抱气魄宏伟的中心广场，南北之间由 16 根巍然屹立的大理石杂技历史图腾柱连接，高空鸟瞰全貌的是一辆杂技独轮车的造型，不仅反映了吴桥杂技的发展历史，而且超凡脱俗，气势恢宏①。杂技大世界，以其独特的风格赢得了海内外广大游客的赞誉，被国家旅游局列为"民俗风情游"、"华夏城乡游"、"中国民间艺术游"指定旅游路线之一，并被列入奥运旅游线路，首批"AAAA"旅游景区。2013年接待国内外游客51万人次，景区门票收入突破3000万元，游客和综合收入以每年20%的速度递增，呈现出很好的发展势头，已成为杂技之乡的品牌。目前，吴桥县现有各类演出团体100余家，其中40人以上的有76家，从业人员上万人，年演出收入5000万元以上，已创建杂技演出团体62个，杂技从业人员6000余人。吴桥县从事与杂技相关产品生产的企业达20多家，直接从事杂技和旅游服务业人员达3万人，占全县总人口的10%，开发了包括杂技道具、魔术道具、杂技服装、纪念品、工艺品、娱乐品在内的产品达60大类、800多种规格，这些企业为杂技文化的发展增添了活力和后劲②。2006年5月20日，吴桥杂技经国务院批准列入第一批国家级非物质文化遗产名录。

2013年，一部以吴桥杂技为题材的电视连续剧《闯天下》在央视八套黄金强档播出。《闯天下》的热播，为宣传吴桥杂技和推动杂技文化产业发展注入了新的活力，也为吴桥杂技大世界景区宣传促销带来了新的契机。景区不断打造一大批优秀杂技节目，新颖独特的编排、绚丽多彩的服饰、丝丝入扣的技巧难度和舒展优美的表演，给游客带来了耳目一新的视觉享受，获得广泛好评。景区充分运用高科技，加大宣传促销力度，客源市场稳步升级。以影视拍摄基地为宣传卖点，巧妙策划以"鬼手"为代表的新"江湖八大怪"民俗品牌营销，在央视及省级卫视制作并播出专题栏目十余个，在各大网站造势宣传，不断提升景区的品牌知名度和影响力；推出各地旅行社沿途挂线旅游优惠政策，突出旅游业惠民、便民的特点。

客源市场开发方面，重新锁定目标客户，将客户群定位在散客和旅行社团队，积极参加京交会及青岛、济南、石家庄等地的旅游交易会，邀请北京、天津、济南、青岛、潍坊等地的旅游界同行和自驾俱乐部代表，邀请人民日报及山东、河北、江苏、河南等省级报刊媒体工作人员组成的考察团到景区考察旅游线路，达成合作意向；市场领域也进一步扩大到河南、江苏、承德、张家口等地，对京、津、冀、鲁客源市场进行有效延伸开发，中远程市场占有率提升15%③。

---

① "吴桥杂技大世界"，见百度百科网，https://baike.baidu.com/link? url.

② 曾玉芳、闫文儒："开拓创新凝心聚力做大做强杂技文化旅游产业——吴桥杂技大世界景区开业二十周年记"，载《杂技与魔术》2013年第6期，第10~12页。

③ 庞青月、周志平等："吴桥杂技文化生态的保护与产业发展研究"，载《河北经贸大学学报》2011年第1期，第50页。

二、沧州武术

沧州自古民风彪悍，富尚武精神，素有"武建泱泱乎有表海雄风"之说。据统计，沧州在明清时期出过武进士、武举人 1937 名。各派武术门类的拳械达 52 种之多，占全国 129 种门类拳械的 40%，乃中国武术发源地之一。1992 年，沧州市被国家体委首批命名为"武术之乡"，成为全国第一个获此殊荣的地级市。2006 年沧州武术被国务院列入第一批国家级非物质文化遗产名录。

沧州民间武术，兴于明，盛于清，至乾隆时，武术之乡之称已经远近闻名，至清末，则声扬海外。沧州武林门类及独立之拳、械，有六合、八极、秘宗、功力、太祖、通臂、弹腿、劈挂、唐拳、螳螂、昆仑、飞虎、太平、八盘掌、地躺、青萍剑、昆吾剑、闯王刀、疯魔棍、二郎、苗刀、燕青，形意、戳脚、翻子、少林、埋伏、花拳、勉张、短拳、阴手枪、杨家枪、太极、八卦遍布各地。同时，在各个时期都涌现了一大批武术家，威震海内外，如击败沙俄大力士，受到康熙皇帝召见嘉赏的丁发祥；宣统皇帝的武术教官八极拳师霍殿阁；助谭嗣同变法声震京城王正谊；神枪李书文、镖师李冠铭、双刀李凤岗、大枪刘德宽、李文彪，以及佟忠义、郭长生、李雨三、杨积善、孙文勃、吴秀峰、张殿奎、卢振铎、贾耀亭、丁玉林、丁润华等。民国在张之江创办的南京中央国术馆中，就曾先后有 52 位沧州拳师在馆任教。他们为御辱镇邪、弘扬国威、光大中华武术贡献极大，被誉为武林师表与民族的骄傲。

1949 年 10 月 1 日，中华人民共和国诞生。中国共产党和人民政府，视中华武术为优秀民族文化遗产，纳入民族体育项目，沧州武术得到复兴。自 1953 年 11 月天津全国民族形式体育表演大会以后，王子平、佟忠义、王金声等被选入赴京表演团，在中南海为毛泽东、周恩来、朱德、陈毅、贺龙等国家领导人表演，受很高评价。1956 年，受到毛泽东主席接见。1960 年，王子平及其女儿王菊蓉随周恩来总理率领的国家代表团访问缅甸。同时，沧州武术运动员在沧州各级武术比赛及省和全国武术比赛中有多人次获大奖，推动了沧州武术之再兴。

自 20 世纪 80 年代开始，当地政府十分重视武术在弘扬传统文化和促进全民健身，以及带动经济发展方面的积极作用，开始组织"沧州武术节"。武术节每四年举办一届，融武术、文化、经济为一体，重点突出沧州传统武术的特点与优势，充分体现武术节的群众性、传统性、学术性与国际性。海内外武术同仁和体育用品商家齐聚一堂。通过开展传统武术国际恳谈会经贸洽谈会、名优特产精品展销会、国际精武联谊研讨会、武术竞技赛、表演赛等各种活动，不仅使传统武术得以发扬光大，也促进了区内外经济文化的交流。同时，还带动了当地习武的热潮。练武、尚武精神已蔚然成风，习武人数已达 30 万，规模性武术学校如沧州林冲武术学校等有 3 所，大小拳社近百家，武术被列为中小学校体育课教学内容，占全年体育课课时的 1/4，参加武术活动的学生超过 19 万人，占在校学生的 90%，有 300 多所中小学建立武术队。街头巷尾、公共场所从早到晚，无论是年近花甲的老翁，或是几岁的幼童，都会玩刀枪剑棍。他们平时练武，既强身又是一种特殊爱好。沧州武术流传至今，与当地党政领导重视和祖祖辈辈的言传身教是分不开的。

在沧州武术被列入国家级非遗保护名录以后，沧州市委市政府非常重视这份宝贵遗产的传承，不仅组织了"沧州武术节"，而且引导和鼓励民间资本投入体育文化产业。目前，沧州武术界编写的武术专著、相继问世达三四十种，其中《八极拳》《劈挂拳》被国家体育总局审定为规定竞赛套路推向全国，有的专著被译成外文，在国外出版。沧籍武杰参加拍摄的影、视片和各类拳种的纪录片达七八十部，有的武打设计者荣获百花奖。同时，政府出资兴建了沧州武术馆，占地约 50 亩，建筑面积约 20000 平方米，可容纳 2500 人，成为全市武术竞赛、训练、展演、学术交流、武术博览以及武术产业运营的重要载体。

现如今沧州武术已成为沧州这座城市的文化符号，在发展文化产业大气候下，如何抓住时机，充分利用资源优势，利用得天独厚的品牌优势，围绕沧州武术做大做强武术文化产业，是我们要研究的课题，它对沧州市及河北省发展都具有积极的意义。但是，无论从体育文化产业发展的广度和深度，都有亟待提高的余地。如和同样是传统武术文化的少林寺文化开发相比，沧州武术还处在初级开发的阶段。少林寺的产业发展到了较为成熟的地步，以影视艺术为契机，提升少林武术知名度，以少林寺为题材出租拍摄场地，多部电影、电视剧都以弘扬少林文化为背景。科学管理与规范，遵照规律进行市场化运作，在少林寺院内外公开对外表演，少林寺走上了"功夫经济"的道路。先是组建少林武僧团，开始国内外的演出；1998 年又成立了"少林实业发展有限公司"，经营少林素饼和少林禅茶，并已经注册了国内 29 个大类近 100 个商标，向一些社会企业特许授权使用"少林"商标。少林寺还设立了"河南少林寺影视有限公司"、少林武功训练基地。成立少林武校、扩大少林寺旅游项目，开发少林寺相关的旅游产品，涉及文化景观实体产品、旅游商品、旅游纪念品、少林功夫节、登封民俗体验，仅少林产业给当地经济带来的收益占到半壁江山[①]。

有鉴于此，沧州武术文化产业某些方面尚需加大力度，应当增加沧州武术文化旅游景点开发建设投入，形成具有一定影响力的反映沧州武术文化题材的影视、动漫、广告、影像及文化作品。打造具有一定规模的武术文化产业基地和武术体育用品销售市场，让更多市民了解沧州武术文化产业相关政策，提高市民对

---

① 张小林、孙玮、龙佩林："少林武术文化资源开发与品牌营销研究"，载《西安体育学院学报》2008 年第 2 期，第 59 页。

武术文化的认知度。在强身健体的同时，积极参与到传统武术产业化的进程中，为沧州经济的发展做出贡献①。

三、左各庄杆会

河北廊坊市文安县左各庄杆会，现有成员 100 多人，演员 40 多人，年龄最小的 6 岁，最大的 75 岁。表演者在高空作出各种高难度动作，因其难度大，数百年来堪称一绝②。2008 年 9 月，左各庄杆会被确定为国家级非物质文化遗产。

左各庄镇庄杆会历史悠久，至少在明朝时就已经存在。其中该镇崇新村保留下来的一杆大杆，杆的底部刻有"明永乐十三年"字样。这杆大杆保留至今也有 580 年的历史了，这一点确凿无疑。左各庄杆会与其他地区杆会不同，主要使用活杆，可以随时随地树杆进行表演。主要技术动作包括：打挺（单双）、串子、单臂折鱼、抓三叩两、仰丫转、圈上睡觉、挂脚面（单双）、倒脚面、掫脚面、挂脚后跟（单双）、沾糖人、手摆旗、脚摆旗、驴打滚、金鸡独立、耍流星、单横棍。崇新村杆会从使用器具、演出内容上看，均源自元明时期杂技杆会，尤其是使用活杆这一技巧在全国大多数地区早已失传。

崇新村杆会技艺精湛，有着严格的传承方式，在相对封闭的农村保存下来，具有原汁原味的特点，对研究中国古代杂技艺术交融演变具有非常高的学术价值。同时杆会以特有的方式在民间传承生存，包含着丰富的民俗信息，成为研究民俗文化的珍贵资料。1996 年赴北京参加了龙潭庙会，获全国花会大赛表演奖③。2012 年左各庄镇庄杆得到国家 30 万元财政拨款，用于挽救和传承这一传统体育项目，但要想使其走入产业化轨道，尚有诸多工作要做。

---

① 杨玲："沧州武术文化产业发展现状与思考"，载《沧州师范学院学报》2013 年第 2 期，第 105～107 页。

② "10 米杆上玩杂技——记文安县左各庄杆会"，见搜狐网，http://roll. sohu. com/20120717/.

③ "廊坊非遗系列之二十六：左家庄杆会堪称一绝"，见长城网，http://report. hebei. com. cn/system/2012/.

第三章 我国非物质文化遗产产业化存在的问题

第一节 非物质文化遗产产业化实践存在的问题

一、保护措施不力，造成开发困难

由于我国对非遗的立法重保护，而轻利用；重持有人精神利益维护，轻经济利益维护。导致非遗权利主体身份越来越模糊，"公地"悲剧越来越严重。调查、建档、入博物馆成为非遗保护的常规手段，但其结果则是非遗不断从"活态"向"静态"转化。细数近年来我国在保护非遗方面的疏漏，确实给进一步开发利用非遗带来了许多阴影。

首先，持有人面对他人商业化无法得到救济。依照现行《非遗法》第5条的规定"使用非物质文化遗产，应当尊重其形式和内涵。禁止以歪曲、贬损等方式使用非物质文化遗产"，那么，只要没有恶意的行为，商业化利用他人持有的非遗就是理直气壮的了，等于帮忙"传承"。尽管《非遗法》在第44条规定了使用非遗涉及知识产权的适用有关法律、行政法规的规定。但确实绝大多数非遗项目是不能得到现代知识产权法保护的，由此给无偿商业化利用他人持有的非遗提供了便利。如一些生物制药公司利用少数民族地区流传的中医药配方进行药物提炼分析，进行新的药物开发，而相关的少数民族却没有获得任何报酬。云南省苗族拥有的灯盏花知识就是这样的命运。灯盏花是苗族传统的医药知识，被某医药公司利用开发出新药物产品而获取暴利。但原持有人无任何理由予以制止。日本人学走了中国传统陶瓷艺术，带走了传统原料，如今在国际市场上成为我们的强劲对手。许多外国公司无偿使用我国已经文献化的传统知识，如中药复方以及流落民间的古方、验方和家传秘方，有的还在此基础上利用西方现代医学科技开发了很多符合现行知识产权要件的新药，注册了新的专利，利用现行的知识产权制度堂而皇之地获取利益。这样的案例不胜枚举。

其次，滥用、歪曲非物质文化遗产现象依然存在。在非物质文化遗产商业开发中，为了获取经济利润，商家不惜进行扭曲、歪曲，加入许多现代因素。这些硬加上去的元素，并不单纯针对传统文化的表现形式，比如本来民乐伴奏的民间戏曲、曲艺，采用西洋乐器。本书认为，如果仅仅对非遗的表达方式作出一定的改变，还不能构成滥用和歪曲非遗，也不值得大惊小怪，不宜轻易地称这种行为是把传统艺术变得不伦不类。文化表现形式发生变化是正常的，只要不损害该文化的内涵，无须过于苛求。再如以风俗民情为卖点的旅游项目，虽然不再有这些民俗在正式场合下的庄严肃穆的气氛，参与者只是在表演。但是对于游客而言并没有什么不适，因为游客只是想了解这些民俗的程序，并不想真地参与这些活动。如广西某少数民族以该族婚庆为卖点，邀请游客体验并收取费用，将该民族婚庆仪式的庆典进行商业化操作。这一非遗的利用方式屡遭诟病，实际上大可不必。倒是对那些伤害持有人民族情感的滥用、歪曲是应该禁止，并追究法律责任。同时，在传统手工艺方面，层出不穷的假冒现象也应该及时的被制止。随着传统民艺的旅游开发为当地艺人带来了持续的经济收益，旅游打破了民族工艺品传统的互惠和再分配的交换模式，将民艺作为资源推向了市场，促进了民间艺人的生计发展。一些地方对传统手工艺进行产业化开发时，片面追求数量而忽视质量，不顾手工艺美术个性、市场定位和文化品位等问题，结果被快速模仿并陷入"同质化、低价位、恶性竞争"的市场陷阱之中①。

最后，恶意抢先注册商标。还在国人就非遗的保护处于朦胧状态之时，一些国外公司在中国就进行传统知识搜集，对某些可以利用的科技知识进行研究分析，特别是在中药方面，利用流传于民间的配方进行药物分析实验，制造出所谓的新药品，并在中国和其本国进行知识产权注册。有的将我国的非物质文化遗产进行商标注册。据统计，国内现今有一百多家企业在使用54个"少林"商标，行业涉及汽车、家具、五金、食品、药品等。在美国、日本、荷兰等国也出现大规模的"少林"商标抢注现象。对传统的少林文化带来了极大的负面影响，尤其糟踏了少林功夫的名声，国际社会对少林文化及其代表少林功夫的认识开始产生混乱和曲解。另外，还有一些外国公司或个人，利用我国有关非物质文化遗产知识产权保护方面的空白，恶意进行注册或申请相关专利，甚至将我国特有的非物质文化遗产中传统风俗进行注册，用于谋取暴利②。

---

① 王春林："文化走出去背景下广西民间工艺美术产业发展对策"，载《广西经济管理干部学院》2014年第2期，第68~72页。

② 张小林、孙玮、龙佩林："少林武术文化资源开发与品牌营销研究"，载《西安体育学院学报》2008年第2期，第59页。

二、缺少科学的规划和论证，导致开发无序

任何一个行业或项目的产业化，都有一个基本前提，就是进行科学论证基础之上的整体规划，否则便是盲目投资行为。理论上讲，产业规划是指综合运用各种理论分析工具，从当地实际状况出发，充分考虑国际国内及区域经济发展态势，对当地产业发展的定位、产业体系、产业结构、产业链、空间布局、经济社会环境影响、实施方案等做出一年以上的科学计划。从内容上讲，产业规划主要包括现状分析、发展战略、产业定位与布局、重点建设项目、政策体系等。而从产业化模式角度讲，产业规划包括区域产业规划、专项产业规划和产业园区规划。区域产业规划是在明确区域整体战略基础上，对区域产业结构调整、产业发展布局进行整体布局和规划，同时注重协调好土地开发、生态保护、民生问题、基础设施建设等各方面的关系；专项产业规划是在明确区域产业规划的前提下，为主导产业、跟随产业和支撑产业的发展进行详细规划，理清产业的发展次序，解决产业聚集的关键问题，形成产业集群所必需的产业生态圈；而产业园区规划则是在明确区域产业规划的前提下，为主导产业、跟随产业和支撑产业的发展规划若干专业的产业园区。我国非遗的产业化规划在各地的进展并不相同。有些省市就是靠传统文化的开发带动地方经济的发展，如云南、广西等旅游经济大省、自治区不仅有周全的传统文化资源产业化规划，而且还有效地不断在执行中完善这些规划，且取得了可喜的成就，既发展传承了非遗，又改善了文化持有群体的生存状态。

但并非所有地方政府都如此对待非遗产业的发展。以我国非物质文化遗产的旅游开发为例，最近几年我国非物质文化遗产产业化比较成气候的行业就是旅游业。但在旅游规划过程中，往往缺乏事先的充分考察和科学论证。尤其忽视旅游市场结构分析，未能通盘考虑整体规划的整合，致使旅游项目贪多求大，项目雷同[1]。另外，开发模式单一，创新不足，复制有余，因此糟蹋了本来很有特色的地方非遗资源，什么民俗村、民俗寨，这庙会、那歌会，都是盲目投资，匆忙上马，千篇一律。甚至有许多项目根本来不及深入发掘可用资源，便草草以人造景观应付，大大降低了开发项目的吸引力，不仅未能获得应有的经济效益，相反使当地百姓背负沉重的经济负担，可谓得不偿失。具体而言：

首先是开发的盲目性。不顾当地现有经济环境和经济条件，不顾文化资源是否适合产业化开发，不加选择地提出要走产业化发展道路。实际上，并不是所有的文化资源都可以开发为文化产品。比如，部分宗教文化、一些概念性的地域文

---

① 管育鹰："民间文学艺术保护模式评介"，见中国法学网，http://www.iolaw.org.cn/2013 - 01 - 20.

化以及部分历史名人等，它们所承载的更多是一种形象价值、宣传价值或教化价值，难以转化为直接的能带来经济价值的文化产品。然而，有的地方官员好大喜功，喜欢搞形象工程。为了追求政绩最大化，在大力发展文化产业热潮的推动和鼓舞下，丧失了应有的理智，不惜人力、财力，忙于做一些不切实际的规划，盲目上马一些很难看到市场前景的项目，其结果往往是得不偿失。

其次是重保护，轻开发。在制定非遗保护和开发规划时，以保护为中心。这倒不能全怪地方政府，因为从《保护非遗公约》到我们自己的《非遗法》就一直强调传承为主、保护第一。有关非遗的地方政府的工作重点统统放在代表性非遗申报上，这项工作做好了虽然没有实质性的积极意义，但这是面子工程，说起来本地有多少多少入选国家级非遗名录的项目，有多少多少非遗代表性项目的代表性传承人，除此之外还有省级、市级多少多少项目，诸如此类。政府沉迷在这些虚无缥缈的工作上，即使有民间资本试图开发非遗产业，也提不到议事日程。实际上，不仅政府如此，企业、传承人都没有真正重视非遗产业化，也缺乏有效的思路与方法。而传承人作为更多非物质文化遗产的主体，缺乏商业经营意识与创意开发技能，显然不具备产业化开发的意识与能力。

最后是政府投入不足，无力左右开发方向。政府行为和政策法律状况，构成文化产业外部环境极为重要的部分，投融资政策直接影响到文化产业的发展。由于传统文化是历史的产物，曾经有过辉煌的历史，但如今大多数非遗已经失去了市场，被现代文化形态排斥在主流文化之外。要想在文化产业的舞台上争得一席之地，需要政府的扶持，政府的资金引导说明了政府发展某个产业的决心。缺少了政府资金支持的非遗产业，完全听由民间资本自由发展，这些民间资本从中悟出的信息是政府对于非遗产业并无热心，不想做出一定的投入，希望民间资本开发，为此也就会容忍人们以最能赚钱的方式开发。有了这样的认知，非遗的产业化实际上有点处于无政府状态，个别投资人为了追逐经济利益，不惜扭曲与丑化一些优秀的民族民间文学艺术表达。可以说，在文化产业发展中，普遍存在着文化资源开发的短期行为，从而对文化资源造成不同程度的破坏。如许多古迹、文物被改头换面，重新包装，失去了文物古迹的历史原貌；许多民间舞蹈、仪式、风俗习惯被庸俗化、简单化，失去了原有的神韵。致使传统文化的存在价值由多元演化为一元，即只剩下经济价值。对经济价值的过度追求，并不仅仅要遗忘非遗的精神价值，关键是可能歪曲它的价值。

非遗开发无序的后果不仅仅是破坏了非遗的精神层面的价值，同时从经济价值讲也是无效率的。如我国大部分中西部地区的文化资源产业化还处在起步阶段，有的偏远地区仍然守着资源睡大觉，守着金山要饭吃。由于缺乏政府科学规划，中西部地区经济社会发展水平相对较低，发展现代文化产业的条件和基础还不够坚实。在现代化生产技术、高科技手段和创意能力不足的条件下，文化资源只能是粗放式的、简单的、低水平的开发利用。由此而生产出来的文化产品大多只是附加值较低的初级产品，这样必然会对一些市场潜质极高的文化资源造成浪费甚至埋没，并且还很有可能失去再度开发的机会。如果这一局面不改变，我国区域文化产业发展的总体实力就难有实质性的提升。因此，对一些市场价值较高的文化资源绝不能不顾条件急于求成、粗放开发①。

三、文化内涵挖掘不深，缺少吸引力

每一项非物质文化遗产都有其自身的丰富内涵，因此才能被世代相传，成为修身、齐家、平天下的精神指导。如非遗中的民间文学有许多传说故事，孟姜女哭长城、牛郎织女、徐福东渡、木兰充军等，每一个动人的故事后面，都蕴含着为当时的社会价值观所肯定的精神财富，鼓舞着人们克服困难、惩恶扬善、助人为乐，等等。我国有 56 个民族，每个民族都有丰富的传统文化，按照国家代表性非遗项目申报分类规定，不同类型的非遗项目均由多种开发利用的方式。比如前文提到的各种传说，可以拍成影视作品，也可以通过舞台剧形式展现，还可以搞综合旅游开发。以此可以从多视角向人们展现非物质文化遗产的魅力，并使人们从中悟出道理，净化意识，指导人生。我们当前的非遗利用实践太表面化，如旅游项目开发大多形式雷同，缺乏创新。而内容的表达又简单化、庸俗化。如少数民族的婚嫁习俗开发就被简单化了，按理讲不同民族古代婚嫁习俗差别很大，婚嫁程序的各个环节意义也不同。但只要被影视作品定型以后，现实中的表演也完全一致了，哭嫁、上花轿、对情歌等，大同小异的步骤，不能体现不同民族、不同地域的文化特点。这就说明开发者未能深入了解传统文化的深刻内涵，对文化表达形式不求甚解，只得皮毛，也就不能把非遗产品做好，骨子里的原因就俩字"浮躁"。

实际上，现实中在非遗利用上存在的重形式轻内涵的现象，在不同的非遗项目中都有不同的表现。如民间文学艺术中有许多动人的传说，个别的开发者为了吸引众人的眼球和想象力，不顾文化原来的寓意，对其进行曲解和篡改。有些则将非遗纯粹商品化、庸俗化。比如一些文化遗产将古朴的民俗文化、民族风情和严肃的宗教仪式包装为粗俗的商业性表演，让原有文化价值为商业价值所取代。面对这样的旅游产品，旅游者感受不到有益的教育和有价值的文化熏陶。如何提高旅游产品的文化品位，避免民族文化旅游资源商业化，充分发挥旅游文化的教育功能，已经成为非遗地在发展旅游业的过程中亟待解决的问题。再如民间舞蹈进入旅游业，便从单一的自娱自乐变成了"旅游商品"。它符合市场规律，但有

---

① 阎若岩、肖盈、闫佳佑、周晓兰："民间非物质文化遗产产业在开发过程中面临的挑战及对策——以天津地区为例"，载《理论与现代化》2013 年第 1 期，第 89～90 页。

些旅游经营者在开发经营这些旅游项目时，把票价定在百元左右，这对一个事先已有充分准备、只来一次的旅游者来说，并不难接受。但对一个热心民族文化、欲数次来参观的市民或散客来说，这是一笔难以承受的消费。一些民间舞蹈表演对少数民族文化的表述过于失真，无原则地追求原始性；甚至不分精华与糟粕，不负责任地把那些已经被摒弃的封建迷信和陈规陋俗原始地展现给旅游者。还有些旅游开发商对民族民间舞蹈资源认识不够、理解不深，聘用的大都是社会青年，他们没有经过专业化训练，便生编硬造一些表演项目。进而展示给游客的表演缺乏艺术性，造成了民族文化的肤浅化和庸俗化①。

栖霞寺是中国佛教三论宗的祖庭之一，三论宗是中国佛教八大宗派中形成较早的一个宗派。故此，栖霞山与三论宗紧密相连，栖霞寺也以三论宗的祖庭而名扬天下。所以，栖霞文化旅游应展现给人们的是至高的佛教文化和佛学圣地。但事实上在推出的栖霞佛教文化旅游活动中，主要以烧香拜佛、观光活动、销售开光纪念品为主。虽然近年来也组织一些如祈福撞钟等参与性的活动，但佛教圣地的文化价值远没有被开发出来。项目开发缺乏深度，没有体现佛教文化旅游资源丰富的内涵。因此，对追崇佛教文化特别是追崇"破邪显正"、"但破不立"思想的国际佛教宗人来讲，吸引力微乎其微，从人们多元化的需求而言也远远不够。另一个宗教圣地是少林寺。少林文化产业被认为是在国内非遗产业化进程中比较成功的代表，无论从文化的影响力，还是该文化对地方经济发展的影响力，都可以认为比较令人满意。但也有许多不尽如人意之处，如少林题材的影视作品，有许多脱离了少林元素以迎合现代消费观念，其风情化和装饰性深深改变了原生态文化的本性。这种状况尤其体现在近些年来各种各样的民间艺术比赛和会演活动中。同时，少林寺武僧演练的少林武术，它充分体现了包含禅宗智慧的传统佛教文化体系。然而，世人为了习练和竞技体育的需要，经常将少林武术等同于少林功夫，其精神文化内涵逐渐缺失，真正少林功夫博大精深之处越来越少为人知②。

四、政府投入不足，难解燃眉之急

在市场经济体制下，社会资源主要靠市场配置，投资人皆追求资金的高效率和低风险，极少从经济发展的宏观角度考虑问题。要实现全社会可持续发展必须依靠政府，凡是商人不愿投资但又关涉国计民生，或对产业发展起引领作用的投

① 田金霞："关于张家界少数民族民间舞蹈旅游开发的思考"，载《全国商情·经济理论研究》2008年第5期，第111页。
② 张小林、孙玮、龙佩林："少林武术文化资源开发与品牌营销研究"，载《西安体育学院学报》2008年第2期，第59页。

入，就需要政府出面承担。非物质文化遗产留存比较完整的地方必是各种信息相对闭塞的地方，那里民众的生活由于同外界联系较少而自然带着一种纯朴，风俗习惯尚保留着自己的特点。就是这些交通不便，科技落后的地区，经济发展滞后，群众生活水平还较低，大多属于国家级贫困市县。这些地区确实保留着原生态的传统文化，也有产业化开发的价值，却没有充足的资金投入。如河北蔚县是闻名全国的国保文物大县，但其文化产业直到 2009 年才开始起步，90% 左右的非物质文化遗产因为经费不足而得不到较好的保护，更无从谈及合理开发和利用，直到 2012 年以后才有所改观[①]。其他地区传统文化开发资金也面临诸多困境，由于多数非遗项目不适合大规模工业开发，仍以私人小作坊的形式存在，资金来源主要是个体融资，规模极其有限。即使有些非遗项目适合大规模开发，比如旅游项目，也可能因为开发商和政府之间的利益分配及开发与保护的规划方面存在分歧，而迟迟不能付诸实践。商业资本对文化市场风险的考量甚于普通市场，因为它受意识形态影响大，不确定因素多，所以我们只见风投进 IT 行业，不见其进入文化市场。

既然不能指望市场就得依靠政府扶持，然而政府出资一是受《非遗法》"保护第一"思想的影响，有限出资用在落实保护措施，或者奖励传承人上，未将重点放在开发工作上。通常国家级项目靠国家的拨款，地方项目靠地方拨款，数量都十分有限，别说投入开发，就是用于采取保护措施的资金都远远不足[②]。二是不拿非遗产业当回事，忙于城市房地产开发，为土地经济服务，捞更大的实惠。即使为文化产业发展配备了部分资金，也可能因为"心不在焉"而缺乏明确的目的性，带有较强的随意性。在运作过程中监督不到位，结果造成投入与产出不相协调，严重阻碍了文化产业自我发展能力的增强。另外，就是政府投入还存在僧多粥少的局面。由于亟待进行非遗开发的地区往往是贫困地区，政府在贫困地区的救济款均用在解决温饱上，修路的钱都没有，哪有发展文化娱乐甚至大规模开发的资金呢？当地居民由于祖祖辈辈未走出大山，缺乏投资意识和冒险精神，不敢自发投资。而地方政府未将发展文化产业作为经济工作的重点，因此招商引资的宣传力度和措施不到位，使得丰富的传统文化资源"躲在深闺人未识"。而一旦山村通了路，封闭在大山的人们又急不可待地奔向大城市打工，无人愿意留守在穷山沟，内外交流的增加虽然解决了部分居民的生活困难，打工的收入远高于种梯田，但原生态的文化环境也遭到了破坏，尤其对于适合旅游开发的非遗资

---

① 刘洪彩、高雁、王永学："关于河北省非物质文化遗产产业化发展的思考——以民间美术为例"，载《河北学刊》2013 年第 6 期，第 224 页。

② 于伟慧："一个黎族民歌手身后的历史"，见中国民俗学网，http://www.chinesefolklore.org.cn/.

源无疑是灭顶之灾。如不能尽快采取措施保住资源，实现有序开发，非遗资源就会白白浪费，最终自生自灭。当地非遗持有群体仍然不能通过开发非遗脱贫致富，改善生活条件。

非遗开发资金上的困难还有一个原因就是缺少金融支持。近年来农村中小企业融资难，严重制约了农村经济的发展。目前非遗开发企业多数规模很小，经营分散，金融机构本来就不愿放贷给它们，即使看好其发展前景，但小企业也过不了抵押担保一关。尤其文化类企业，以无形资产为主，且非现代知识产权，缺少评估标准，也不容易得到金融企业的认可。所以大多数企业因缺乏融资支持而难以发展①。

五、开发模式单一，呈现瓶颈效应

由于在同一文化资源分布的地区不少人都掌握了类似的技术、诀窍、仪式、习俗，所以在产业化的过程中，这些地区往往存在着产品趋同的现象。这种现象出现的原因除了文化同源等先天因素外，还有就是因为当地创新能力差。因为绝大多数传承人文化水平不高，观念陈旧，他们就是普通老百姓，不具备创意头脑和商业经营意识，更缺乏商业开发管理能力。同时，接受新生事物的能力差，对当代审美要素的把握不到位，导致其不愿创新或不能创新，产品千篇一律。有些非物质文化遗产的传承人由于长期从事该领域的技艺或技能，无力顾及产业开发。也有很多传承人面临着老龄化和后继无人问题，有的甚至已经是一人一项，文化魅力在恶性循环中日益消退，产业开发更是难上加难②。

而当代消费群体的主流意识是追潮，彰显个性，对同质的东西很反感。因此一些传统文化产品打不开市场，消费群体难以扩张。如我国的玉雕艺术，就因为缺乏创新性设计和个性化设计而不能将年轻一代拉入消费大军。

另外，同一文化资源缺乏全方位开发思路。以被认为非遗产业化较为成熟的旅游业为例，由于旅游业是开发非遗最早、利用非遗最全面的产业，故有考察之必要。从实践来看，绝大多数非遗旅游项目就是以传说为基础，结合历史遗迹，联合开发。要么依靠门票收入改善非遗的传承环境，要么设定游客参与互动的环节，再让顾客临走捎上当地传统手工艺制作的旅游产品，这一套路基本上被模式化了，也失去了新鲜感。这倒不是最关键的，也无过多可责之处，只是从产业发展的角度讲应该尝试更多的营销手段。现实中确实存在处理不好传承与创新关系，因而影响到多渠道开发非遗的做法。正是由于忽略现代文化的发展和需求，

---

① 华珍："热贡文化产业化问题研究"，载《青海师范大学学报（哲学社会科学版）》2012 年第 2 期，第 75 页。

② 周志勇："论政府主导下的非物质文化遗产保护"，湖南大学 2007 年硕士学位论文。

固守传统，只拉车不看路，制约了传统文化的产业化发展。如在大批民间美术资源开发过程中，许多技艺高超的民间艺人面对变化多端的现代审美市场，没有足够的准备和积累，产业品牌意识不强。在商品化的时尚审美观念的强势冲击下，这种对待非遗传承和发展的态度，看似审慎和负责，实则效果适得其反。如果能够巧妙地将传统文化与现代审美观念及表达方式科学的结合，在现代生活中找准自身的定位，才能更好地传承传统文化①。

如果是家庭作坊延续传统生产、销售和服务的方式尚可理解，因为他们创新能力有限，或者不适合创新。但是有许多有规模的企业也没有做到正确处理继承与发展的关系，缺乏可持续发展的眼光。如传统医药生产加工企业，只顾短期效益，缺乏合理保护与利用意识，对野生药材乱采滥挖，乱捕滥猎，自由采集。这些企业原材料相同，就是当地的天然资源，这些天然资源的利用方法和产品品种也都相同，各个企业规模小、效益低、技术开发和创新能力弱、生产工艺和设备落后，且管理不规范。企业之间恶性竞争、削价竞销，利润空间被挤压到极限小，这就使得人们对于非遗产业化的前景有所担忧。只有找到恰当的产业发展模式才能改变目前这种状况②。实际上不是一个地区存在这种情况，有学者考察了河南的传统美术产业化的状况后指出，民间美术作品重复雷同现象非常严重，而大多缺少真正的艺术美感和新意，制作的技术和艺术含量不高。如开封的沐绣，本来是以做工精致、色彩细腻为特点。但是，一些人为了大批量生产，减少成本，就粗制滥造、偷工减料，在最短的时间内用最少的资金生产出最多的商品。如此一来，减少制作工艺，千篇一律地重复制造，作品粗针大线，以次充好，使得沐绣品质受到了一定程度的伤害。加之民间美术制作工艺和产品缺乏严格的统一管理和产品质量监督，产品开发无序，混乱经营，粗制滥造，艺人的综合素质、实力存在缺陷等都是民间美术资源不能转化为优质的艺术商品走向市场的主观原因③。

六、开发权归属不明，抑制开发热情

自从政府开展非遗项目保护名录制度后，针对非遗的所有权问题就进入了学术视野，在官方的文件中相继出现了几个与非遗项目权属有关的主体。

首先是政府或政府文化主管部门。《非遗法》第 15 条规定："境外组织或者

---

① 张娅妮："我国民间艺术产业开发模式浅析"，载《经济问题》2014 年第 12 期，第 88 页。

② 龙鳞："云南民族传统医药产业现状及发展对策"，载《中国民族民间医药》2009 年第 13 期，第 159～162 页。

③ 廉明、张科峰："河南民间美术资源的开发与利用研究"，载《商场现代化》2011 年第 1 期（中旬刊），第 141 页。

个人在中华人民共和国境内进行非物质文化遗产调查，应当报经省、自治区、直辖市人民政府文化主管部门批准。"这里的"政府文化主管部门"可以是多重身份，如文化事业管理者身份，但同时又不排除文化遗产所有者身份或代管人身份。因为境外的人到中国市场买一件衬衫是无需哪一个部门批准的，所以不能排除第一种身份，而后两种身份也完全可以享有批准权。

其次是"调查对象"。《非遗法》第16条规定："进行非物质文化遗产调查，应当征得调查对象的同意，尊重其风俗习惯，不得损害其合法权益。"显然，这个没有正式称呼的"调查对象"应该是非遗传承人（群体）。但是这个非遗传承人（群体）的确定就不容易了，因为有些非遗是某个民族的习俗和艺术，它有一个集中传承的区域，也会在区域之外的同族中传承。而我们申报非遗保护项目都是按照区域申报，不是按民族申报，因此"调查对象"已经是一个不够确定的群体了。

再次是非遗代表性项目的代表性传承人。在各级非遗保护名录中，都会明确项目申报人，同时大多数要确定代表性项目的代表性传承人。从目前目录申报制度看，申报人多数都是负责非遗调查的文化主管部门，或负责申报工作的部门。按照《国家级非物质文化遗产代表作申报评定暂行办法》第8条规定："申报主体为非申报项目传承人（团体）的，申报主体应获得申报项目传承人（团体）的授权。"这说明申报主体可以是项目传承人，而项目传承人可能不是一个人（团体），最终被评出的项目代表性传承人，只能是确定的少数，是项目传承人之一或一小部分。

最后是代表性项目保护单位。保护单位是什么地位？依《国家级非物质文化遗产保护与管理暂行办法》第6～9条规定，保护单位由文化主管部门负责确定，确认依据中关键的一个条件就是"有该项目代表性传承人或者相对完整的资料"，其责任是具体承担该项目的保护与传承工作。它是国家级非物质文化遗产项目标牌的悬挂和保存者。这样看来，这个由政府确认的保护单位和非遗代表性传承人可以没有直接关系，也可以完全与传承群体无关而仅仅是一个政府部门，但这两个主体都有权依法向他人提供其掌握的知识、技艺以及有关的原始资料文献、实物、场所等，并获得相应报酬。

正是由于目前法律对非遗的"所有人"没有明确规定，只是从公法的角度规定政府的责任为主，而开发传承主体的确定却涉及私法上的权利主体问题，开发是重非遗的经济效益，必然涉及谁有权享受该利益，即谁为私法上的权利主体。政府为了地方经济的发展，只是作为非遗保护责任主体，对于非遗私法主体不明确或非个体主体的非遗项目进行投资引导开发，如广西刘三姐文化的开发便属于此类，通常不会引起非遗开发利益的归属纠纷。还有一类是非遗的私有主体特别明确的项目，如北京聚元号弓箭制作技艺，就是归第十代传人杨福喜所有。

关键是我国绝大多数非遗的传承主体边界并不清晰，甚至有些家族传承的非遗，我们通常认为不会有权属争议，由于家族成员的分家分业、迁徙等原因，也会存在谁是正宗传承人的争议，最为典型的就是京津"泥人张"纠纷。

2005 年年底，天津"泥人张"传人张锠、张宏岳及其开办的北京泥人张艺术开发有限责任公司（以下简称天津"泥人张"）以侵犯"泥人张"名称权及存在不正当竞争为由将张铁成、北京泥人张博古陶艺厂、北京泥人张艺术品有限公司（以下简称北京"泥人张"）诉至北京市第二中级人民法院，从而引发了持续七年之久的京津"泥人张"之争。2006 年 7 月，北京市第二中级人民法院对京津"泥人张"案件做出一审判决，判决被告北京"泥人张"侵犯了原告天津"泥人张"的知名商品特有名称专有权，自判决生效之日起，被告立即停止关于北京"泥人张"及张铁成为北京"泥人张"第四代传人的宣传，停止使用带有"泥人张"文字的产品名称、企业名称，停止使用"www. nirenzhang. com"互联网域名，并于 30 日内注销，以及赔偿原告诉讼支出 1 万元等。一审判决后，张铁成不服，上诉至北京市高级人民法院。2007 年 9 月 20 日，北京市高级人民法院作出二审判决，被告使用北京"泥人张"作为企业名称和产品名称不构成不正当竞争。二审判决作出后，引起了中国文联、中国民间文艺家协会以及相关人士的广泛关注。天津"泥人张"张锠不服二审的颠覆性判决，向最高人民法院提出了再审申请。2012 年 2 月，最高人民法院做出终审判决：撤销北京市高级人民法院（2007）高民终字 540 号民事判决；维持北京市第二中级人民法院（2006）二中民初字第 1017 号民事判决。立即停止关于"北京泥人张"及张铁成为"北京泥人张"第四代传人的宣传，停止使用带有"泥人张"文字的产品名称、企业名称及"www. nirenzhang. Coma"的域名[①]。2011 年又发生了"泥人张老作坊"诉"泥人张第六代传人"侵权案，即天津"泥人张"世家绘塑老作坊及其经理张宇认为，中国工艺美术大师、天津泥人张彩塑工作室员工陈毅谦以"泥人张第六代传人"自称，并有《收藏界》杂志刊登这一称号，故此涉嫌侵犯企业名称权和虚假宣传，进而起诉并要求赔偿 30 万元损失。天津市高级人民法院终审判决张宇败诉[②]。

实际上，围绕"泥人张"权利归属的案件不仅这两起。早在 1994 年张明山的第四代传人张锠、第五代传人张乃英等 17 位张明山的后人以维护张明山的姓名权、著作权、名誉权为由，曾向天津市中级人民法院起诉了天津泥人张彩塑工

---

① "京津两家'泥人张'诉讼 7 年，天津传人终揽招牌"，见搜狐新闻，http://news. sohu. com/20120416.

② "天津'泥人张'诉陈毅谦侵权案终审宣判"，见北方网，http://www. enorth. com. cn/2012 - 05 - 23.

作室、天津泥人张工艺品经营部和天津泥人张塑像艺术公司。限于篇幅，本书对此案不再赘述，读者可以自己查阅①。"泥人张"纠纷案及非遗开发现实给我们的启示是，非遗一旦产业化就必须明确权属，而由于非遗形成和传承的历史较为复杂，演进过程中加入的因素较多，确权相对较为困难，但又必须在开发之前明确权属。如果权属不清，不仅会导致日后纠纷不断，还可能影响开发者全身心投入的积极性，尤其难以激励他们创新品牌，总以为公有领域的东西大家可以随便用，没有必要创品牌让别人"吃现成的"。

第二节　非物质文化遗产产业化制度保障缺陷

一、立法基础理论薄弱

非遗项目产业化遇到的首要问题就是确权问题，只有明确了某项文化遗产的权利归属，明确了哪些非遗项目可以在现行法律框架下得到权属保护，哪些非遗项目需要加强单行法规的制定或通过完善现行立法而明确保护目标，才能实现有序的产业化利用。否则，在权属不清、责任不明的状态下，很难保障非遗项目的有效开发利用。然而，非遗的开发利用，遭到理论界多数学者的诘难。人类学者、社会学者多认为文化遗产只能是保护其"原样"，任何带有经济目的的开发利用都会破坏文化的本真，失去"原生态"价值，是对传统文化的亵渎和破坏。然而，非遗的开发利用，尤其是产业化的前提之一就是打破非遗传统的传承传播形式，以规模化经营代替家庭作坊式传承，因此极有可能改变非遗的利用方式和物质表现形态，使其失去本来的存在状态，甚至被不恰当的利用。而《非物质文化遗产法》将立法宗旨的核心确定为保护第一的同时，也将合理开发利用作为其立法价值取向之一，但是对于"合理"性的解读却见仁见智、莫衷一是。这也就是为什么理论界总是对开发利用非遗诘难不断的原因。而谈到非遗的确权则遇到的理论问题就更加突出。

（一）非物质文化遗产的权利主体模糊

一般讲，明确具体的权利主体是法律关系的三个构成要素之一，即任何法律关系都有权利义务的承受者。为一项财产或者遗产确定一个主体也应该不是大问题，但非物质文化遗产作为一类文化遗产，要确定一个继承遗产的主体并不那么容易。因为现行的法律保护的主体一般为确定的个人或组织。而非物质文化遗产

---

① "'泥人张'诉讼案始末"，载《法制日报》1998年12月4日。

的持有人或传承者，则具有不特定性和群体性特点，或许在久远的古代文化形成伊始曾经是确定的，但随着文化的交流和融合，至今很难在实践中确定为某个人或者具体某个组织。

目前，理论界的主流观点认为非物质文化遗产的权利主体应该是某个群体。当然，既然称为权利主体，首先认可非物质文化遗产可以作为民商法上的权利客体存在。"群体说"又可以细分为国家说、集体说。国家主体说认为非物质文化遗产相当于一种自然资源，从国家文化战略安全角度考虑，非遗应属国家所有①。集体说认为，传统文化表现形式与特定民族、部族和社区相连，因此除个别情况下属于个人所有外，应该归集体所有，是集体所有权的客体，也可以把它作为知识产权的客体，而这类知识产权应该是一种"集体产权"②。一来是为了防止因互相争夺发生冲突或者无人关注而自行消亡，二来是为了国家文化安全，预防意识形态领域的"外敌入侵"。而在通常情况下，非物质文化遗产应归于某个群体，应抛开集体的概念。但也有学者认为非遗的产权主体必须落实到具体的代表性传承人，否则难以解决非遗利用中的"公地悲剧"③。总之，学者们对于非物质文化遗产的权利主体的主张莫衷一是，各有各的道理。正是由于在权利主体问题上争论不休，不能为立法者提供有说服力的建议，因此目前的立法仍停留在公法保护阶段上，难以有所突破。

正是由于人们强调了非遗的群体性，尤其是在解读联合国《保护非遗公约》时，受公约的引导，"群体说"似乎毫无争议地成为定论。而实际上，已经入选国家级非遗保护名录的非遗项目有许多却是属于个人所有的非遗项目。如北京的聚元号弓箭制作技艺，就是属于第十代传承人杨福喜所有；苏州的"巧生炉"制作技艺就属于陈巧生所有，那是陈家祖传的铸铜技艺。再比如，北京荣宝斋的木版水印技艺所有权就应该属于荣宝斋这个法人组织。而那些世代相传的、仍在民间以商业秘密状态存在的非遗，权利人根本没有申报名录的热情，它们不是没有确切的主体，而是可能归于家庭、家族，甚至归于个人。所以，当今理论界往往忽视了非遗的多样性，或者说只关注了种类的多样性，而忽视了存在形态的多样性、归属主体的多样性。不可否认，在古代尚不重视知识产权保护的背景下，最初应该享有知识产权的许多非遗项目，被同宗同族的人、同一地区的人，或者同一民族的人，所共知共用。如传统手工艺中的蜡染技艺、造纸技艺、制瓷技艺、

---

① 戴妍："非物质文化遗产的民事保护"，中央民族大学 2011 年硕士学位论文。

② 吴汉东："论传统文化的法律保护——以非物质文化遗产和传统文化表现形式为对象"，载《中国法学》2010 年第 1 期，第 50 页。

③ 丁丽瑛：《传统知识保护的权利设计与制度构建——以知识产权为中心》，法律出版社 2009 年版，第 277 页。

纺织技艺等。地方戏剧、曲艺、民歌和民间文学等，都有着明显的群体所有的特点，但这些群体是可以被特定化的。只有那些民俗节日类的非遗是不容易被特定化为某个群体、某个地域，它可能是某个散居在世界各地民族的习俗。而这些主体不容易被特定化的非遗，恰恰也多是不需要以私权形式加以保护的项目，如汉族的传统节日。

因此，我们只能说大多数非遗项目的权利主体具有群体性的特征，这个群体可以是一个确定的群体，即在知识产权法上能被特定化的组织体，如某个村庄，公约和国外文献习惯称为的社区。而有些非遗项目由特定的人群所共有，如我国瑶族的很多传统浴药药方，一般瑶族村落和瑶族同胞都知道，而这些瑶族同胞又分散居住于贵州、广西、湖南等省、自治区以及东南亚、美国、加拿大等国和地区①。这项非遗的权利主体看似确定，实际上不确定。有人认为应该是所有知晓药方的瑶族村落和瑶族同胞都应为该药方的权利主体。那么不知道该药方的瑶族村落和同一村落的不知道该药方的瑶族同胞，有没有权利知道？假如这个药方作为商业秘密加以保护，谁有权利决定许可哪些人使用该药方？所有知晓该药方的瑶族村落和瑶族同胞吗？如果其中一个瑶族村落，或一个村落中的一个瑶族同胞，将此药方泄露给同村落不知道该药方的瑶族同胞是否构成侵权？如果将此认定为正常的文化传承，那么泄露给什么样的人才算是侵权行为？"知晓"有没有时间限定，也就是说在某个时间知晓的，才是权利人，还是说以后知晓的也是权利人，或者说只要能被告知该药方的瑶族同胞都是权利人，不论何时被告知？

毋庸置疑，对于在非物质文化遗产中确定一个权利主体的难度很大，学术界似乎达成了共识，原因在于现行的法律保护的主体一般是个人或者是特定的组织或者法人，主体的范围和权利依据很明确。但是非物质文化遗产的形成和发展是某个民族或者地区连续创作的结果，权利主体具有不特定性和群体性，很难在实践中确定为某个人或者具体组织。而且我们的思维也不应该完全为私法上的权利主体所禁锢。有时候非物质文化遗产的权利未必就是私法上的权利，而可能是宪法或社会法上的权利，如违反少数民族禁忌习俗，每个该民族的成员均是权利人，都有权制止，甚至通过法律手段解决。有学者建议可以把持有非物质文化遗产的特定区域作为主体，如果某项非物质文化遗产同时为几个传统社区或者传统部落所持有，则应把持有非物质文化遗产确定为这几个社区或者部落所共有，也就是团体型主体。这种观点当然有一定积极意义，也有实践的支持，如孟加拉国1998年制定的《生物多样性与社区知识保护法》第8条就将权利主体定为国家。但是，多数非遗项目的权利主体确实很难在现行私法框架下确立主体，这与国际

---

① 参见贵州省地方志编委会编：《贵州省志·民族志（下册）》，贵州民族出版社 2002 年版，第 773 页。

知识产权法侧重个人权利的保护而忽视集体或群体权利的保护有关。因为从知识产权的理论来源看，无论是实用主义理论还是伦理主义理论都更关注个人的创造性贡献及其权利保护①。

（二）非物质文化遗产权的权利性质尚无定论

非物质文化遗产持有人应该对遗产享有一定权利，对于这项权利的性质理论界至今没有形成统一认识，法律也没有具体而明确的规定。该权利的性质直接关乎立法的价值取向，即是以公法保护为主，还是以私法保护为主。同时，也是解决权利主体确定性的关键所在。如果以公权为视角，则主体可以是一个概括性的、不确定的主体，如果是以私权来考量，则权利主体必须是具体的、确定的。

有关非物质文化遗产的保护，我国已出台的行政法规、规章和地方法规，基本上采取了公法保护模式，这对防止非物质文化遗产走向灭绝起到了重要作用。但是由于公法保护的局限性，注重了公共利益而忽略了非遗持有人利益，致使存在侵害持有人利益行为时，缺少私法保护，仅在1982年的《著作权法》中规定民间文学艺术作品的著作权保护办法由国务院另行规定。可时至今日这一另行规定也未出台。以笔者之见，国务院规定"难产"的原因就在于对非遗持有人权利性质不明确，在公权还是私权的定位和选择上未有定论。

学术界对非遗持有人的权利向来有"公权核心论"与"私权核心论"之分。"公权核心论"认为非物质文化遗产是带有私权性质的公权。其理论依据就是非物质文化遗产不是任何一个确定的个人或家庭，抑或组织体单独创造出来的，而是依赖于一定范围的民众的集体智慧创造出来的，它的发展又依赖无数的劳动人民的实践付出。它存在于人民生产、生活的实际当中，甚至就是他们生活的构成部分，因此可以认为非遗就是一种公共产品，非物质文化遗产权就是公权。只是鉴于目前"公地悲剧"时时发生在非遗保护中，纯粹的公权保护有漏洞，暂时可以借用知识产权制度给予持有人一定的专有权或垄断权。一旦非遗保护环境得到改善，保护私权性质的法律将退出非遗保护领域，以保护公权性质的法律取代②。

"私权核心论"认为，非物质文化遗产是带有公权性质的私权。理由如下：第一，它与知识产权的客体有许多相近之处，如无形性、地域性，而且大多数非遗项目也是智力劳动成果，而知识产权法是私法，具有一定的公法性质，如专利法、商标法皆如此。第二，一种非物质文化遗产常常为某个民族或社区所独有，

① Susan Scafidi, Who Owns Culture? Appropriation and Authenticity in American Law, Rutgers University Press,2005, p.17.

② 王玉叶、葛翔："关于民间非物质文化知识产权保护问题的思考"，载《江西教育学院学报》2006年第4期，第41页。

是一种"集体私权"①。第三，确定非物质文化遗产具有私权客体的性质，更有利于对其进行保护，私权能够更明确权利主体地位，以便其通过私法保护途径有效遏制侵权行为。以上并不排除非物质文化遗产权具有公权的性质，毕竟这项权利的赋予离不开国家的审查和批准赋权。

"公权核心论"者攻击"私权核心论"者的理由是，对非物质文化遗产假以私权保护会阻碍公众及后代使用传统文化和知识信息，而且以私法保护非物质文化遗产，将引入利益驱动机制，从而颠覆文化作为一种最纯粹的精神享有物的品性，甚至破坏产生这些文化遗产的社会基础②。"私权核心论"者反驳"公权核心论"者的理由在于，人类社会从来就没有过为所有人共同享有的知识且无需说明它的来源，并不存在全人类的共同创造。还有学者绕开了传统公私法的划分标准，提出了"集体利益""集体权利"的概念，认为集体利益属性就是非物质文化遗产的一个根本属性。集体利益有两层意义，一是相对于个人利益与国家利益而言的，指的是不确定的多数人的利益。二是强调主体成员的不确定性。非物质文化遗产的享用者往往是其内部成员，他人在无授权许可的情况下是无权免费享用的。

在学术界，对非物质文化遗产法律保护模式的公法与私法之争的实质就在于非物质文化遗产是非排他性与排他性的矛盾统一体。讲公法保护的一方主要看到了非物质文化遗产的非排他性，而强调运用私法进行调节的一方则主张非物质文化遗产具有排他性。但是必须明确一点，既然谈到私法保护主要是知识产权法保护，那么知识产权法中所谓的公有领域是由知识产权的地域性引申出来的，即在中国领域内已经不具有排他性的公有知识，并不等于世界公有。国内公有的，到国际上国家是该知识的排他所有人。因此，不能抛开地域特点谈非遗排他性。

在非遗权利公私性质争论之外，还有"文化权利"说、"传统资源权"说、"知识产权"说、"新型民事权利"说等。"文化权利"说从人权的角度解读《保护非遗公约》，认为持有非遗的群体共同享有自己的文化、信奉和实行自己的宗教或使用自己的语言的权利。包括文化平等权、文化认同权、文化自决权和文化发展权③。"传统资源权"说认为，土著民的非物质文化遗产权利应该是"传统

---

① 郭富青、吴亮："地名资源的商业化开发的法律秩序研究"，载《法律科学》2005 年第 2 期，第 8 页。

② 孙祥壮："传统知识的世界保护及对中国的启示"，载《知识产权文丛（第 9 卷）》，中国方正出版社 2003 年版，第 47 页。

③ 郭玉军、唐海清："非物质文化遗产的国际人权保护研究——以〈保护非物质文化遗产公约〉为视角"，载《法律科学》2009 年第 6 期，第 68 页。

资源权利"中的"知识产权",应归全体土著人所有①。"知识产权"说认为,"传统知识更多的是一个知识产权问题"。②这主要是因为,知识产权和传统知识、民间文艺、遗传资源同属于人类智力成果范畴。

近年来,比较有理论建树的应该是"新型民事权利"说。国外学者提出了原住民对非遗享受的权利应该是区别于所有权的、新型的、有自身特点的权利③。国内也有许多学者赞同此观点,赵晓澜认为:"应借鉴和利用著作权法、专利法、商标法、商业秘密和反不正当竞争法等现有知识产权制度中有关适合非物质文化遗产保护的内容,确定非物质文化遗产权是一项新的民事权利。"④

以上各种对非物质文化遗产之上的权利进行的定性都有不足。如知识产权说,试图拆分非遗,分别以著作权、商标权或专利权来保护。但现代知识产权与非遗上的权利之间存在诸多差异,知识产权对主体的确定性、保护期限的限定性、客体的创新性要求,都是非遗所不具备的。况且有许多非遗项目如风俗习惯、礼仪、节庆等,确实是可以反映民族传统生活的符号,但很难在知识产权体系中找到对应的权利。文化权利说将非遗上的权利视为人权。但是,"文化"本身的内涵具有不确定性,在范围、内涵上都具有模糊性,过于抽象和虚幻,难于从具体实施层面有效地保护非物质文化遗产⑤。

比较而言,新型民事权利更为合理,这一权利是根据非遗自身特点创设的民事权利,不同于现有知识产权,避免了将非物质文化遗产强行划入知识产权体系造成的冲击与不适,且能针对非遗进行完整保护。尤其肯定了对非遗的私权保护,使得传承主体享有部分或者全部的权利内容具有正当性和必要性。当然,剩下的问题还很复杂,仍然需要解决权利主体问题,以及权利的内容等。如娲皇祭奠习俗,假如权利主体确定为地方政府,权利内容是什么?不允许对该祭奠活动歪曲、篡改,未经允许不得录像拍照,不得商业化利用获得的信息?还是不得效仿该程序?这个权利显然是要模仿知识产权,但是知识产权是绝对权,绝对权的创设应该慎之又慎,现行民法甚至未来的民法典似乎还没有放开限制的可能性。

---

① ［加］达里尔·A.波塞和格雷厄姆·杜特费尔德:《超越知识产权——为原住民和当地社区争取传统资源权利》,许建初等译,云南科技出版社 2003 年版,第 69 页。

② 严永和:《论传统知识的知识产权保护》,法律出版社 2006 年版。

③ Robert K. Paterson, Dennis S. Karjala, Looking Beyond Intellectual Property In Resolving Protection of The Intangible Cultural Heritage of Indigenous Peoples, Cardozo Journal of International and Comparative Law, Summer 2003.

④ 参见李立:"非物质文化遗产应披知产保护铠甲",载《法制日报》2008 年 11 月 26 日。

⑤ 骆旭旭:"非物质文化遗产权的法律属性研究",载《长春理工大学学报(社会科学版)》2012 年第 1 期,第 13 页。

二、《非物质文化遗产法》立法导向偏颇

(一) 公法保护规定过于原则

公法的特征之一就是原则化，从宏观上对调整对象进行规制，且强调保护主体的义务。就《非遗法》这一名称看，立法者似乎比较明确了这部法律不应该仅仅是保护法，不是纯粹的公法，既然称为"文化遗产法"就得有遗产的所有人、继承人，就应该有遗产的使用、处分等制度。然而，统观整部法律仍是一部公法。该法第 1 条明确了立法的宗旨是：为了继承和弘扬中华民族优秀传统文化，促进社会主义精神文明建设，加强非物质文化遗产保护、保存工作，制定本法。而在具体制度设计上都是围绕着保护展开，调查、认定、记录、建档、设置名录、宣传、展示，评选代表性项目和传承人，政府拨款给代表性传承人，以便其培养人才，保管、保存资料。而有关非遗的利用和开发的规定寥寥数语，且缺乏明确的制度保障。如第 5 条规定，使用非物质文化遗产，应当尊重其形式和内涵。第 37 条又规定，国家允许在有效保护的基础上，合理利用非物质文化遗产代表性项目开发具有地方、民族特色和市场潜力的文化产品和文化服务。县级以上地方人民政府应当对合理利用非遗代表性项目的单位予以扶持。单位合理利用非遗代表性项目的，依法享受国家规定的税收优惠。

总之，《非遗法》涉及非遗开发利用的仅有两条，第 5 条是原则即本真性原则，第 37 条陈述了对利用者的态度，即扶持。但是，这个扶持政策是有条件的，首先只针对合理利用非遗代表性项目，其次是仅对单位主体进行扶持，个人、家庭或者个体工商户、个人独资企业等是被排除在外的。扶持的手段是什么呢？除了给予税收优惠外，并没有具体制度安排。最主要的不足就是无视比代表性项目更广泛的非遗项目的政府支持，究其原因恐怕是这些小项目大多是个人或小团体为持有人。古典经济学认为，政府对于社会资源的管理和配置，只是在必要时才有效率。从短期效应来看，公法保护模式的选择有利于提升公权力对非物质文化遗产保护工作的重视程度。但从长期效应来看，却有挫伤个人和其他非政府组织积极性、创造性和主动性的风险。从对法律文本的分析来看，正是由于基于公法保护的理念，对非物质文化遗产的创造者、传承人等人的私权利并未加以明确。

(二) 私法保护规定不具体

非物质文化遗产该不该受到私法保护，无需争论。关键在于是不是应该制定详尽的、专门的法律法规予以保护。

非物质文化遗产是艺术和民族底蕴的积淀。它产生于人类认识自然和改造自然的社会实践，浸透着各民族或群体的勤劳和智慧，是他们运用知识和技能完成

的智力创造，或者深深蕴藏着他们血汗的成果。创造和传承它的个人或群体，应对其劳动成果享有财产权。"人的身体所从事的劳动和他的双手所进行的工作，我们可以说，是正当的属于他的，……从而排斥了其他人的共同权利"①。

既然非物质文化遗产并非公共产品，它属于某个主体专有，就应该受到私法保护。前述无论"私权利核心说"，还是"公权利核心说"，都不能否认非物质文化遗产中包含着创造者的劳动，他们应该对这些文化成果享有私权利益，尽管这些文化遗产已经历经千百年的延续，许多很难以现代知识产权标准衡量其创新性，但"非正式创新与正式创新只不过是方式不同而已，同样凝聚着创造者的劳动，两种创新成果对于创新者来说都是专有的"②。

我国的《非遗法》并没有完全忽略非遗的专有属性，但是规定比较含糊。该法第 44 条规定，使用非物质文化遗产涉及知识产权的，适用有关法律、行政法规的规定。尤其提到了传统医药和传统工艺美术等与现行知识产权法客体最为相近，或者本来可以直接由知识产权法保护的非遗项目，"其他法律、行政法规另有规定的，依照其规定"。这一表述存在几个不明确之处：其一，是否非物质文化遗产仅在使用时才涉及知识产权问题，或者说持有人、传承人才享有知识产权。与此相关的问题就是非物质文化遗产是否需要经过一定的公法程序确认，才能成为法律保护的权利客体。不管是现行的知识产权法，还是另立专门法律，都必须解决非遗的权利归属问题。其二，究竟何种类型的非物质文化遗产可以成为知识产权客体不明确，所谓可以适用的"其他"法律法规是指已经存在的呢？还是尚未制定出来、将要制定出来的呢？其三，该条第 2 款又特别指出传统医药和传统工艺美术等的保护，其他法律另有规定的除外。言外之意这两类文化遗产不能作为知识产权客体予以保护。而所谓"其他法律"当指 1993 年的《中药品种保护条例》和 1997 年的《传统工艺美术保护条例》。《中药品种保护条例》第 2 条规定：本条例适用于中国境内生产制造的中药品种，……申请专利的中药品种，依照专利法的规定办理，不适用本条例。那么，适用该条例的中药品种又属于什么性质呢？为什么要受公法保护呢？按照条例规定中药品种经过持有人的申请，国家组织有关部门进行评审可以确定为一、二级中药保护品种，保护期限 7 年至 30 年不等，还可以申请续保期限。持有保护品种的权利人可以有偿转让该保护品种。国家对中药保护品种采取保密措施。但是，中药品种只能受专利法或该条例的单向保护，不能得到"双保"。

再看传统工艺美术，它是非物质文化遗产的重要组成部分，1997 年的《传统工艺美术保护条例》是典型的公法。该条例并未确立传统工艺美术的权利人，

---

① 洛克：《政府论（下篇）》，叶启芳，瞿菊农译，商务印书馆 1964 年版，第 19 页。
② 郑成思主编：《知识产权文丛（第 13 卷）》，中国方正出版社 2006 年版，第 4 页。

也没有传统工艺美术持有人的规定，似乎传统工艺美术没有权利主体，是公共的财产。而该条例要求制作传统工艺美术产品的企业和个人，接受国家的帮助，只要他们向政府提交要求保护的品种和技艺的申请，并经过评审被认定了，国家就可以帮助其建立保密制度。但是并未提到这些企业和个人享有商业秘密权。

总之，我国有关非议的现有法律法规主要是以公法形式出现，考虑的是这些文化遗产的全民所有性，是国家的财产。当然，如果从全球的角度考虑，中国境内所有的财富不管是有形的、无形的，也不管是公共的、国家的和个人的，都是中华人民共和国的财富，不容他国侵害。但是，以《非遗法》为首的非遗保护法规是国内法，立法宗旨非常明确就是保护传统文化，而这种保护只是以简单保存"活"资料为目的，并未缜密地考虑开发利用与保护的关系。

（三）忽视市场机制的作用

市场经济强调市场在配置社会资源中的基础性作用，其功能之一便是合理分配社会资源，通过价格形成机制，向竞争主体提供可靠的价格信息，推动人们将资源流向利润较高的行业和部门。市场参与者为避免被淘汰必然以提高竞争力为发展目标，争取市场份额，为此将推进技术进步与减少资源消耗。市场经济可以克服计划经济体制下，"长官"错误决策带来的风险，同时避免滋生"大锅饭"的懒惰现象，解决资源配置低效率问题。忽视市场机制的惨痛教训早就提醒国人，针对资源的保护利用离开市场是盲目的、妄自尊大的、无效率的。

非物质文化遗产也是一种重要资源，是发展文化产业的基础资源之一。文化资源的管理机制直接影响到它的配置效率。这个效率既包括经济效益的增长，也包括社会效益的扩展。以计划经济的观念，纯粹的行政手段管理文化遗产，两种效益均不可能得到提升，徒增财政负担，而难以得到良好的效果。因此，《非遗法》才转而希望通过一定的激励机制提高保护工作的效率，即表彰、奖励在非遗保护工作中做出显著贡献的组织和个人。当然，该规定在一定程度上，也会激励人们去履行一定的保护职责，仅此而已。但表彰、奖励并非市场激励行为，其作用有限。继而，《非遗法》又提出在保护第一的前提下，允许合理开发利用非遗，至于政府在这方面有什么进一步的措施，则语焉不详。

一方面忽视市场机制的直接后果就是不能充分调动非遗持有人自觉保护和传承非遗的积极性，因此就必须依靠政府加大财政投入力度和人员、设施的配备规模，然而却不会收到预期效果，因为文化遗产的真正主人如果懈怠，一切休谈。另一方面也难以堵塞居心不良者滥用非遗，从而伤害到非遗持有人的精神利益。总之，如果忽视了市场机制的作用，合理利用非遗就是一句空话，更谈不上开发创新，非遗自生自灭局面的出现是早晚的事。

（四）法律责任规定过分侧重行政责任

《非遗法》第五章规定了"法律责任"，主要针对文化管理部门及其工作人员的失职行为进行责任追究，如对玩忽职守、滥用职权、徇私舞弊行为，以及工作中侵害了持有人风俗习惯的行为，给予行政处分。而对于破坏属于非遗组成部分的实物和场所的，依法追究民事责任，或者连同给予治安管理处罚。对于未经有关部门批准而私自调查非物质文化遗产的人，可以处以罚款。

显而易见，《非遗法》已经将非遗当作公共产品了，忽视了它的持有人的群体利益、个人利益，立法者应该明确无责任则无法律的道理，所谓没有规矩不成方圆的潜台词或者说核心含义是：没有责任规定，就没有规范；部分责任规定，只能保障部分主体的利益，或者说，只能体现部分人的意志。尽管《非遗法》中也有针对破坏文化遗产实物和场所行为追究民事责任的规定，但这些规定主要不是要求对个人受害者补偿，而是要求对国家承担民事责任。

非物质文化遗产不是人人共有的财富，也不是公有的财富，它毕竟属于一个主体，这个主体按照公约的表述是某个社区或某个群体。而我国的《非遗法》称"各族人民"是非物质文化遗产的传承主体，从而未使用所有者概念。各族人民可以是无国界的，但法律是有国界的，看来我们的立法有漏洞。非物质文化遗产的所有权人，应该是多元的，既有国家、某个或多个民族，也可能是某个团体或集体（地方社区），还可能是某个家族、家庭和个人。既然如此，对于侵害非物质文化遗产行为的责任规定，就不应该仅仅考虑国家利益的保护，而应该考虑到各类主体的利益。因此，对于民事责任的规定，应该更加具体。而且，以罚代赔的责任形式，往往会带来两个弊端，一是助长徇私舞弊，二是行政处罚难以起到作用。只有当责任规定足以使得侵权人感受到侵权的机会成本很高时，方能预防该类行为的发生。

偏好行政责任的追究是因为，（1）彰显行政权的强大，（2）突出行政决策的无所不能。但实际上，行政手段对于保护和利用非遗作用有限，奖惩手段只对保护有所作为，却也是被动的。没有市场的介入，不能激发非遗持有人自觉保护和利用非遗的积极性，任何手段的效应都是暂时的，除非有足够的财政资金刺激他们。但是很难办到，也不应该那样办。我们的实践恰恰应该是动员社会资金，参与非遗的发掘、拯救和开发，因此大方向不能错，必须让社会积极参与。

三、知识产权法的局限

（一）我国知识产权相关立法的不足

1. 《著作权法》对民间文学的保护规定不具体

对民间文学艺术作品的保护在《著作权法》中仅仅体现在该法第 6 条，即"民间文学艺术作品的著作权保护办法由国务院另行规定"。由此带来一个问题，我国对民间文学艺术作品的保护虽然也很重视，但是对它的保护却一直没有明确的法律条文加以保障。

按照我国著作权法的规定，该法保护的客体是文学、科学和艺术作品，而且保护期限是有限制的，即作者终生及其死后 50 年。而作为非物质文化遗产的语言文字以及流传了几百年甚至上千年的传统文学艺术，很难被纳入被保护的作品范畴之内。2001 年白秀娥诉国家邮政局印制局侵犯著作权纠纷案，以白秀娥获得 7 万元的赔偿而告结束①。尽管她部分胜诉，法院所保护的是她的剪纸作品的著作权，而剪纸技艺被认定为国家级非遗保护项目，技艺本身并不受现行著作权法保护。再如，我国少数民族的语言文字十分丰富，有些已经几近灭绝，但得不到著作权法的保护。而流传了几百年的典章古籍，也因时效问题而难以成为著作权客体。不仅如此，由于著作权客体须具有"独创性"和"有形复制性"，而非遗这方面的特征已经不明显，它具有传承性和流变性，在其世代相传的过程中，不知道凝聚了多少人的智慧，很难确定是某个人的"独创"。同时，非遗的表现形式呈现出多种多样，即使表面上属于著作权的客体，但在认定上尚不易确定。总之，非遗如果作为一种文化成果，在主体和客体两个方面都因缺乏确定性而很难受到现行著作权法的保护。

然而，上述难题似乎在国际上就有解决的依据。《各国有关保护民间文学艺术作品以对抗非法利用及其他损害行为之法律之标准条款》对于非物质文化遗产的保护期间不做限制，更为关键的是保护的前提并不以存在确定的族群为条件，也不受原持有族群存续时间的限制。某个已缺位的民族的创作可以由国家作为主体行使权利，它仍应得到保护。《巴拿马特别法》和《班吉协定》也都有规定，即缔约各方可以通过著作权法或其他特别立法来保护民间文学艺术。所以，关键在于国家立法采取何种方式来保护。已故著名学者郑成思先生曾指出：许多现代文学艺术作品其"源"在传统知识，尤其是民间文学，应该通过制定特别法将表面上进入公有领域的民间文学艺术作品予以保护②。国务院办公厅发布的《少数民族事业"十一五"规划》中也提出，我国将调查、收集、研究、整理少数民族濒危语言文字，建立少数民族濒危语言文字数据库；将大力扶持少数民族语言文字图书、报刊出版，但具体的措施并不多。也有许多学者提出可以考虑借鉴公有领域支付或追续权制度对民间文学艺术作品予以保护。按公有领域支付制度，使用公有领域里的文学和音乐作品要继续支付使用费。而追续权指在艺术作品原件第一次售出后的所有再次出售，艺术家分享部分售价的权利③。

---

① "白秀娥诉国家邮政局案例分析综合"，见百度文库，http://wenku.baidu.com/.
② 郑成思："传统知识产权与两类知识产权的保护"，载《中国工商管理研究》2002 年第 12 期，第 4 页。
③ 朱雪忠："传统知识的法律保护初探"，载《华中师范大学学报》2004 年第 3 期，第 36 页。

很显然，立法对民间文学艺术进行保护可以有所作为，除了对现行的知识产权法进行完善外，可以通过制定特别法进行保护，只是我们还没有做到。

2.《专利法》排斥对技艺和诀窍的保护

《保护非遗公约》第 2 条规定的非遗中包括"有关自然界和宇宙的知识和实践"，典型的比如药典和治疗方法，食物的保存、制作、加工和发酵，传统的手工艺等。如果严格按照现行《专利法》对授予专利权的标准要求即：新颖性、创造性、实用性，则它们很难获得专利法的保护。

首先，新颖性是授予一项技术方案专利权的最基本的积极条件。新颖性的核心就在于"新"字，在于与以前方案的不同，在于该方案的独特性。而非物质文化遗产却很难满足这项标准。在我国古代，为了更好地保存和流传当时的科学技术以及相关知识，除了世代口头相传以外，通常都会对其进行文字记载，根本不会想到这一最直观、最方便的记录会导致现在使其丧失新颖性的结果。比如，许多传统的中医药，由于它们可能在我国古代的《本草纲目》等药典或药书中出现过，就会因为这些记载的公开而无法满足专利权法律制度所要求的新颖性标准。再如，入选我国首批公布的国家级非物质文化遗产名录的著名藏药仁青常觉配伍技艺，也会因为其在药书上的记载而丧失新颖性。此外，非物质文化遗产一般是经过了长期的应用，甚至经过了成百上千年，成为特定区域内或者为特定群体所公知公用的文化遗产而不断地传承和发展，这样将会使其因为公知公用而丧失新颖性，从而不能受到专利权法律制度的保护。例如，我国布依族、苗族、瑶族和仡佬族等少数民族地区流传和使用很广的蜡染技术就可能因为绵延使用了上千年而丧失了专利法的新颖性要求。

其次，就是创造性，非遗也不具备。它经过世代相传，几经变迁，每一代人都有可能在前人的基础上对已有的传统技艺有所贡献，从而使其不断进步。所以，有些传承下来的非物质文化遗产的科学性和技术性也不容易得到证明。只有当代人以非遗为基础而产生的新发明才符合申请专利的创造性条件。例如，2007年青海省的徨源排灯和热贡唐卡等 49 件作品申请了外观设计专利，就是在非遗的基础上融入了新的创作元素[1]。虽然非物质文化遗产中具有创造性的技艺甚多，但却难以证明它是不是已经成为公有知识即超过 20 年的保护期，所以绝大多数非遗中的技术类文化要想获得专利权很难。

再次，就是实用性，对于非物质文化遗产来说，其方案的实现可能需要涉及一些地域性条件，而这些条件在别的地方一般很难满足；同时有的还不适于工业性的制造或使用，因此很难符合我国《专利法》对实用性的要求。比如，我国

---

① 李宗辉："非物质文化遗产的法律保护——以知识产权为中心的思考"，载《百家言》2005年第 6 期，第 16 页。

古代的建桥技术十分高超，具有很大的价值。但是，建桥必须考虑到具体的地理条件，对于不同的地域有着不同的要求和方法，那么这样便使得建桥技术很难满足专利法规定的实用性的要求。

另外，《专利法》还规定了不授予专利的情形即专利的消极条件。例如，我国《专利法》就特别排除了科学发现、智力活动的规则和方法、疾病的诊断和治疗方法的可专利性。这一规定乃基于国家利益、道德风尚和技术因素等方面的考虑，并不是一切技术意义上的发明创造都可以获得法律的保护的，专利法也会排除对某项发明创造的法律保护。然而，在非物质文化遗产中包含了许多有关自然界和宇宙的民间传统知识，性质上就属于科学发现，而老祖宗发明的智力活动规则和方法，以及在传统中医药中那些历经千百年而又极其灵验的疾病诊断或治疗方法等，均属于专利法明确排除的客体，这些是不能获得专利法的保护的。

总之，对于传统技艺和诀窍的保护，专利制度并非最为科学的保护手段。因为专利制度要求技术方案充分公开，这可能会造成非物质文化遗产的外流；另外，专利保护期限过短，与非物质文化遗产需要的长期的保护产生冲突；专利的申请手续比较烦琐，费用也相对高昂等，都会使非物质文化遗产权利人放弃采用专利制度进行保护。除非对传统科技的新颖性要求适当放宽，对专利的保护期限予以适当延长。2004 年，印度《专利法》进行第三次修正，其中包括降低专利新颖性要求①。

3. 《商标法》对地理标志的保护存在缺陷

非物质文化遗产的产生和存在基础就是一定地域群体的经济文化生活，故其特征之一便是地域性。而地理标志是为标示某商品的来源地，由于该来源地的自然因素或者人文因素具有特殊性，致使该商品便具备了特定质量、信誉或者其他特征，并因此区别于其他产地的同类产品。所以，非物质文化遗产与地理标志有相通的地方，首先二者都具有地域性，其次两者在主体上都具有不特定的特点。所以，非物质文化遗产可以借鉴地理标志的保护方法，将其申请为证明商标或者集体商标。

证明商标是用来证明某种商品或者服务具备特定品质的标志。这些特定品质可能因产地、原料，或者制造方法、质量而有别于其他商品或者服务。证明商标注册人对使用人提供的商品或者服务有检测、评定以及监督控制的权利和义务。假如以证明商标保护非物质文化遗产，可以解决两个问题，一是能够表明非物质文化遗产的来源以及特定品质；二是在注册人（非遗的持有人、传承人）的监督下，保证非物质文化遗产在利用时不被歪曲、篡改。

集体商标也具有品质证明功能，它由某个团体负责注册，保证使用该商标的

---

①　周方著：《传统知识法律保护研究》，知识产权出版社 2011 年版，第 148~151 页。

主体是属于该团体的成员。注册人有权利和义务保证使用商标的组织和个人所提供的产品和服务符合该集体组织认可的标准。非物质文化遗产的持有人可以注册集体商标，保证使用该非遗项目的人所生产的非遗文化产品具备相应特性。

我国现行商标法尚未明确规定保护非物质文化遗产，而在实践中已经有了尝试。1998 年，少林寺正式注册了"少林"和"少林寺"两个商标，且不论佛门圣地是否能注册商业经营目的的商标，单从其保护传统文化的意识而言，是值得肯定的。据说，它的注册类别是武术表演，在开办武术学校或组团从事商业武术表演时使用上述商标。为了更好地发扬和传承中华陶瓷文化，景德镇陶瓷协会注册了"景德镇"陶瓷证明商标，维护了景德镇瓷器的名誉和当地制瓷企业的合法利益。2004 年重庆市铜梁区高楼镇火龙文化服务中心申请注册"铜梁火龙"商标，核定服务项目为文娱活动和商业演出等，效果也不错①。而上述三个非遗项目都是第一批进入国家级非物质文化遗产名录的项目。实际上，还有许多原著居民特有的标记、徽章、符号等，也可以注册商标。例如，有些特定地区、特定环境出产的中药材，如"怀牛膝"、"川贝母"、"宁夏枸杞"等，因自然环境和人文因素的影响，其质量、疗效等非同一般，完全可以进行商标注册以保护其信誉度和知名度，维护正当经营者的合法权益。

为了明确原产地产品的保护范围并与国家通用概念接轨，国家质量监督检验检疫总局发布了《地理标志产品保护规定》（2005）。按照该规定第 2 条的规定，种植、养殖产品，即人们俗称的农产品，或需证明原材料来源的、按照特定工艺生产和加工的产品都可以申请注册登记地理标志产品。我国 2013 年新修订《商标法》明确规定了地理标志可以通过注册为证明商标或集体商标而得到商标法的保护。而非物质文化遗产中的绝大多数表现形式均可以同地理标志产品联系起来，传统手工艺制作的产品自不必说，就连传统习俗活动中使用的有形物品都可以申请地理标志产品保护。

但是，以商标法与专门法并存模式保护地理标志，极易产生重复保护问题。首先，商标和地理标志有不同的行政审批程序，国家商标局负责对原产地证明商标的注册和管理工作；而国家质监局是原产地产品的主管部门，负责注册登记和保护工作。两个部门之间管理权限的争执和冲突给实际工作带来消极的影响。同时，同一申请人在两个部门分别申请注册地理标志产品和证明商标，或者就同一产品，有人申请证明商标注册，另有人申请登记地理标志产品，由此造成了权利冲突，给实际管理工作带来极大混乱，也不利于正当权利人的权利保护。最后，申请人在两种法律保护体系前难以抉择、不知所措。因为申请人不易判断注册证

① 陈华文："关于新时期非物质文化遗产保护与开发的思考"，载《浙江师范大学学报》2007年第 3 期，第 49 页。

明商标与注册地理标志哪一个保护更充分，抑或两个是否均需请求保护，无形中增加了申请人的负担和成本。

（二）知识产权保护模式存在的冲突

基于以上讨论可知，在知识产权模式下构建非遗的保护利用制度，首先遇到的问题就是立法理念上的冲突，而正是基于这种冲突带来制度设计上的冲突。知识产权制度是现代法律制度，秉持自由主义、个人主义理念，为了激发社会的价值创造力，它确定并确信"个人主义"或个人自由权利优先①。

传统文化起源于简单商品经济时期，是某一群体共同生活甚至集体劳动的结果。对于这一群体智慧的结晶，人们仍然按照物质财富分配和享用的习惯法处理，即集体共有产权。这与西方知识产权的保护理念大相径庭，所以非物质文化遗产几乎成了现行知识产权法的弃儿。在制度设计上，知识产权制度为了激励社会创新，强调受保护对象的独创性或新颖性，为防止技术垄断阻碍社会发展，又对版权、专利权等知识产权的保护定有期限。而受保护的人必须是确定的个人或组织，否则视为公有领域的知识。但传统知识大多不能满足知识产权保护的条件。尽管非遗也是体现为无形财产，与知识产权客体相同，但是要受到知识产权法保护必须有表现形式，即有形载体。非遗并不都存在有形载体。

在知识产权具体制度中，非遗的知识产权化的设想存在的问题更加明了。

1. 著作权模式

学术界不少人提出可以采用著作权法保护非遗项目中的民间文学和民间美术。但是，著作权法对于作品的保护条件，与民间文学和民间美术的形成和存在状态有相当大的差距，主要表现在：

首先，著作权法往往将作品固定于具体形态作为获得保护的必要条件，且作者身份确定。而绝大部分民间文学都是以口头方式流传的，是"活态"的、不断变化和传承的文学艺术，不具有固定形态。著作权法要求作品必须具有独创性，也称作品的原创性，即作品应该达到一定的创作高度方能受到保护②。然而，非物质文化遗产具有群体性、传承性、流变性的特点。从其起源上看，通常是群体创作的成果，且这个创作群体的范围本身也是不清晰的，很难得知到底有多少人或哪些人参与了创作，它可能在传承过程中不断有新的创作要素被融入非物质文化遗产之中，使其呈现出流变的特点。可以说非物质文化遗产的流变性正是非物质文化遗产的创造者和传承人在不同时代的创作活动融合的结果。

其次，著作权法不保护构思、知识或概念本身，只保护其表达即作品。所谓

---

① 隽鸿飞："论现代西方文明的生成过程"，载《理论探讨》2005 年第 1 期，第 57~59 页。
② 吴汉东：《知识产权基本问题研究》，中国人民大学出版社 2005 年版，第 197~198 页。

"作品"，一般是指通过语言文字、符号等形式来反映作者的思想情感或对客观世界认识的智力创造成果。我国《著作权法实施条例》和《伯尔尼公约》都明确保护的客体首先必须具有"作品"的形态。它来源于智力创造活动，但却不是智力创造活动本身，也不同于指导智力创造活动进行的知识、技能，而是智力创造活动完成后所获得的"产物"，是智力创造活动的完成形态。而许多民间文学艺术并没有以作品形式表现出来，如各民族的语言文字，民间美术中的创作技法等。比如剪纸，我们关注的不仅是图样，而是在剪纸过程中代代相承的技艺，它便无法获得著作权的保护。只有使用该技法设计出来的剪纸图案才能称为作品①。

最后，从保护期限来看，著作权法的保护期限一般是作者有生之年加上死后50年，目的在于平衡作者利益与社会公共利益。但非物质文化遗产的创造具有长期性、持续性的特点，它的创造是一个渐进的过程，从产生、发展到完善往往要经过漫长的时间。并且仍然处于不断发展演变过程中，很难适用短期保护制度。同时，因非物质文化遗产与现代主流文化相比属相对弱势的文化形态，其生存和发展的空间在客观上正在不断地被主流文化吞噬，必须依赖于外部的保护才能得以生存和发展，一旦失去保护，非物质文化遗产可能很快又会处于濒危的境况。因此，非遗的知识产权保护必须与主流文化带来的排挤效应的持续性和长期性相适应，不应该局限于一定的时间之内，这就与著作权保护的时间性之间产生了不可调和的冲突。

综上所述，并不是所有的民间文学艺术都能获得著作权的保护，而只有那些形成作品的、有权利主体主张权利的、尚未超过保护期限的民间文学艺术表达，才能得到著作权法的有效保护。

2. 专利权保护模式

人们设想以专利法保护非遗，主要关切传统科技知识与现代专利法保护的技术方案之间的相通性，非遗有关自然界和宇宙的知识和实践及传统手工艺，确实为引入专利保护制度提供了可能。同时，专利法乃通过保护科技创新来促进经济发展，正符合了促进非遗发源地经济发展的愿望。然而，该保护模式，不能解决非物质文化遗产与专利制度的规则之间的冲突。

首先，专利"三性"的障碍。正如前文所述，现代专利法明确规定取得专利保护的技术方案必须具备新颖性、实用性和创造性，这些要求与非物质文化遗产的传承性及公开性之间存在天然的矛盾。"三性"中的实用性，传统科技并不缺乏，或者说是有优势的，如传统手工艺和传统中医药之所以流传至今，全在于

---

① 陈锦川："2002 年北京市高级人民法院著作权判例要点及评析"，载《中国专利与商标》2003 年第 3 期，第 50~59 页。

其实用性。但是，非遗中的传统科技多数被公知公用而缺乏新颖性，又世代以手艺相传而缺乏创造性。

其次，对于尚处秘密状态的非物质文化遗产来说，专利申请中对专利申请内容的公开使得非物质文化遗产所有人必须承担因申请失败而丧失技术秘密的巨大风险。

最后，专利获得、维持和实施的高成本令非物质文化遗产所有人难以承受，往往超出传统民族和社区特别是单个传承者的承受能力，高昂的费用使得权利主体不能也不愿利用专利法来保护自己的非物质文化遗产。在权利主体花费高成本获得专利的同时，有人却轻而易举地利用专利制度实施侵害行为，窃取非物质文化遗产并成功获得专利，此类现象已经不在少数。

当然，非物质文化遗产的专利保护也受到期限的约束。非遗要长久保护，但专利权的保护具有时间性，发明专利保护期为 20 年，实用新型与外观设计的保护期仅为 10 年，现有的专利制度不能提供长久的保护期。

在我国非遗专利保护实践中确实出现了一些问题，此处举两个案例。

一是纳西东巴纸专利无效案。纳西族手工造纸技艺于 2006 年被列入国家级非物质文化遗产名录，这一造纸技艺在香格里拉和丽江等纳西族聚居地区被称为"东巴纸"，自古由纳西族特有的宗教东巴教的祭司——"东巴"这一特殊群体世代相传。20 世纪八九十年代，只有为数不多的纳西族老人会这门造纸技艺。随着丽江古城旅游业的发展，很多商家开始将东巴纸作为旅游产品进行销售。2003 年 11 月 1 日，一个名为"东巴纸坊"的商家以昆明人李军的名义向国家知识产权局申请了名为"一种纳西东巴纸及其制备方法"（专利号：ZL200310110844.3）的发明专利，并于 2005 年 11 月 6 日获得授权。2007 年 7 月 4 日，腾冲县界头乡新庄村的白棉纸技艺传承人龙德泽向国家知识产权局专利复审委员会就这一专利提出了无效请求。后来的调查证明，"东巴纸坊"的"东巴纸"的确不符合专利授予标准。一方面，涉案专利权不具备创造性，不符合中国《专利法》第 22 条第 3 款的规定；另一方面，在涉案专利权完全背离了传统纳西东巴纸的制造工艺，用纳西东巴纸的名义对传统工艺进行扭曲，造成公众的误解，因此不符合中国《专利法》第 5 条的规定。2008 年 5 月 12 日，该项专利被正式撤销。①

二是 18 管芦笙专利权案。芦笙是苗族的传统乐器，经过千百年的广泛传播，现已在水、侗、布依、瑶等 10 多个南方民族中广为流传。过去民间传统芦笙多为 6 管，音域较窄。1962 年，贵州省著名苗族芦笙演奏家东单甘，在上海民族乐

---

① 龙文："从社区案例谈非物质文化遗产民事权利保护的法律路径"，载王云霞：《文化遗产体系与视角》，中国人民大学出版社 2012 年版，第 194～197 页。

器厂和苏州民族乐器厂的协助下，改良制成 18 管 21 音芦笙。这一改革在民族音乐界引起了不小反响，1978 年东单甘因此被邀出席贵州省科学大会，并获大会颁发的科技成果奖。1999 年，18 管芦笙获得实用新型专利。后来，东单甘发现过去曾为自己制作过芦笙的莫厌学不断仿造这种芦笙在社会上出售，他要求莫厌学停止侵权。莫厌学认为其祖上四代制作多管芦笙，他也做出过 15 管芦笙，未曾擅自生产 18 管芦笙。2003 年 4 月底，东单甘向贵阳市中级人民法院起诉，后该案以原告撤诉结案①。这起纠纷不得不引起我们思考以下两个问题：

一方面，民间技艺是广大群众在长期的社会生产生活中不断创造和发展起来的，是世代先人留给我们的共同财富，而不是某个人的独享之物。它的继承和发扬还得靠广大群众，如果把它们用专利的壁垒围起来，未必合理。

另一方面，在专利资格审查环节，如果申请的专利确实系民间已有世代相传的工艺，那根本就不具备申请资格。如果在吸收了民间技艺的基础上，确实经过了较大改进，并具有独创性、新颖性等特点，可以予以认定。

3. 商标权保护模式

许多研究者认为以商标权制度保护非遗似乎受到的限制要少一些。不管是民间文学、民间美术，还是民间舞蹈、民间戏剧、曲艺，甚至包括民间音乐和各种民俗都能以商标或地理标志反映其特点，最关键的一点就是注册商标或地理标志不受新颖性限制和保护期限的约束，可以连续注册。

但是，传统文化均以商标形式保护，则其文化内涵就难以充分展现出来。我们传承优秀传统文化，是发扬光大这种文化中为中华民族崇尚的价值观或优秀的人类品质。以商标予以保护，难免太符号化，将传统文化只当做一种记忆，这种文化利用模式有过于肤浅的嫌疑。同时，通过商标法保护非遗的前提是对其进行商业利用，但是在非遗商业利用的过程中难以避免的问题是将其纯粹商品化，进而导致传统文化内涵不断丧失。

不仅如此，以地理标志和注册商标保护非遗的一些项目在实践中也出现了问题，我们以龙泉宝剑商标注册为例进行分析。"龙泉剑"通指浙江龙泉地区按汉族传统工艺铸造的宝剑。20 世纪 80 年代以来，随着中国大陆掀起练武热潮，龙泉宝剑以其历史悠久、工艺精美在市场上畅销。龙泉宝剑本来是依照地理名称命名的宝剑，说明龙泉这个地方用相同或相近的铸剑方法和原料制作的宝剑。1956年此地曾成立了国有的制剑企业——龙泉宝剑厂，2003 年改制后由龙泉市刀剑厂。张叶胜拍得龙泉宝剑厂所有有形资产和无形资产，成立了龙泉市宝剑厂有限公司，继而将"龙泉宝剑"进行了商标注册。之后，龙泉地区所有制剑企业均不得使用"龙泉宝剑"的名称，既不能以龙泉宝剑作为商品名称，更不能以龙

---

① 吴一文："18 管芦笙专利纠纷的背后"，载《贵州日报》2003 年 6 月 17 日。

泉宝剑作为商品商标使用。龙泉宝剑从产地名称变成了特定单位的注册商标，其他任何人未经权利人允许都不得使用该商标，由此引起了许多当地造剑商户的不满。自从"龙泉宝剑"注册为商标，就有人提出异议，也有商户因为用了龙泉宝剑的名称被告上法庭，相继由龙泉市人民法院、丽水市中级人民法院、杭州市中级人民法院、浙江省高级人民法院处理过此类案件。但"龙泉宝剑"最终还是被认为受商标法保护的注册商标，甚至后来被评定为中国驰名商标①。

政府对龙泉剑保护所选择的商标权模式，积极意义在于明确一个权利主体，使其独享该品牌价值，激励其保护这一传统工艺，将权利和义务归于一体。缺陷在于将一个地方品牌赋予了个人，不免会引起人们对于公平的讨论。如果由一个组织出面将龙泉宝剑注册为集体商标，或者证明商标，是否效果要好于目前这种模式呢？人们从非遗形成特点和保护目的上不难得出正确结论。

四、反不正当竞争法的不足

在数量众多的非物质文化遗产中不乏涉及师徒相传的诀窍或技艺，在非遗不被人们看重的时候，有许多非遗中的"秘密"被扩大了公开范围。但在计划体制时代的反市场经济大环境下，尤其是历经"文化大革命"中的"破四旧"运动，在民众心目中留下的深刻印象就是追求物质利益必然被排挤出主流社会，从而无法正常生活。因此，即使是众多原处于保密状态而后又渐渐被公开的技术秘密和诀窍，也未被人们重视，仍处在一定范围的保密状态。经济体制改革后，主流观念的市场化倾向，尤其是传统文化得到国家重视以来，非物质文化遗产持有人关注到了传统文化的经济价值，渐生保护商业秘密的意识，但目前我国的相关立法却不尽如人意。

国内保护商业秘密权的法律规定散见于以下法律法规之中。《反不正当竞争法》第10条专门规定了商业秘密侵权行为，并对商业秘密的内涵进行了界定，是目前对商业秘密规定最为详尽的立法。另外，在《劳动法》和《劳动合同法》中规定了劳动者对用人单位商业秘密的保护义务，《合同法》规定双方必须对在签订和履行合同中知悉的对方的商业秘密有保密义务，而《刑法》则规定了侵犯商业秘密罪。这些规定看起来很完备，而实际上却过于原则，缺乏可操作性。如，《反不正当竞争法》虽然规定了商业秘密的概念及表现形式，但其中所指技术信息和经营信息究竟有多宽泛，尤其经营信息所指为何？尚未作任何规定。同时，该法列举侵权方式不仅欠周延，且缺乏具体的可操作性，难言对商业秘密的有效保护。《劳动法》对商业秘密的保护只作了原则规定，未曾考虑平衡企业利益与劳工利益。《刑法》对商业秘密罪的规定也缺乏操作性，因为构成犯

---

① "龙泉宝剑行业遭遇商标之困"，见光明网，http://tech.gmw.cn/newspaper/2014-11-24/.

罪的关键条件即侵害行为造成的损失没有具体标准。由此可见，上述不同的法律法规在其立法宗旨及内容上并不统一，这就加大了执法难度，放纵了侵权行为。

按照《反不正当竞争法》的解释，商业秘密是不为公众所知悉、能为权利人带来经济利益、具有实用性并经权利人采取保密措施的技术信息和经营信息。前已述及，诸多涉及科学知识和技艺的非物质文化遗产，通过专利法保护可能为"三性"标准所阻碍，而以商业秘密法保护则不仅成本低，且具有可行性。它没有保护期限的限制，只需采取措施防止秘密外泄和被窃取。但是，从目前立法所能提供的保护来看并不乐观。如川剧中的"变脸"绝技就被贪图小利的国内演员，私自传授给外国人，并被获得者在多国娱乐场所演出，损害了其他"变脸"技艺持有人的利益，也损害了国家利益。①

我国的一些中医药家传秘方、传统配方、传统工艺、绝活等，千百年来都是靠持有人自己作为商业秘密加以保护，由于过去的科技水平较低，只要持有人加以保密，他人很难破解。但是随着现代科技手段的迅猛发展，部分配方或工艺可以被反向工程破解，会导致一些秘密性不强的靠家族传承的非遗项目丧失秘密性。值得庆幸的是，我国一些驰名的传统中医药很多以家传秘方形式相传而不向外公布，具有很强的保密性，他人很难知晓。同时由于其复杂多样，他人也很难利用反向工程来推导出其配方，故传统中医药以商业秘密制度保护还是安全的。但是，受法律保护的商业秘密是有一定的条件的。大多数国家的法律要求权利人应采取必要的保密措施使该商业秘密处于保密状态，这就要求权利人不仅有保密的意图，还要有必要的保密行为，这在非物质文化遗产的保护和传承过程中是较为少有的。非物质文化遗产的主体大多限于个体或家族，而且很少能够证明该非物质文化遗产的保密性，因此会妨碍非物质文化遗产作为商业秘密受到保护。同时，随着全球一体化的影响，文化在不断的融合，即使是那些相对保留了自己特色的族群也习惯将传统习俗表演、展示甚至是传授给外人，因而非物质文化遗产实际上是处于一种开放状态，尤其是在传统技艺领域。当学徒工作时间达到一定长度，自然就知道是怎样的做法，往往难以主张商业秘密的保护。比如目前云南省纳西族"东巴纸"的制作技术已流传出来，市场上使用相同技术制作的"东巴纸"难辨真伪。

非遗项目获得商业秘密保护的另一个重要的条件就是具有商业价值，而现实情况是有不少非物质文化遗产没有或者几乎没有商业价值。多数非物质文化遗产具有文化性和经济性双重属性，文化性是第一位的，经济性是第二位的，经济性

---

① 参见齐爱民："论知识产权框架下的非物质文化遗产及其保护"，载《重庆大学学报》2007年第3期，第26页。

依附于文化性。有些非物质文化遗产几乎没有经济性，或者因其对于来源群体的特殊意义，也不应将其归为商业秘密并进行商业开发，宗教仪式就是典型例证。因此，从本质上看，商业秘密制度与多数非物质文化遗产之间存在矛盾。

五、地方立法滞后

由于非遗在我国不同省份的存在状态有别，有些地方是非遗丰富区域，"活态"传统文化尚有相当规模，仍是当地持有人生活的一个部分，甚至依靠非遗项目作为维持生计的主要手段。而有些地方的非遗确实已经淡出日常生活，更不是谋生的手段。因此，不同区域的地方政府对待非遗的态度自然也不相同，国家也不宜采取相同的政策，制定完全划一的规划要地方政府遵从。相反，自1997年《保护传统工艺美术条例》公布时就允许地方就传统文化保护进行立法。于是自2000年5月《云南省民族民间传统文化保护条例》公布实施开始，到2011年2月《非遗法》颁布实施，非遗立法在我国经历了十余年的实践，可谓硕果累累。从目前在全国人大常委会备案并在中国人大网刊载的，居于地方非遗保护基本法地位的省级立法22件，地级市（自治州）的立法8件，少数民族自治县单行条例10件①。同时还有大量与非遗代表性项目和代表性传承人的评审配套的地方法规，以及针对地方某一非遗项目的保护而特别制定的法规，如安徽省的《花鼓灯艺术保护条例》，云南省的《云南省丽江纳西族自治县东巴文化保护条例》等。

这些地方性法规和单行条例的制定，无疑在一定程度上对各地贯彻国家非遗立法精神，指导和规范保护、传承、利用传统文化起到极大的推动作用。但是，目前我国非遗保护的效果并不太乐观，这一点无需具体数据佐证，发生在我们身边的诸如传统戏剧、曲艺等非遗项目的艰难生存状态足以说明问题。造成这种现状的主要原因之一，就是立法未给非遗传承发展提供良好的制度环境。本书仅以上述39件地方法规和单行条例为考察对象，探究非遗地方立法存在的问题，以期未来有所改进。

---

① 截至2016年6月，制定了非物质文化遗产地方性法规或单行条例的三级地方包括：省、自治区、直辖市有上海、重庆、广东、福建、河北、河南、山西、山东、江苏、江西、云南、甘肃、辽宁、浙江、陕西、新疆、西藏、宁夏、贵州、海南、湖北、安徽；自治州、地级市有阿坝藏族羌族自治州、鄂伦春自治旗、甘孜藏族自治州、凉山彝族自治州、延边朝鲜族自治州、苏州、无锡、温州；自治县有海南省白沙黎族自治县、海南省保亭黎族苗族自治县、四川省北川羌族自治县、湖北省长阳土家族自治县、海南省陵水黎族自治县、湖南省新晃侗族自治县、云南省景东彝族自治县、云南省景谷傣族彝族自治县、云南省澜沧拉祜族自治县、云南省新平彝族傣族自治县。资料来源于中国人大网，http：//www.npc.gov.cn/。按照《立法法》要求地方性法规、自治条例、单行条例必须在全国人大常委会备案并公示。

（一）缺乏地方特色

从《立法法》第四章对地方性法规规定的立法事项可知，地方性法规的使命有三：一是，执行性立法。根据本地政治、经济、文化、社会发展实际需要，对法律、行政法规进一步深化、细化、补充，以提高在本地的实效性、操作性。二是，自主性立法。针对地方事务，在不与上位法相抵触的前提下，结合本地具体情况和实际需要，自主进行立法。三是，先行性立法。除《立法法》第8条规定的事项外，其他事项国家尚未制定法律或者行政法规的，地方立法机关可以根据实际需要先行立法。由此可见，不管哪一类型的地方立法，必须符合两个基本要求：不与上位法相抵触和有必要。前者不用解释，而后者则包含了地方立法的紧迫性和特殊性[1]。紧迫性是指能不制定地方法规就不要制定，防止因草率、无经验导致不良后果，"覆水难收"。特殊性就是要有特色，能够充分反映本地区的风俗、民情和实际情况，解决国家法律因顾及各地差异而不便详细规定、留有空白、需要漏洞补充的问题[2]。若全盘或大规模抄袭上位法，则无异于"狗尾续貂"，不仅浪费地方立法资源，亵渎地方立法的严肃性，更大的负面影响则是可能传递虚假的信息，即国家法律实施有阻力，需要依靠地方立法来推动。所以，地方立法的存在价值就是体现地方特色。因此，《立法法》第73条也强调，制定地方性法规，对上位法已经明确规定的内容，一般不作重复性规定。

非遗地方立法就存在严重抄袭问题。《非遗法》颁布以前，《云南省民族民间传承文化保护条例》成为一些地方法规"山寨"模板，尤其是位阶更低的地市级、县级自治地方的法规，更是存在大篇幅的抄袭，如云南省景谷傣族彝族自治县、澜沧拉祜族自治县、新平彝族傣族自治县，都制定了民族民间传统文化保护条例，而且是在《非遗法》公布实施之后制定，三个文件的内容，在名称和结构上尽管未重复《非遗法》，但大部分内容却来自《云南省民族民间传统文化条例》。如对民族民间文化不做内涵解释仅作外延列举的模式相同，外延的内容也基本相同，对民族民间文化调查、存档、传承的措施，以及传承人的选定条件、程序等，基本上与省级法规一样。而当时出台稍晚于云南条例的宁夏、新疆、浙江等省级条例，多少都借鉴甚至抄袭了在先的地方条例或者国务院的行政法规。

而在《非遗法》颁布后出台或新修订的地方条例，在内容基本上多是重复该法，美其名曰结合本省（直辖市、自治区）实际而制定，实则几乎没有哪一个地方法规能较好反映出自己的立法特色。《非遗法》包括总则和附则在内一共

---

① 张明敏："刍议地方立法如何'从实际出发'"，载《山东人大工作》2011年第5期，第33页。

② 田成有：《地方立法的理论与实践》，中国法制出版社2004年版，第11～12页。

6 章 45 条，和它内容相似，篇章结构相当的省级立法有 15 件。大致内容都是总则、调查与代表名录、传承与传播、保护措施与利用、法律责任、附则。从篇幅和结构上看，篇幅最小的是河北省的立法，共 6 章 41 条，而篇幅最长的是江苏条例，共 8 章 59 条。但是，主要内容并没有太大的出入，江苏的条例多了"保障措施"一章，同时增加了保护单位的规定，这些内容在《国家级非物质文化遗产保护与管理暂行办法》和《国家级非物质文化遗产代表作申报评定暂行办法》中都能找到影子，只是规定略细些。实际上，从 2004 年我国加入《保护非物质文化遗产公约》后，中央和地方就加大了非遗资源普查和立法准备工作，在《非遗法》还处在征求意见稿阶段时，各地也在准备地方立法，对本地区各类非遗项目的存在状态和急需立法解决的问题基本清楚。按理讲，省级立法有充分素材完全可以具体到个别有影响的非遗项目的规定上，至少要把国家法的内容再细化。比如各级代表性项目名录的申报、评选条件和程序，完全可以细化到更具操作性。而《非遗法》作出规定的恰恰不用重复，就如同给《非遗法》配置实施细则，只是这个细则应该结合本地实际，更具有针对性，做到这一点根本不难。至于 8 件地市级地方法规和 10 件县级自治地方的单行条例，无论在《非遗法》之前或之后制定，均没有太大的建树，甚至远远落后于《非遗法》。《非遗法》有意识地删除了名称中的"保护"二字，以说明是一部全面针对非议的保护、利用、传承、发展为一体的法律，而这些更应该"接地气"的立法无一例外都称为"保护条例"，千篇一律。

地方立法"不追求体例的大而全"、"体例为内容服务"是全国人大一直贯彻的地方立法精神，强调地方立法的实效性。而实际上，地方上为立法而立法的现象比较严重①。导致地方立法的灵魂不复存在，只剩皮囊一张，失去了立法意义。不过，在非遗地方立法中，也有值得称道的做法。青海省并没有制定大而全的非遗基本法，而是根据省内医药资源丰富，传统医药诊疗、炮制技艺历史悠久、价格低廉、适于推广等特点，制定了《青海省发展中药藏药蒙药条例》，执行效果颇佳。一些野生动植物资源和文化遗产都十分丰富的省份，如广西、贵州、云南和东北三省，完全可以制定有针对性的地方立法。只要端正立法态度，放弃急功近利的"政绩观"，踏踏实实地做好立法调研工作，就能制定出有特色的地方性法规，切实为本地政治、经济、文化发展服务。

（二）立法滞后现象严重

何谓立法滞后？内容长期不变，现实需要解决的问题却没有依据。从 21 世

---

① 周伟："论我国地方立法存在的问题及其解决"，载《河南财经政法大学学报》2013 年第 2 期，第 67 页。

纪初制定非遗保护法至今十几年过去了，其间发生的"乌苏里船歌案"、北京"泥人张"诉讼案、白秀娥剪纸案、黔中蜡染第一案、"十八管笙"专利权纠纷案等，都是业内和学界熟知的案件。这些案件本不该发生，原因在于立法不明确，从全国立法到地方立法从未明确过什么人是非物质文化遗产的传承人？什么人有权利不允许他人冒充自己所掌握的传统技艺？这样的人法律地位如何？除了个别的诸如"北京聚元号弓箭铺"第十代传人、天津泥人张的第五代传人还能对上号，绝大多数非遗项目不能确定权利人，因为现行法律和地方性法规就没有提供这方面的依据。

最早的云南条例制定之时受《传统工艺美术保护条例》的影响。该条例从不提及私权问题，不规定工艺美术大师的权利，只规定国家给称号，有贡献的大师给奖励，大师要带徒授艺。所以云南条例也就只规定了代表性传承人可以获得政府资助，对于自己的创新可以得到知识产权保护，至于他掌握的那门技艺该如何归属没有涉及。因此，当代表性传承人和圣文将东巴纸制造方法申请专利失败后，东巴纸被各种现代假冒的生产方式大量生产充斥市场，代表性传承人被迫放弃传统工艺，弃艺种田①，人们忽然感觉到这个条例的作用有限，现行的知识产权法对非遗保护也不灵。实际上，东巴纸的制造技艺申请不了专利，可以作为技术秘密保护，可以申请证明商标注册保护。凡是未经许可使用窃取传统造纸技术的，以侵害商业秘密论；凡是不使用传统材料和技术生产的假东巴纸，不允许使用东巴纸证明商标，问题可以解决。但是，谁有权利将其作为技术秘密，或申请证明商标注册呢？法律没有规定。

回头检视地方法的发展脉络就能清楚我们的立法有多么保守和陈旧。云南条例是从2000年的民族民间文化保护条例修订而来，它成为许多后来地方立法的楷模。那个时候确立的工作方针就是条例第4条"民族民间传统文化保护工作，实行'保护为主、抢救第一，政府主导、社会参与'的方针。"时至今日，《非遗法》都不再倡导和贯彻这样的方针，也把征求意见稿中"保护"二字删掉，试图解决好保护与利用的关系，给私法保护找一些出路。而云南条例仍然坚持原来的立法方针，并被无数同级、下级的地方法规效仿。"保护为主、抢救第一"来源于1982年的国家《文物保护法》规定的文物保护原则，文物是有形文化遗产，非遗与它有诸多区别，文物留住"物"就可以，文物不能再造，非遗必须活着才能传承下去，怎么能只抢救不发展呢？要发展就不能不借助市场机制，不能绕开私法的介入。

实际上，鼓励社会开发利用是《非遗法》的立法原则之一，但是各省级地

---

① 半塘："纳西族'东巴纸'被炒作　真正的传承人被边缘化"，载福客民俗文化网转引《中国文化报》，http://folkw.com2011－11－04.

方法规却未将这些原则比较详细地贯彻到地方立法中，并不把开发利用作为单独一章立法，仅有一两条简单提及，如河北、山西、广东等地方立法。各地条例对于非遗归属均不做规定，看起来符合《立法法》对地方法规权限的要求，即涉及民事基本制度的内容只能由法律规定，不能逾越。然而，确定非遗的归属主体，算不算是对基本民事制度的创设呢？本书认为不是。因为目前没有任何一个民事法规对非遗性质做出界定，它不属于传统民法调整的范畴，以立法方式确立非遗权属，与现行任何民事制度都不相矛盾，也不会冲击现行的民法体系。非遗真正拥有者所应该享有的权利并非物权、债权、知识产权、人格权等所能涵盖。立法完全可以确立非物质文化遗产权，与知识产权制度共同保护非遗拥有者的权利。地方法规对于有明确区域界限，属于本区内的非遗项目，完全可以确定它的归属。如果属于某个民族，而该民族存在跨区生活，则可以由相关地方协同立法，共同确定非遗主体，共同管理和保护该非遗项目，并确保非遗主体的各项权利。

实际上，个别出台较晚的地方性法规在努力增加非遗的商业化利用方面的规定，尽管只是从政府服务市场的角度出发，为这种利用提供基础性保障构建制度，但也是一种进步。如海南条例的名称是《海南省少数民族文化保护与开发条例》上，旗帜鲜明地将传统文化的保护与开发利用并列一起、同等看待。以较大篇幅规定当地少数民族文化资源的开发利用措施，非常具体且结合实际，对于维护当地少数民族文化权利、经济权利至关重要。

立法应该具有超前性，有指导现实社会发展和变革社会的作用。若法律没有这一功能，它就会成为一条僵死的绳索，束缚社会、窒息社会①。

（三）语言表达不规范

"现代法治国家普遍承认这样一条原则：法律不具有明确性，即没有法律效力"②。立法语言准确、表达清晰，才能做到法律表达明确，这是对立法者最基本的要求。非遗地方立法存在语言表达不规范问题。

首先，地方法规的名称不够规范。法的名称是法的内部结构中第一层次的、每个法必备的要件，一定要科学化、完善化。非遗地方立法在名称上就不科学，有称"保护条例"的，也有直接称"条例"的，《非遗法》既然顾及非遗整个制度的构建，保护制度、权利主体制度、开发利用制度、法律责任制度，均不可少，不宜用"保护"来限制，地方条例的名称就不要再称为"保护条例"，如果

---

① 陶品竹："地方立法的价值取向研究——以北京市为例"，载《长春大学学报》2012年第1期，第105页。

② 张文山：《突破传统思维的瓶颈——民族区域自治法配套立法问题研究》，法制出版社2007年版，第84~85页。

称为保护条例，那就不要规定开发利用。以保护条例涵盖全部内容的做法必须改正。

其次，词义不明确。在日常应用的词语中，存在很多意思相近、难以区分的词，但又不存在两个意义完全相同的词。法律条文的严谨性要求立法者在描述同一种现象或者表达同一个意思时，只能用同一个词，以防止别人误以为立法者改变了原初的意思。如《非遗法》规定了建立"代表性项目名录"制度，是从非物质文化遗产项目中评选出来有代表性的项目汇总的名录。该项目的传承人中可以评审出代表性传承人，称为"非物质文化遗产代表性项目的代表性传承人"。各地立法在表述同一概念时用了不同的词汇。如云南条例称"非物质文化遗产项目保护名录"和"非物质文化遗产项目代表性传承人"。"项目保护名录"和"代表性项目名录"根本就不是一个事物，前一个名录可以理解为不具有代表性的项目名录，但是属于需要保护的项目名录，不被列入名录的不保护；而"非物质文化遗产项目代表性传承人"是针对所有项目的代表性传承人。国家立法和各地立法都没有这种传承人的评选规定，都是针对代表性项目评选代表性传承人。新疆条例称"非物质文化遗产代表作名录"和"非物质文化遗产代表性传承人"。代表作和代表性项目能同义理解吗？如京剧是国家级非遗代表性项目，它是戏剧表演形式之一，可以存在多个传统代表曲目，可以称为传统作品，如《贵妃醉酒》《辕门斩子》等，不能以代表作代替代表性项目。该条例2008年制定，而国家从2006年《国家级非物质文化遗产保护与管理暂行办法》开始，已经改变了以前非物质文化遗产代表作的称呼，将非物质文化遗产代表性项目作为通用词汇。后一个词的不准确性就无须赘述了。

最后，语法不准确。阿坝藏族羌族自治州条例第14条规定了入选州级非遗代表名录的基本标准"（1）具有展现自治州各民族文化创造力杰出价值的"。该表述语句不通，存在语法错误。究竟是展现创造力，还是展现价值？如果想表达"具有……的价值"，就不能使用的字结构。如果想用的字结构表达，就应该是"突出展现自治州各民族文化创造力的"。同样，该条第（5）项"具有见证自治州各民族活态文化传统独特价值的"，存在相同的语法错误，应予以纠正，可以表述为"具有见证自治州各民族活态文化传统的独特价值"。再如上海保护条例第2条规定："本市行政区域内非物质文化遗产的调查、保存、认定、利用、传承、传播等保护活动及相关管理工作，适用本条例。"其中"非物质文化遗产的认定"的表述，就不明确，在语法上不能与其他行为并列。因为条例只规定非遗代表性项目和代表性传承人的认定，而不是对一般非遗项目的认定。该条例和国家立法一样并无一般非遗的认定标准和程序的规定，故不能如此笼统表述。

（四）内在逻辑不严谨

一部逻辑严谨的法律，至少应做到概念使用统一，前后规定不能冲突，权利主体不能争权，责任主体不能相互推诿①。非遗地方立法在这方面存在缺陷。

非物质文化遗产保护和利用的理论和实践依赖于一个重要的概念——非物质文化遗产，为此《非遗法》将其作为一个术语进行解释，从概念的内涵到外延都做了严格界定。该法公布实施后，除上海未再重复解释这一术语外，其他 20个省级条例都做了解释，其中 15 个地方条例是一字不差地重复这一术语的解释，尽管没有必要，毕竟没有改变上位法对规范对象在范畴上的限定，符合执行性地方法规作为下位法的基本要求。然而，新疆、宁夏、辽宁、浙江和云南的条例，在解释非遗的概念时，从内涵到外延都不同。分析 5 个条例对非遗的解释，在内涵的界定上各有特色，如宁夏、新疆的条例，就非常强调"各族人民世代相传、与群众生活密切相关"的传统文化表现形式和文化空间，"群众"显然不是严谨的法律用语。不管怎么说，内涵界定基本上与《非遗法》的界定没有太大出入。但是，在外延的界定上则各说各话，多数是"大杂烩"形式，把我国立法实践已经放弃的公约上的解释，如"有关自然界和宇宙的知识和实践""社会实践"等融合在一起，有的达十几项列举。究其原因是未能深刻领会《非遗法》与其他法律文件之间在概念界定上的承继关系，以及非遗代表性名录分类与《非遗法》的对应关系，缺乏概括能力所致。

作为法律文件的三个基本要素：概念、原则和规范，下位法绝不可以改变，否则就可能存在与上位法的冲突。该变的不变，不该变的乱变，是我国当前诸多地方立法存在的通病。前文提到应该体现地方特色的就是该变的，而一个术语的内涵与外延就是不该变的。否则，上、下位法所规范的就不是一个事物，就不应该坚持相同的原则和遵守相同的规范。在这一点上，地方立法过于疏忽了。如云南条例在界定非遗的内涵时与《非遗法》基本相同，但外延却多出两项，"（六）集中反映各民族生产、生活的传统民居建筑、服饰、器皿、用具等；（七）与传统文化表现形式相关的手稿、经卷、典籍等文献和谱牒、碑碣、楹联等"。这两项如果不能被《非遗法》的前 5 项涵盖，也一定为第（6）项"其他非物质文化遗产"所能包含，可是该条例最后一项也是"其他非物质文化遗产"。这就导致该法规与《非遗法》存在矛盾，应予纠正。不能将上位法确定的概念随意做出扩张解释，是执行性地方法规必须遵守的原则。

此处特别要提出的是，因几个内涵极为不明确的概念而带来的立法上的逻辑错误，这几个概念分别是非遗代表性项目申报人、非遗项目传承人、非遗代表性传承人、非遗代表性项目保护单位。它们在国家级立法中都出现过，但是从来未明确过彼此之间的关系，由此造成了概念的混乱和逻辑上的矛盾。按照《国家级非物质文化遗产代表作申报评定暂行办法》第 8 条规定"申报主体为非申报项目

---

① 阮荣祥：《地方立法的理论与实践》，社会科学文献出版社 2008 年版。

传承人（团体）的，申报主体应获得申报项目传承人（团体）的授权"，这说明申报主体可以是项目传承人，而项目传承人可能不是一个人（团体），最终被评出的项目代表性传承人，只能是确定的少数，是项目传承人之一或一小部分。那么，既然有了项目传承人，又有他们的群体代表即代表性传承人，为什么还要确定代表性项目保护单位呢？保护单位处于什么地位？依《国家级非物质文化遗产保护与管理暂行办法》第 6 ~ 9 条规定，保护单位由文化主管部门负责确定，确认依据中关键的一个条件就是"有该项目代表性传承人或者相对完整的资料"，其责任是具体承担该项目的保护与传承工作。它是国家级非物质文化遗产项目标牌的悬挂和保存者。这样看来，这个由政府确认的保护单位和非遗代表性传承人可以没有直接关系，也可以完全与传承群体无关而仅仅是一个政府部门，由此也就产生了逻辑混乱。如重庆条例就赋予代表性项目保护单位和代表性传承人相同的权利。该条例第 27 条第（2）项规定，这两个主体都有权依法向他人提供其掌握的知识、技艺以及有关的原始资料文献、实物、场所等，并获得相应报酬。当保护单位和代表性传承人不是一个人时，非遗涉及的知识、技艺，甚至可能包含知识产权，只能归属于传承主体，凭什么保护单位也有权向他人提供传承人的技艺而牟利。类似规定还出现在上海条例，该条例第 29 条和第 32 条分别为代表性传承人和保护单位各规定了四项权利，其中有三项几乎完全相同，就包括"合理利用非物质文化遗产代表性项目，提供相关产品和服务"。但是，按照《国家级非物质文化遗产保护与管理暂行办法》第 25 条规定，国家级非物质文化遗产项目保护单位不得"侵占国家级非物质文化遗产珍贵实物资料"，否则将被予以警告、严重警告，直至解除其保护单位资格。这不是矛盾吗？非遗项目都可以被保护单位用来营利，怎么还存在侵占实物资料问题？反过来说，不允许它侵占，它也没有办法合理利用并用来营利。保护单位究竟是不是非遗的权利主体？

（五）存在"越位"问题

先看宏观上的一个基本问题即条例的适用问题。《非遗法》出台后，各地条例第 1 条几乎都有这样的表述："本行政区域内非物质文化遗产的保护、保存工作，适用本条例。"这一表述存在的问题就是越位，既然已经认可《非遗法》作为上位法在本省已经生效，为什么在该行政区域内非物质文化遗产的保护、保存工作不能适用《非遗法》，而要适用条例？是上位法优先还是下位法优先？在《非遗法》之前就已经制定的条例可以这样表述，有了《非遗法》之后，正确的表述应该是："《非遗法》未作规定的适用本条例"，凡是排除国家法律的适用便是明显的"越位"规定，而且是无效规定。

其次，各地对非遗代表性项目名录的规定泛滥而实际上没有立法依据。《非遗法》只规定了国家级和省级非遗代表项目的名录制度和代表性传承人制度。其

第 18 条第 1 款规定建立国家级非物质文化遗产代表性项目名录，第 2 款规定省、自治区、直辖市人民政府建立地方非物质文化遗产代表性项目名录，从未表述为"县级以上人民政府建立……"。实际上，几乎所有省级条例都规定了县以上都有名录制度和代表人制度，且有些表述明显越权。如云南条例在第 8 条规定"非物质文化遗产项目保护名录分为国家级、省级、州（市）级和县（市、区）级四个等级"，国家从未规定过"国家级保护名录"，而是"国家级代表性项目名录"，即使有也不应该由地方法规规定，地方法规只能规定本区域代表性项目名录，地方分为几级名录国家不管，但是地方不能规定国家的。同时，省级的地方法规也不能命令下一级行政区划的立法机关，必须建立自己的非遗代表性项目名录，那是下一级地方人大或人大常委会自己的权限，《非遗法》第 18 条第 2 款就不是强制省级立法机关必须建立自己的非遗项目名录，而是采用了中性的表达方式。

再如阿坝州条例第 29 条，"自治州、县人民政府设立的收藏、研究以及其他文化机构征集、收购和受赠的非物质文化遗产相关珍贵资料、实物，属于国家所有"。关于所有权的取得制度属于民事基本制度，按照《立法法》第 8 条的规定，只有法律可以对该制度作出规定，行政法规、地方法规、自治条例、单行条例均无此权力。退一步讲，即使有此立法权也必须明确解释此处"征集"的特殊含义。因为收购和受赠可以转移所有权，征集可能为研究和展示的需要，也能转移所有权吗？征集不能理解为没收，在任何场合下"征集"都不能转移实体权利，比如征集作品、征集展品等，"集"完就有"散"，物归原主。怎么能归国家所有呢？

再次，关于法律责任的规定，如在《非遗法》出台以前就已经颁布的浙江保护条例第 41 条规定，"违反本条例规定的行为，法律、行政法规已有行政处罚规定的，从其规定；构成犯罪的，依法追究刑事责任"。问题的关键不在于地方法规这样的规定有没有意义，而在于有没有权力作出这样的规定，本书认为没有权力。按照《立法法》第 8 条规定"犯罪和刑罚"事项的立法权在国家最高立法机关，一种行为是否受到刑法管辖只能刑法典说了算，其他国家立法中涉及"构成犯罪的，依法追究刑事责任"，只作为指引性规定。即使这种指引性规定，法律以外的法规也没有这个权限。《非遗法》作为法律是可以做出指引性规定的，该法第 42 条规定："违反本法规定，构成犯罪的，依法追究刑事责任。"但是，在《非遗法》出台后公布实施的地方法规也不应该效仿《非遗法》规定，只能规定地方政府有权处理的事情，适用不适用刑法不是地方法规该规定的。这涉及刑法的适用范围。莫说地方法规，即使位阶更高的行政法规，也无权作出这样的规定，只有全国人大及其常委会制定的刑法以外的法律，可以使用该种表达方式。

　　还有许多不该发生的越权规定，如甘肃条例第 6 条规定，"居民委员会、村民委员会应当协助当地人民政府做好非物质文化遗产保护、保存工作"。居民委员会、村民委员会是我国基层社区自治组织的内部机关，它们的法律地位是宪法和全国人民代表大会常务委员会制定的村民委员会组织法、居民委员会组织法确定的，地方法规何来权力对它们发号施令。实际上，山西条例就未犯相同错误，其第 7 条规定："文化站、村民委员会、居民委员会在文化主管部门指导和支持下，开展相应的非物质文化遗产保护、保存工作。""指导"可以，支持是应该的，唯独不能命令。

　　综上所述，一部可以称为"良法"的地方性法规，用语准确，结构严谨，只是形式的要求，最关键的是要有特色，有特色才有用。

第四章 国外非物质文化遗产产业化的实践

第一节 日 本

一、立法概况

1950年，日本通过了《文化财保护法》，首次提出了"无形文化财"的概念。"无形文化财"是指具有重要价值且经过代际传承的传统工艺、艺术形式等非物质文化遗产。"无形文化财"与有形文化财、民俗文化财、纪念物、传统建筑物群、埋藏文化财等同受该法保护。1954年《文化财保护法》进行了第一次修订，设立了以戏剧、音乐等古典表演艺术和工艺技术为对象的重要无形文化财的指定工作，明确了保持人（人间国宝）的认定制度，新增了无形民俗资料的记录保存制度。1968年6月对《文化财保护法》进行了第二次修改，废除了文化财保护委员会，由文化厅取而代之。并由文化厅委托都道府县的教育委员会对文化财进行直接的保护和管理，加强了文化财保护的组织机构。1975年7月，日本对《文化财保护法》进行了第三次修订。鉴于传统的文物保护修复技术后继无人，修复材料生产困难，该法增加了"文物保护技术的保护"一节，将传统的文物保护技术作为无形文化遗产来保护，这是对无形文化遗产认识上的又一个进步①。20世纪80年代，日本实施了由国家组织的"民俗资料紧急调查"、"民俗文化分布调查"、"民谣紧急调查"，举行了全国民俗艺能大赛等。1996年日本对《文化财保护法》进行了第四次大修订，引进了欧美等国保护文化遗产和非物质文化遗产的登录制度，将文化遗产和非物质文化遗产进行注册、登记。通过登录认定文化遗产和非物质文化遗产的资格，确定它们的历史文化价值，用法定

---

① 王文章：《非物质文化遗产概论》，文化艺术出版社2006年版，第262页。

条件加以约束，并通过大众媒体公布于众，进行舆论宣传，提高大众的保护意识，推动文化遗产和非物质文化遗产的保护①。

另外，制定《重要无形文化财指定基准》和《重要无形文化财保持者认定基准》等法规，作为《文化财保护法》的补充，使得该部法律更趋完善。几乎所有的都道府县都有文化振兴基金条例，对文化团体进行资助和奖励。

《文化财保护法》特别强调"人"的重要性，能够传承传统文化的人是最重要的保护对象。为此，政府将艺能表演艺术家、工艺美术家的认定提到了一个相当高的地位。该法明确规定，文化财持有者，同时也应该是文化财的传承人。同时，《文化财保护法》把认定分为个别认定、综合认定和保护团体认定三种形式。个别认定是对于某个技艺传承者的个人资格的认定，即在国家指定的重要无形文化财中，掌握娴熟技艺，能够传承某项文化财的人可以命名为"人间国宝"。他在艺术表演领域具有突出的表演才能、精湛的表演技艺，或者在工艺制作领域身怀绝技，如著名的人形艺人、风筝艺人。但是，他必须选定传承人，并将技艺传给他们，否则无论他的技术有多高，都不会被政府指定为"人间国宝"。政府不仅给这类艺人以名誉，而且每年还要给他们一定的资助。第二种认定是综合认定，是指对那些具有多重文化事项之民俗活动的综合性认定，需要两人或两人以上共同传承的重要非物质文化遗产。而所谓保护团体认定，则是指对那些由一个以上的文化财持有者的集团的认定。如在那些类似能乐、木偶净琉璃戏、宫廷音乐或是民间舞蹈一类的，需要通过很多人的共同努力才能完成的民间演艺活动。因为这些技艺传承人不是属于某一个体，而是属于某一社会群体的无形文化遗产，则只能通过"团体认定"的方式，完成对这类无形文化遗产的认定工作②。

《文化财保护法》还充分强调了整个社会群体在保护文化财过程中的重要性。在保护文化财的过程中，除国家给予必要的物质奖励和精神奖励外，还十分强调各级地方政府、民间组织甚至个人的参与，并明确地规定各方的权利与义务，从而提高了日本国民的全民保护意识，培养了文化财保护方面的人才。

二、无形文化财的保护与开发并重

《文化财保护法》强调对非物质文化遗产的活用。首先是历史遗迹的公有化，以便将传统文化财对外公开实现全民保护。日本对文化财并非仅停留在简单的"保护"上，而是要充分发挥出文化财的作用，即在妥善保管的同时，还

---

① 飞龙："国外保护非物质文化遗产的现状"，载《文艺理论与批评》2005 年第 6 期。

② 周超："日本对非物质文化遗产的法律保护"，载《广西民族大学学报》2008 年第 4 期，第 49 页。

要努力地利用这些文化财富。如在公开展示的过程中，最大限度地发挥这些文化财的认知作用和教育作用，通过文化财的活用，即通过文化财的对外公开展示，让人们从感性上，全方位地、深入地了解历史。当然这种公开展示活动，有些是由政府组织，政府支付传承人一定的物质奖励，而绝大多数非遗项目的传承仍然需要传承人自己解决生存问题。政府也逐渐意识到生产性保护对于非物质文化遗产传承发展的重要性，因此在非物质文化遗产保护工作中，政府和传承人在现代环境下都在想方设法为非物质文化遗产寻找消费群体并建立消费市场。

由于非物质文化遗产的种类繁多，其存续状态十分复杂，因此日本对于非物质文化遗产消费群体与消费市场的建立采取了因地制宜的策略。对于民间手工技艺，如酿酒技术与食品制造技术，其制造的产品仍然有着广泛的市场需求，传承人的生存压力较小，政府通过鼓励这些非遗传承人在保持传统工艺的基础上，通过发展与现代工业化生产相结合，用提高生产效率、生产数量和扩大广告宣传的方式来实现生产性保护。这些用传统工艺制作的糕点或是酒水品牌的特产，仍然是市场上的适销品。而传统手工工艺制作的工艺品、编织品，如手工制作的茶具、纸扇、传统布料等，社会需求渐微。同时，因受生产技艺规则的限制，纯手工制作使得产量极其有限。而市场上又充实许多用现代材质、现代工艺制作的替代品，挤压了这类商品的市场空间。针对这种情况，日本政府采取措施保护这一消费市场。比如明确区分传统工艺和现代工艺制作的产品，要求各自做出明确标识，赋予传统技艺商品特殊内涵的方式来增加商品的附加值，适当地提高该类商品的销售价格，而抑制现代工艺的不正当竞争行为。为达到预期目的，专门为传统工艺产品提供合适的市场，如旅游景点或地方特色专柜，这些地方是不允许仿品随意进入的①。

但是，非物质文化遗产手工制品的消费群体毕竟有限，除了某些热爱传统文化的人士和想了解日本传统文化的国外游客外，普通人少有问津，大部分这类产品的主要买家是当地作为文化遗产保护单位的寺庙以及一些私人寺庙。这些文化遗产保护单位每年能从政府处获得专用的保护资金，用于物质文化遗产的维持、维护、保养与修复方面的开销。专用资金购买价格昂贵的传统手工制品，既保证了非遗的原真性传承，又解决了非物质文化遗产传承人的收益问题。由此可见，为了保证这类非物质文化遗产的生产性保护，日本政府不仅建立了一整套针对物质文化遗产保护的体制与政策，同时也为非物质文化遗产创造了一个特定的消费群体。

---

① 顾军、苑利："传统节日文化遗产保护与我们所应秉承的原则"，载《民族文学研究》2005年第 4 期，第 117～121 页。

除了传统手工艺的传承可以通过产业化进行保护以外，日本还将艺能类非物质文化遗产产业化付诸实践。由于艺能类的非物质文化遗产，如各种传统戏剧、曲艺、民间音乐、民间舞蹈等，要想实现产业化需要演出舞台，而这些传统艺术形式与现代娱乐业的审美观格格不入，不论形式还是内容都不受当今娱乐大众主体人群的欢迎。因此，仅靠演出收入，艺人们尚不能解决生存难题，最终会走向消亡。于是，政府出面协调发展起一种新的适应于都市人生活的生产性保护模式，那便是俱乐部（兴趣班）模式。简单地说就是让非遗传承人在城市中以开办俱乐部的形式来招收学员，代替传统的学徒制。这种以传授非物质文化遗产为目的的俱乐部制度，直接套用现代都市中俱乐部普遍使用的会员制度，传承人通过有偿教授学员解决生存所需资金问题，不仅为本项非物质文化遗产培养了一批消费群体，同时也可带动与本项非物质文化遗产相关的非遗产业的发展，从而形成产业链。比如，传授三味线的俱乐部，在培养了一批三味线的热爱者后，不仅为自己同时也为三味线琴制作、有三味线琴参与演出的歌舞伎等其他相关非物质文化遗产创建了消费群体。这种新型的俱乐部形式不仅培养出非物质文化遗产的消费群体，对培养下一代非物质文化遗产传承人也有很大帮助，因为加入俱乐部的年轻人中不乏传承人苗子。对于俱乐部的生存，政府会给予不同的优惠政策，可与政府合作开展非物质文化遗产保护活动，获得经费支持。而政府以外的社会组织，如企业也加入非遗保护中。这些企业不仅捐资给文化团体，而且自己发展文化产业。1990 年日本成立了"企业艺术文化支持协议会"，[1] 2006 年度有68.8% 的企业参与艺术文化支援活动，捐款 256 亿日元。像松竹株式会社这样的企业，则将文化产业作为经营的一个部分，从事影视、娱乐等文化产业，与众多歌舞伎演员签约[2]。

另外，日本非遗保护组织还建立了一套与现代社会接轨的等级评审制度，将非物质文化遗产的传承工作与文化产业发展结合了起来。日本政府组织当地某项非遗的知名传承人，由他们组建起评审机构，对某项非物质文化遗产技艺学员进行等级考核。学员在达到一定的段位后便可成为非物质文化遗产传承人，颁发给相应的认定证书。持有证书者在就业方面就可得到优先录取，有些部门甚至要求持有证书是入职的门槛，如中小学教师入职时，往往会有对非物质文化遗产有所掌握的要求。

为进一步说明日本对非遗的产业化利用情况特举三个实例：

---

① ［日］根本昭：《日本的文化政策》，劲草书房 2001 年版。

② 严长元："日本'非遗'保护的现状与对策——访日本东京文化财研究所所长铃木规夫"，载《中国文化报》2007 年 5 月 29 日。

实例1，日本莳绘工艺

莳绘工艺是日本传统漆工艺代表技法之一。产生于奈良时代，却源于中国的描金漆工艺。自公元7世纪初起，在长达两百年的岁月中，日本积极学习中国文化，多次派出遣唐使团向唐朝取经，中国传统的描金漆工艺也在当时传入日本。公元9世纪末，遣唐使交流制度被废止，日本国内也逐渐将富丽堂皇的"唐风"转变为清新典雅的"和风"，莳绘工艺也在这种艺术表现形式适应风土人情的变迁过程中渐趋兴盛与成熟。莳绘工艺以金、银屑加入漆液中，干后做推光处理，显示出金银色泽，极尽华贵。再以螺钿、银丝嵌出花鸟草虫或吉祥图案。以淡雅而优美的表现形式，不拘泥于自然景象的描写，将其归纳为纹样，以比较自由的莳绘形式来表现绘画一般的效果。在技法上，出现了研出莳绘、平尘、沃悬地等。

如今，在日本机场、火车站、大型购物中心、旅游商店等场所，游客可以较为便捷地取阅游览手册，其中必然会提及日本漆器。当莳绘技艺被用于旅游纪念品的开发时，特别注重高档贵族化与普通平民化两条并行不悖的发展道路，针对不同消费水平的游客推介不同价格水平的产品。面向高端客户，与瑞士名表江诗丹顿、德国百利金钢笔、日本百乐笔等知名品牌合作生产限定款产品。以2010年江诗丹顿推出的第一套莳绘腕表为例，采用双面设计方法，正面绘以植物图案，表底则是动物设计，围绕传统的岁寒三友"松、竹、梅"为题材，分别与具有美好寓意的三种鸟类"鹤、雀、莺"结成组合，象征岁月历练、长寿延年、活力无限、节节高升与春回大地、焕发新机。钢笔制造商则将牡丹、老虎、龙等亚洲传统图案用莳绘工艺装饰钢笔。同时针对西方消费者，鳖鱼、海豚、松鼠等图案也被灵活地运用在设计中。中下消费水平游客同样可以购买莳绘工艺品，只是这些产品的设计更为简单与普通，制作周期耗时也较短。以钢笔为例，高端产品整体笔身都由莳绘工艺覆盖，而亲民产品只在笔套、笔尾端等局部体现莳绘工艺。生产成本的降低意味着相应的商品价格降低，却不影响旅游者自身留念或馈赠亲友的文化意义与价值，点滴虽细微，管中可窥豹，日本传统工艺的精髓已然在其中[1]。

实例2，东京民俗艺能的旅游开发

东京拥有无形民俗文化财民俗艺能数目众多，如王子神社田乐、板桥田游、狮子舞、纲火人形、小河内鹿岛舞等较为有名。王子神社田乐，有十个男人打腰鼓、吹笛、在任色乌的节奏声中歌舞，召集年轻美貌的五六十名"早乙女"表演舞蹈化的插秧动作，表演颇具古风。田乐盛行于13世纪末到17世纪末，后来让位于能乐，转入民间。板桥田游是东京板桥区的民俗，有两个表演团体，一个

---

① "莳绘"，见百度百科网，baike.baidu.com/link? url.

是德丸本町的田游保存会，一个是赤冢町的田游保存会。演出者都是当地百姓，十来人，穿白麻大褂，有两人头戴"乌帽子"，扮演"大稻本"和"小稻本"（大小两个稻神），参加者手里都拿有各种农具，其中叫作"爱布里"、"依皮里"的农具是作为唤起和镇定田神而使用的巫具。表演是按农活先后次序来安排的，耕田、平田、下种、分秧、插秧、施肥、耘稻、驱鸟、收割、脱粒归仓等，边歌边演，有歌词，祈祷丰收。以人类生产的过程启示自然界生产，为祈求稻谷孕穗而将人的孕育秘事展示给神看，田游的交感巫术的意味很明显。狮子神乐，有两人狮子舞和一人狮子舞，都与中国的狮舞有血缘关系，由中国流传过去的伎乐、舞乐、散乐中的狮子演艺继承发展而来，所以又被称为"唐狮子"。

这些均属于日本宝贵的非物质文化遗产①。日本学者非常注重民俗艺能的收集、整理、介绍、研究和保护，他们从民俗学、文化人类学、历史学、宗教学、文艺学、美学等角度，对它们进行全方位的研究和保护。所以东京这个世界有名的国际大都市，一边是繁华的街市时尚的生活，一边却是民俗文化的宝库，藏有数目众多的民俗演艺。

日本文化当局不仅支持大学、博物馆和研究所对民俗典籍进行研究，开展民俗讲座和宣传，而且鼓励大学生学习一门民俗艺能。为保障民俗活动的真实性和传统性，政府注重民俗举行空间——神社寺院的保护。在东京，处处可以看到神社，当这些神社举行祭祀的时候，总会表演相关的艺能，附近的居民纷纷参与，形成一个热闹的甚至全民狂欢式的场景。这些相关艺能的表演，主要为了取悦于神祇，同时让人观赏，人神同乐，娱神同时娱人。凡传统节日如正月、七月十五上元节，都是日本全民狂欢性的节日。另外三月三"雏祭"的少女演艺、五月五端午的少年剑艺、六月六祈祷渔业丰收的"巫女舞"，都是节日与艺能携手，节日成了艺能传承载体的具体例子。每年的上述日子，东京都举行民俗艺能的展演大会，便于各地民间艺人的交流、竞赛，便于学者们的集中考察，这也是一个极为有效的做法。同时，政府借民俗发展旅游业，游客可以与参加祭祀活动的当地民众一起活动，即通过互动方式向外界宣传日本传统文化。

实例3，歌舞伎的产业发展

作为日本的"国宝"，歌舞伎无疑是最能代表日本演艺发展历史和文化演进的民间传统艺术。歌舞伎起源于17世纪日本江户初期，1600年左右发展为成熟的一个剧种，与能乐、狂言一起作为日本典型的独有的民族表演戏剧艺术，也是日本传统艺能之一。在日本被列为"极其重要无形文化财"，很早就被列入世界文化遗产，并于2005年被联合国教科文组织列入"世界非物质文化遗产代表作

---

① 翁敏华："东京无形民俗文化财概貌及其保护经验——兼论上海民俗演艺的保护与发展"，载《都市文化研究》2007年第2期，第88页。

名录"①。歌舞伎是由日本妇孺皆知的美女阿国创建的，共经历了"游女歌舞伎"、"若众歌舞伎"、"野郎歌舞伎"三个演化阶段，其中"野郎歌舞伎"便是今天的日本歌舞伎的原型。舞伎演员为世袭制，且只有男性。演员父子相承，代代相继。歌舞伎主题有两类：一是描写贵族和武士的世界，二是表现民众生活。在日本，歌舞伎比任何一种古典戏剧都更受欢迎，与中国京剧并称为"东方艺术传统的姊妹花"，更被赋予日本"国宝"的美誉。近年来，日本歌舞伎不断到美国、澳大利亚、英国、中国、埃及等国进行交流访问和市场演出，观众被它无穷的创意吸引，被它强调戏曲效果的姿势、动作、眼神打动。它的架子、特技和夸张的出场、快速的换装、神奇的转变等元素，也给观众留下深深的印象。得益于国内民众的热烈推崇和国外日渐拓宽的演出市场，歌舞伎成为日本具有代表性的非物质文化遗产项目，其保护和开发也得到上至政府下至民众的致力推动。

但是，传统戏剧的命运在任何一国都面临受众萎缩的问题。为此日本政府创建专门机构，对歌舞伎进行"登录"，并"扶持专人"保证歌舞伎的传承与发展。1996 年开始对歌舞伎进行详细的注册、登记，通过登录确定歌舞伎的历史文化价值，逐步认定歌舞伎的"重要无形文化财"资格。为了留住观众，歌舞伎也在不断变革以适应主流价值观的需求。如重新调整自身的节奏和表演技术，一些歌舞伎剧团和名家逐渐将西方先进的歌剧表演艺术和技巧融进歌舞伎的表演当中，改编创新旧有形式。同时，借助一些新兴的媒介如电视节目、动漫电影剧集宣传和展示歌舞伎的魅力，进一步提高歌舞伎在年轻群众中的"人气"。专业从事歌舞伎推广和经营活动的文化企业不断成立，各种有关歌舞伎主题的市场开发项目得以推进。政府鼓励跨产业合作，如加强商业与现代旅游业的广泛结合，商人们积极开发各种各样的歌舞伎衍生商品。歌舞伎角色戏服、面具、装饰品、人偶以及歌舞伎的媒介出版物等纷纷出现在商业门店和货架上进入销售市场。另外，大力发展旅游业，并让歌舞伎在其中扮演主角。歌舞伎剧团和名角汇集在各大演出场所和旅游胜地为外来游客表演，不同级别的名角大师不同的场次收费不同，经济收益可观。各大电视台开发并播出形式各样的歌舞伎电视节目，如歌舞伎演员评选、歌舞伎技艺比赛、歌舞伎剧本创作大赛、歌舞伎节目汇演等，创造了可观的电视和广告收益②。尤其近几年随着日本动漫产业和游戏产业高速发展，歌舞伎的表演内容和元素被吸收到动漫和游戏当中，创作了一系列人气动漫作品，如《歌舞伎王子》《独特之人》《国崎出云轶事》《如花胜花》等。动漫

---

① ［日］藤田洋：《歌舞伎指南》，三省堂 2006 年版。
② 李颖：《日本歌舞伎的艺术变迁》，中国社会科学出版社 1998 年版。

和游戏成为歌舞伎的一个重要载体，既活跃了文化市场，又传播了传统文化。

第二节　韩　国

一、非遗立法及保护制度概况

韩国效仿日本于 1962 年 1 月出台《文化财保护法》。该法将文化财分为四项即有形文化财、无形文化财、纪念物和民俗资料。无形文化财是指具有重大历史、艺术和学术价值的戏剧、音乐、舞蹈、工艺、技术等无形的文化遗产，而民俗资料包括衣、食、住、职业、信仰等民俗活动，以及进行有关活动时的服装、器具、房屋等①。实际上，这两部分就是《保护非遗公约》界定的非遗的范畴。

韩国为落实对文化遗产的法律保护，1962 年 3 月成立了文化财委员会，由各文化财保护团体、大学、研究机构的专家组成。如果发现值得保护的文化项目，委员们便会提出报告，经过论证后将该项目确立为国家重点保护项目。同时，指定重要无形文化财的持有者或持有团体。所谓"持有者"，就是指那些可以"原原本本领会或保存重要无形文化财之技艺、技能，并能够原原本本地进行艺术表演或进行工艺制作的人"。而所谓"持有团体"是指那些可以"原原本本地领会并保存重要无形文化财之技艺、技能，并能够原原本本地进行传统表演或进行传统工艺制作的团体。但这只限于那些在性质上无法由个人独立完成的无形文化财或指认持有者过多的无形文化财"。这两类指定的区别在于：重要无形文化财属个人所有时，指定对象是持有者本人；指定对象属团体所有时，指定对象便是持有团体。对具有重要价值的无形文化遗产的持有者或持有保持团体授予"人间国宝"荣誉称号并确定其责任和义务。获得认证之后，无形文化财及其传承人，将得到中央和地方政府的大力保护和财政支持②。当然，"人间国宝"仅仅是持有者或持有团体中的佼佼者，必须是那些在艺术表演领域具有突出的表演才能、精湛的表演技艺并愿意将自己的这些技艺传诸后人的杰出的表演艺术家。而在工艺制作领域则特指那些身怀绝技并愿意通过带徒方式将自己的技艺传诸后人的著名艺人、匠人。

---

① 王文章：《非物质文化遗产概论》，文化艺术出版社 2006 年版，第 262 页。

② 马旭铭："韩国文化遗产保护与利用之管见"，载《古今农业》2011 年第 3 期，第 107 ~ 113 页。

二、政府强力推进非遗产业化

韩国在对待非遗的态度上，除了学习日本相关非遗保护的措施外，十分注重创意产业的发展。非遗作为创意产业的文化资源，政府加强它的生产性保护，对非遗进行产业化开发的力度和广度远胜日本。韩国是一个典型的新兴国家，20世纪90年代成长为"亚洲四小龙"之一，但1997年的金融危机促使其实施经济转型，于1998年提出"文化立国"、"设计韩国"战略，积极发展文化产业，并快速成为文化创意强国。

韩国创意产业发展离不开政府的引导和资助，政府在组织管理、人才培养、资金支持、生产经营等方面强化制度建设，对文化产品的创作、生产、销售、出口实施系统支持，在政策上构建适合文化产业发展的法律及服务体系。如在影视、音乐、电子游戏及动漫上，韩国投入巨大资源来推动产业发展、人才培养、资金投入、政策扶持，尤其注重发挥传统文化资源价值，将中国以及朝鲜族的传统文化进行改造与包装，形成了非物质文化精髓的传承与活化。早在1981年，政府举办了"民族之风——1981"大型民俗活动，广播、电视、报纸、杂志等各种媒体对此进行了大规模的宣传，全韩国掀起传统文化热，怀揣民间艺能的工匠、艺人纷纷登上舞台成为备受关注的人物①。

政府顺势利导，大刀阔斧地利用商业手段，通过发展文化产业、旅游业等促进非物质文化遗产的保护。随着非物质文化遗产保护活动的进一步拓展，越来越多的人注意到作为文化符号的非物质文化遗产在商业运作中的巨大价值。社会资本敏感的嗅觉很快捕捉到传统文化产业的无限发展潜力，资本大量涌向与非遗相关的商业领域。商人们将指定为韩国文化财和无形文化财的东西不断开发成商品，推向市场。面具、戏装、玩偶、介绍无形文化财的出版物到处都有供应和销售。各公众场所无处不充斥着传统文化气息，地铁站的广告栏、外国游客服务中心、香烟包装盒、飞机和旅游大巴的座背，都能看到各种宣传韩国非物质文化遗产的广告。非遗产品成为市场上的阳春白雪，摆在各大高档卖场的货柜上，几乎看不到小商小贩们兜售此类商品，各种表演类非遗如戏剧、曲艺等，登上影院、剧场和宾馆的舞台。被誉为"民间国宝"的非遗传承人，都有一个出场的价目表。非遗产业呈现规模化、模式化经营态势，尽管有些非遗的文化内涵被忽视，但救活了整个非遗产业。

利用非物质文化遗产发展旅游业的一个成功模式便是民俗古村的旅游开发。许多民俗村恢复李朝时期先民们的衣食住行、建筑景观和祭祀活动，供游客们参

---

① 飞龙："国外保护非物质文化遗产的现状"，载《文艺理论与批评》2005年第6期，第59～66页。

观，游客还可以亲身体验村中传统的生活方式。民俗村中的宗庙祭祀典礼和活动中所演奏的民间音乐都是被确定为重要无形文化财的项目。每年春、秋两季，民俗村的开发者和旅游部门的官员想尽各种办法招徕各国游客，表演团体为外国游客表演韩国传统文化。同时，韩国还十分注重以民俗节和祭祀活动来吸引游客。如被韩国抢报的端午祭，每年都举办盛大的祭奠活动，吸引了国内外百万人次参与和观光，使这一非物质文化遗产转化为巨大的文化产业，发展了当地的经济。凡是旅游线路中有民俗表演，有关部门都能保证随时随地将非遗搬上"舞台"。韩国的农乐乐团就是一家规模较大的、以表演各种非遗项目为主的大型演出团体，在韩国文化市场颇有影响力①。

韩国通过这种商业化运作的方式让更多的人认识了韩国的非物质文化遗产，认识到保护非物质文化遗产的重要性。经过 40 多年的上下推动，韩国的非物质文化遗产得到了全面的保护和振兴。目前，韩国拥有国家级无形文化财100 多个，地方级无形文化财200 多种，很大一批民族民间艺术被国家认定为重要的无形文化财，并使他们在保护过程中得到传承②。

第三节　法　国

一、立法概况

法国是一个重视文化传承的国家，自近代以来形成了保护传统文化的惯例。早在大革命时期就注重文物古迹的保护，1793 年"共和二年法令"问世，便规定法国领土内的任何一类艺术品都应受到保护，这使得大量文化遗产在动荡的年代免遭浩劫。1830 年，法国政府成立"历史古迹处"，将保护遗产纳入政府常规管理工作加以重视。1840 年，法国颁布了《历史性建筑法案》，这是世界上第一部关于保护不可移动文物的法律。1887 年，法国又颁布了《纪念物保护法》，并组建了古建筑管理委员会，负责法国传统建筑的认定和保护工作。为了将有艺术价值的自然景观纳入法律保护范围，1906 年法国又颁布了《历史文物建筑及具有艺术价值的自然景区保护法》。1913 年，法国颁布了世界上第一部保护文化遗产的现代法律《保护历史古迹法》，将只有历史价值和艺术价值的动产和不动产的历史文化遗产作为保护目标，对历史文化遗产进行登记造册，重要的被列入保

---

① 参见苑利、顾军：《非物质文化遗产学》，高等教育出版社 2009 年版。
② 高寿福："韩国非物质文化遗产保护工作经验之我鉴"，载《延边党校学报》2008 年第 2 期，第 62 页。

护名录。1930 年法国制定了《景观保护法》，这部法律除了对自然纪念物进行保护外，还将艺术上、历史上、学术上、传说中为人所熟知的自然景观和人文景观纳入其中。1941 年，法国为了强调对地下文物的保护工作，专门制定了一部《考古发掘法》。另外，为了确保历史街区人文景观的完整性，法国于 1962 年和 1973 年两次颁布了《历史街区保护法》和《城市规划法》。这两部法律的颁布，有力地促进了法国历史文化遗产的整体性保护①。由此可见，法国在制定保护物质文化遗产方面的法律迄今已有 200 多年的历史，人们熟知的巴黎圣母院、罗浮宫博物馆、埃菲尔铁塔、凡尔赛宫、凯旋门等名胜古迹，之所以能够得以保护并为法兰西文化的传播做出巨大贡献，与政府文物保护政策的有效实施密不可分。如今每年七千万名游客给法国经济带来数以亿计的财富。

二、非遗产业化注重民间资本的引入

与日、韩相比，法国的非遗保护和利用不是特别突出。原因是法国政府有关部门将更多的精力用于历史文物古迹、自然景观及文物等物质文化遗产的保护，只有与文物古迹密切相连的非物质文化遗产才得到保护，没有"历史证据"的非遗不被重视。如政府文化主管部门在全国选择了 91 个历史文化遗产保护区，区内有形文化遗产达 4 万多处，保护区内生活着 80 万名居民。但是，这样的历史文化遗产保护区不同于中国的民俗保护区。中国的民俗保护区或古村落保护区，尽管对游人开放，但保护区常住人群是固定的，目的在于保留其文化传承基础。法国的文化保护区并不封闭如此严格，它的设立尽管也是为了保护有形文化遗产的氛围，但这是次要的，主要在于保护历史的遗迹，而不是生活习俗②。法国非遗依附于有形遗产的保护模式决定了它对非遗的产业化利用主要来自旅游业。对此政府发动民间组织大力宣传传统文化的重要性，并激励人们尽量做这方面的投资。目前，法国有 1.8 万多个文化协会保护和展示历史文化遗产。为了让更多的人了解和关心文化遗产的保护，法国政府确定每年 9 月的第三个周末为"文化遗产日"，在这天所有博物馆向公众敞开大门，公立博物馆免门票，像罗浮宫、凯旋门等著名博物馆和历史古迹也在免费开放之列。私立博物馆门票减价，它们可以得到税收优惠。法国设立的"文化遗产日"极大地推动和促进了欧洲对历史文化遗产和非物质文化遗产的保护工作③。

---

① 王眉："法国文化遗产保护的立法之路"，载《中国文化报》2013 年 12 月 26 日。

② 参见顾军："法国文化遗产保护运动的理论与实践"，载《江西社会科学》2005 年第 3 期，第 135 ~ 142 页。

③ 侯幸瑶：《法国非物质文化遗产》，外语教学与研究出版社 2008 年版，第 90 页。

第四节　意　大　利

一、立法和政策

意大利是地中海文化的源头，最早的古希腊文化影响了半岛文化的形成，为希腊文化传播重地。紧接着形成了统领欧洲大陆千年的罗马文明，成为中世纪天主教的核心，近代文艺复兴的发源地。所以，意大利可谓欧洲大陆文化最为厚重的国家，境内遗留的各个历史时期的文物古迹数不胜数，而各大博物馆陈列的艺术品更是浩如烟海，仅被联合国教科文组织列入《世界遗产名录》的文化和自然遗产多达37处。为了管理这些文化遗产，意大利政府专设文化遗产部。同时，为引起公众对传统文化的兴趣和保护意识，从1997年开始，意大利政府在每年5月份的最后一周举行"文化与遗产周"活动，届时意大利国家博物馆、艺术画廊、考古博物馆免费开放，而遍布全国各地的文物古迹、著名建筑等具有极高文化价值的国家级文化和自然遗产，也都免费供游人参观。

早在1889年，意大利就制定了《文学艺术版权法》，为民间文学艺术的保护提供了依据。之后还制定了关于文化遗产及传统手工业保护的法律，形成较为完备的非物质文化遗产保护制度。意大利非物质文化遗产保护制度的特点就是认定民间文学作品的著作权受到无限期保护。如果以营利为目的使用民间文化，不仅要征得文化行政部门的许可，还要缴纳一定的使用费，把收来的使用费以基金的形式进行管理。上述有益尝试，为各国以版权制度解决部分非遗的保护问题提供了宝贵的经验①。

二、国家保护与市场运作相结合

意大利政府除了采用静态方式保护非物质文化遗产的诸多空间、物品和遗址以外，也十分重视对非遗进行动态保护，积极发展乡村生态旅游、美食文化旅游，促使非物质文化遗产在新时代的发展。对待文化遗产的保护与传承，采取了一种政府负责保护，私人或企业进行管理和经营的模式。这一模式最先适用于有形文化遗产，尤其是不可移动的著名文化遗址。政府负责投入修缮和保护这些著名遗址，商人们在这些遗址进行旅游产品的开发与销售。随着国际社会越来越关

---

① 参见顾军、苑利：《文化遗产报告——世界文化遗产保护运动的理论与实践》，社会科学文献出版社2005年版，第32～33页。

注非物质文化遗产的开发与保护，尤其受到《保护非遗公约》的影响，政府更加重视非遗生产性保护的价值，西西里木偶剧的开发与保护就是一个成功的例子。西西里木偶剧形成于19世纪，初期便受到当地居民的喜爱。通常木偶剧为家庭剧团经营，传统和技艺在内部世代相传。木偶的复杂雕刻、着色和制作，则是请专业的工匠用传统的方法进行。以表演传统历史题材的史诗故事为主，艺人们还根据诗歌、浪漫传奇或流行的歌剧以及一些来源于生活的基本的故事情节，用精雕细刻的偶人和道具进行即席创作，对白也都是即席编创。随着艺人们的不断创新，木偶剧形成两个流派，即巴勒莫和卡塔尼亚，两者在木偶的大小和形式，以及操作技巧和舞台布景等方面各具特色。

直到20世纪50年代，木偶剧还有较为广泛的市场，表演题材主要取自中世纪的骑士文学和文艺复兴时期的意大利诗歌，以及圣徒或江洋大盗的生活。但是，进入90年代，文化市场发生了巨大变化，继电视之后出现的互联网，颠覆了传统的文化艺术市场的供给模式，人们的消费观念随着审美观的变化和文化融合的愈演愈烈而发生了巨大变化，木偶技艺呈现了衰落的趋势。西西里岛城镇社会的变迁也加快了木偶剧灭亡的速度。大量木偶艺人被迫放弃了他们的职业。不过，还有少数木偶演出团体和艺人苦苦支撑，如卡尔洛·科拉家庭木偶剧团和库迪基奥艺术子孙剧团便在创新中寻求突围，并取得了一定的成效。他们借用现代舞台声电光设备，色彩斑斓的木偶、熟练操作的动作、令人眩晕的节奏、引人惊讶的片段和震撼人心的舞台效果，让传统木偶剧焕发新的光彩。2001年联合国教科文组织将西西里木偶剧列入《人类口头和非物质文化遗产代表作》名录，联合国世界遗产委员会制定了保护计划，包括为青年木偶艺人开办培训学校，举办西西里木偶节并设奖项，举行国内外的展览，创立木偶戏学校等。当地政府借此机会，大力发展传统文化产业，在岛上建立起设施完善的木偶剧场，举办西西里木偶节并开设奖项，在国内外举办木偶展览，兴建木偶戏学校等措施，保护西西里木偶剧的传承，同时鼓励各木偶剧的演出团体走向市场，鼓励商家开发木偶剧的各种衍生产品，从而达到保护木偶剧、发展木偶剧的目的。现在西西里岛的商店和摊头上到处都可以买到木偶。这些木偶的制作都很精美，造型各式各样。木偶已经成为西西里岛的著名纪念品，吸引着各方游客①。

---

① 陈立旭："欧美日历史文化遗产保护历程审视"，载《中共浙江省委党校学报》2004年第2期，第49～54页。

第五节 美 国

一、立法概况

1906 年美国国会通过了《古文物法》，首次以立法形式对传统文化资源进行保护。1935 年通过了《历史遗址法》，由国家公园管理局对文物进行调查和建档，建立"国家登记名册"。1965 年通过了《国家艺术及人文事业基金法》和《国家艺术和人文基金会法案》，建立了国家艺术赞助基金，用于鼓励各种艺术创作。1966 年美国国会通过了《国家历史文物保护法》，明确规定政府机关和社会各部门都有义务采取措施保护文化资源，利用税收优惠政策鼓励私人建筑企业对古旧建筑进行修缮，并通过国家历史保护信托基金改善自然环境。对物质文化遗产的保护所积累的经验，为以后制定非物质文化遗产的保护法律法规，开展保护非遗工作提供了条件①。1976 年国会通过了《美国民俗保护法》，该法案出台的背景是各州及联邦相继通过的、针对印第安人传统知识和实践的保护立法。法案不仅对"民俗"作出了解释，并且指出民俗在历史文化研究和学术发展中所发挥的重要作用和本身拥有的巨大文化价值。美国民俗蕴含多种多样的表现形式，大多通过口口相传、群体性的知晓和传承以及半教育化的手段或方式而传承、保存至今。法案旨在通过采取各种措施保护和展示美国民俗，并在各级政府成立相应的机构来引导全社会参与历史文化遗迹的保护及提供相应的资金支持。1990 年通过《印第安艺术和手工艺品法》，该法案规定：印第安艺术及手工艺品管理局有权授予印第安部落或艺术家专有商标权的权力，并且有权禁止以印第安制造做出虚假标示；个人或商人等禁止假借印第安艺术品之名销售其他商品。一旦违反，个人可能面临高达 25 万美元罚款的民事责罚或 5 年有期徒刑刑事责罚，或两者兼而有之。如果企业违反该法案，它可能面临民事处罚或被起诉，并被罚款 100 万美元。为实施这一法案，美国内政部先后于 1996 年和 2000 年通过法案，对印第安艺术品和手工艺品的品质及实施法律的特别程序、保护办法做出规定②。

在对待非遗保护和利用的问题上，美国与其他发达国家有别。它一直主张对传统知识或者传统文化应当依据国内法进行保护，反对国际上一致要求知识产权

---

① 顾伊、陈淳："美国文化资源管理的镜鉴"，载《文物世界》2011 年第 1 期，第 19 页。
② "美国 1990 年《印第安艺术和手工艺品法》简介"，见文化产业法苑的博客，http://blog.sina.com.cn/s/blog_c088a6450101bigl.html。

保护的形式。所以，1998 年在联合国教科文组织通知各国申报"人类口头与非物质文化遗产代表作"项目时，美国并未参与申报。之后，2003 年通过的《保护非物质文化遗产公约》美国政府也没有参与。但不否认美国保护非物质文化遗产的工作从未怠慢和停止，这不得不说美国本身自成一体的保护体系有很多值得我们借鉴的地方。

二、非遗产业化与创意产业的迅猛发展

美国在文化产业发展方面走在世界前列，其创意产业已经成为经济转型后的支柱产业。自迪士尼动画得到知识产权法全面保护后，美国的传统文化产业迅猛发展，尤其以非遗的旅游开发和视频开发最为突出，但绝大多数非遗的开发保护也是与有形文化遗址保护紧密结合的，此处仅以文化游为例。

美利坚民族的历史不过三百年，为了激发年轻一代民族自豪感、认同感，政府非常重视民族历史的教育。勿忘祖先、民族寻根透露出所有民族的文化共性，发现新大陆之初的欧洲移民，作为今日美利坚人的祖先，其生活状态一直对今日的后辈有一种神秘感。旅游部门借此开发了所谓"原真性生活体验"的旅游项目，一来满足人们认祖归宗的愿望，二来发展当地旅游业，当然最为重要的是冒险精神的培育和民族认同感的激发。

普利茅斯种植园观光旅游是成功开发的项目之一。普利茅斯是早期成功进入美国的英国人的殖民地，为了让后人能够重温当年祖先的创业精神，1974 年政府复原重建，恢复了历史旧貌，借助当年保留下来的遗迹，构成了别具一格的博物馆，作为美国人的"寻根"之地。开发者建造了四百多年前"五月花"帆船的复制品，停靠在普利茅斯港。船上工作人员穿着 17 世纪英国下层人民的服装，讲一口地道的英国腔土话，向游人讲述他们受到的宗教迫害和航行途中的困苦。在普利茅斯种植园，当地居民真实性地重现 1627 年前后英国殖民者与土著万帕诺人近邻同居的历史生活场景。种植园里，万帕诺的后裔在筛种、织网，游客还可向他们询问以前的问题并得到回答。由圆木围成的古老村庄内，村民们依然打扮成织毛衣的村妇、伐木、打扫院子、警戒巡逻的村夫等。小木屋里的家具摆设保持当年的格局，甚至还有酋长向游客解释村内建筑和村民的生活。尽管这些具有表演性质的土著人的生活场景再现，远远不如中国古老民俗村寨更自然，但在现代化如此发达的美国已经相当不易①。

另一个传统文化旅游体验地是弗吉尼亚州威廉斯堡城，美国的一座著名历史名城和旅游胜地。该城最早建于 1661 年，是由英国移民者于 1633 年所建的"中

---

① 刘恩东："美国文化产业发展的法律支持体系"，载《中外文化交流》2015 年第 10 期，第 12~13 页。

央种植园"发展而来。1699 年为了向当时的英国国王威廉三世表示敬意改称为威廉斯堡，1722 年正式称市。1790 年弗吉尼亚首府迁移里士满，威廉斯堡才逐渐失去它作为北美政治、文化和经济中心的重要地位。1926 年，小 J. D. 洛克菲勒投资筹建了"殖民地威廉斯堡基金会"，开始修复和重建 18 世纪威廉斯堡的原貌。经过重修的威廉斯堡完整地保存和重现了 18 世纪英国殖民地时期的城镇风貌。民房、火药库、饭店、旅馆、商店、理发店、铁匠铺、木工房、印刷所、教堂等，尽力还原当时的面貌，供人们参观。甚至为了使游客亲身体验殖民时期的生活，小镇内一切还保持原样：铁匠铺叮叮当当的打铁声、修理作坊的车床撞击声、旅店里的吆喝声，以及摆地摊的小贩们的叫卖声，把人们带回"殖民时期的威廉斯堡"。为了让游客们更加身临其境地体验原生态的小镇生活，市中心禁止人和车辆进入，游客或行人只能骑自行车或乘坐旧时的马车，观看工匠们用两个世纪以前的传统方法制造生活用品。威廉斯堡小镇以浓厚的殖民时期的特有风格，吸引着世界上无数的游人，成为缅怀往事和追昔抚今的旅游名城。

　　美国的发展模式依赖于较为成熟的知识产权保护体系，因此成就了大量具有一定实力的文化创意企业，并发展成为以这些龙头企业为主的市场主导型发展模式。这些具有全球实力的创意企业，如迪士尼、好莱坞等，依靠成熟的文化产品开发体系，灵活的创意产业市场机制，不断汇集资本力量，在强有力的技术创新力量和人才优势带动下，不断将美国文化以丰富的版权产品形式向全球范围输出，引领世界创意产业潮流和文化意识导向。

第六节　发展中国家非遗立法及其产业化状况

一、印度

　　印度曾是文明古国，由于其传统文化的根深蒂固，即便沦为英国殖民地近二百年，国家制度都西化了，但其传统文化仍控制着社会主流观念。其非遗之丰富举世瞩目，超过 10 亿人口，分属 4000 多个部落社区，流传着 325 种语言，拥有 6 大宗教，各种民间文学艺术数不胜数。同时被公认全球 12 个生物多样性最为丰富的国家之一。近年来，"姜黄案"等多起有关非物质文化遗产的生物剽窃事件的相继发生，促使印度政府立法保护生物资源与传统知识。先是于 1994 年批准通过《生物多样性公约》，后于 1999 年制定了《生物多样性国家政策与宏观行动战略》。该政策的目标非常明确，即确保印度作为生物资源的原产国理应受到尊重，而当地社区作为生物多样性的保护者与持有者、土著知识体系的创造者，当然应该分享惠益。2002 年又通过《生物多样性法》，旨在为保护生物多样性、可持续利用其组成部分和公平分享由利用生物资源而产生的惠益。具体而言，该法在以下几个方面为发展中国家保护和利用非遗提供了经验。首先，依据该法专门成立了非遗主管机关即"国家生物多样性管理局"，负责全国遗传资源获取和分享的审定批准和准备工作。各州依据该法成立州的生物多样性主管委员会，负责其辖区内获取和利益分享的日常管理。同时，生物多样性管理机构还负责生物多样性登记，对传统知识进行分类，提出分类办法，建立传统知识数据库，收录成千上万古代流传下来的中草药疗法，并试图尝试建立"传统知识数字图书馆"。其次，规定了任何人基于印度的生物资源或相关的非物质文化得到的研究成果获得知识产权，必须获得生物多样性国家管理局的批准。最后，规定了非遗利用中的利益分享原则，要求经批准获得非遗使用权的人或组织，在实施非遗开发之前必须与非遗持有人就利益公平分享条件和分配方法达成一致条款。最后，中央政府应为地方居民的非物质文化提供保护，措施可包括在地方、省和国家层次注册非物质文化或以特别法的形式为之提供保护①。

除此之外，《生物多样性法》还规定了生物资源及相关传统知识的涉外保护，规定国家生物多样性管理局有义务制止其他国家对来自印度的任何生物资源及相关知识授予知识产权，代表印度政府对在其他国家授予的、涉及印度遗传资源和传统知识的知识产权提出异议，并采取必要的行动推翻不合理的知识产权②。针对跨国公司频繁利用其传统知识取得专利，印度政府要求欧洲各国专利局撤销已经申请的专利，并要求其不再受理相关专利申请。

二、突尼斯

突尼斯是 1886 年《伯尔尼公约》的 10 个创始国之一，也是其中唯一一个第三世界国家。1889 年突尼斯颁布《文学艺术产权法》，1969 年成为世界上第一个运用国内知识产权法保护民间文学艺术的国家。除本法之外，突尼斯政府还颁布了保护非物质文化遗产的法律及保护传统手工业的法律，从而形成一个保护传统文化遗产、弘扬传统文化的法律体系。

突尼斯 1994 年文学艺术产权法明确指明：民间文艺属于国家遗产，任何以营利为目的的使用民间文艺的行为均应得到国家文化部的同意；这些民间文艺活动内容，要经过突尼斯保护作家权益机构依据本法进行审查。除代表公众利益的国家组织外，任何人具有盈利目的的使用均须取得文化部的授权。获得相关授权

---

① "看印度如何保护传统文化"，见搜狐公众平台，http://mt.sohu.com/20150811/n418584168.shtml.

② 秦天宝："遗传资源获取与惠益分享的立法典范——印度 2002 年《生物多样性》评介"，载《生态经济》（学术版）2007 年第 2 期，第 9~12 页。

后，必须缴纳使用费。但是公益性使用和个人使用无须缴纳任何使用费，前提是获得许可。对未经文化部许可使用文化遗产的行为，国家给予严厉惩罚，惩罚形式有罚款、拘禁等。对于改编作品，改编者应当先向有关部门提出申请，得到许可后可以进行改编创作；若进行文艺创作，改编者无须缴纳使用费；但是进行商业化开发利用，改编者必须缴纳使用费。关于民间文学艺术作品著作权保护期限，则根据民间文学艺术的特点，进行特殊保护，将其规定为永久受法律保护，不受现行著作权保护期限的限制①。这可以算是著作权法的一个创举，意义非凡。

三、巴拿马

2000 年 6 月，巴拿马总统第 20 号令颁布《关于保护和尊重土著民的文化特性和传统知识的集体权利特别知识产权制度的法律及相关措施》，被学界简称为《巴拿马特别法》。该法案被认为是第一个以新型知识产权模式全面保护土著民创造的传统知识及其集体权利的立法。从该法的规定可以看出对非遗保护的全面性，如规定当地原住民传承下来的发明、图形设计、符号、物体、图像石刻等，以及对历史、音乐、艺术和其他传统表达形式所包含的文化要素进行商业化等，都要纳入知识产权的保护范畴，成为集体性知识产权的客体，它们不受时间和现代知识产权所谓"三性"的限制。凡是传统知识进行专门的注册登记后，均属于该国的非物质文化遗产，除非事先获得许可，被授权开发使用。否则，任何人都不得予以商业化利用。而负责登记的部门，是"民间文学艺术集体管理局"，它主要进行集体权利中著作权权利登记、利用等事务；而"国家工商业部手工艺品管理局"则协助促进当地原住民艺术作品、手工艺品及其他社会习俗或其他传统文化表现形式的保护，并为其提供证明标识，以证明相关工艺品的真实来源地②。

法律还规定，有权申请注册的主体只能是原住民代表大会或当地有关权力机关，且只能申请集体保护，任何个人不得申请知识产权注册登记。所以经过登记的非遗项目，可为土著居民使用并进行经济开发，从而获取经济利益。任何第三人要开发使用当地原住民拥有的传统知识如习俗、信仰、宇宙观念、天文历法、民间文学艺术表达形式等对非物质文化遗产的使用，必须征得当地原住民的同意。至于该国以外的任何组织或个人，如果使用该国的非物质文化遗产必须签署授权使用合同，合同必须约定使用费，不得禁止权利主体继续使用该知识，不得

---

① 参见管育鹰："民间文艺保护模式评介"，载《中国版权》2007 年第 2 期，第 11 ~ 14 页。

② Act No. 20: Special System for Registering the Collective Rights of Indigenous Peoples, Republic of Panama, June 26, 2000.

影响现在或将来相关权利主体对其进行改造或创新；再授权时必须经权利人明示的事先同意和相关主管机构许可，否则将按违约处理。

四、秘鲁

2002 年颁布实施的《原住民群体知识保护条例》，是秘鲁对本国的非物质文化遗产的开发和保护进行规制的专门立法。该法由"秘鲁保护竞争和知识产权协会"起草，随后由秘鲁保护竞争和知识产权协会联合本国农业部、相关非政府组织和传统社区的居民，制定本法正式草案，并向外界公布。社会各界对法律草案作了深入的探讨并提出了相关的修改建议，最后正式颁布实施。

该保护条例首先对非物质文化遗产开发保护中所涉的专业概念作了明确的界定。如该法第 2 条规定，"传统知识"是指由传统社区居民长期积累、发展并经历了传承过程的与生物多样性有关的体现传统资源特性的科技文化知识。而本条例所称的"原住民群体知识"是传统知识当中尚未进入公共领域的部分，已经通过书籍、电视媒体等渠道为公众所熟知的"群体知识"不受本法限制。条例规定了对群体知识进行开发必须遵循的制度，如事前知情同意制度，即任何针对群体知识的商业开发、科学研究行为均需事先通知群体知识的持有人或代表机构，并取得同意。同时，还规定了群体知识利用收益分享制度，传统社区原住民所得收益不得低于商业开发预期收益的 5%，作为原住居民发展基金。该基金旨在通过资助社会项目致力于原住居民的发展，并通过单个的代表原住居民的组织管理相关事务。条例对群体知识实行资源登记制度，但登记不是获得法律保护的必要条件。秘鲁的群体知识登记包括公开登记和隐秘登记两种，供原住民及相关组织自由选择，目的都是保护原住社区对其知识所享有的利益，公开登记主要是防止已经公开披露的传统知识被注册为专利。而实行隐秘主要针对技术诀窍，任何第三方无法通过查询获悉该项群体知识的相关信息[1]。

五、菲律宾

菲律宾在非物质文化遗产保护和利用方面的立法是以宪法统领的法律法规体系。1987 年《宪法》第 17 条规定，国家尊重传统社区居民保存和发展本土文化和生活习俗的权利，指明了非遗立法方向。1995 年发布第 247 号行政命令，对生物遗传资源及其衍生品的开发做出框架性规定，1996 年，针对第 247 号行政命令的实施细则出台，进一步丰富了规范生物遗传资源及其衍生品开发的法律体系。1997 年，《原住民权利法案》正式出台，进一步确认和强化了传统社区居民传统文化开发相关法律法规体系。

---

[1] 杨明：《非物质文化遗产的法律保护》，北京大学出版社 2014 年版，第 132~133 页。

上述立法为菲律宾保护和利用非遗确立了以下制度：第一，研究协定制度。明确规定从事遗传资源开发的个人或组织，必须事先与环境资源部、农业部等部门签订研究协定，即一种法定合同。研究协定分为商业研究协定和学术研究协定，其中商业研究协定中必须包括知情同意、特许费支付、数量限制等内容。第二，事先知情同意制度。规定要收集土著文化社区相关传统知识者，必须事先征得社区代表机构的同意。第三，惠益分享制度。即凡是对土著文化进行商业开发者，必须向政府、土著社区或传统文化持有人支付许可费。第四，传统知识产权制度。国家对野生生物、植物群和动物群等具有所有权，包括对前述客体商业开发进行控制监督的权利和分享商业开发所得利益的权利。而来源群体所享有的进入祖先聚居地区获取非物质文化遗产、参与非物质文化遗产商业开发的决策、分享开发所得收益等权利，对国家的所有权形成了有效的制衡。第五，传统知识的登记制度。菲律宾国家博物馆负责传统知识的登记，而利用非遗获得的发明、工业设计等欲取得专利，需要经过相关部门批准[1]。

在非遗的产业化开发方面，只要符合以上制度的要求，政府鼓励通过开发传统文化发展地方经济。比如在文化旅游方面，政府招商引资建设菲律宾文化村，又名"千岛缩影"。该开发项目位于马尼拉国际机场附近，占地35公顷，性质和功能相当于中国的文化主题公园。公园内部的设计和建筑，反映了全国几十个省的风土民情和各种山区土著的房屋建筑。文化村里的民俗博物馆，还展示了许多惟妙惟肖的工艺品和雕塑，十分形象逼真。在这里你可以更好地了解、学习菲律宾的历史文化，更深刻地感受这个神秘美丽的国度。此外，政府在马尼拉海滨还建设了一座占地21公顷的菲律宾文化中心，是一座造型新颖的盒型建筑。文化中心的艺术剧场有2000个舒适的座位，可以演出歌剧、话剧和芭蕾舞剧。文化中心的底层是一个小型剧场，专供放映电影、开小型音乐会和实验戏剧演出使用。中心的三楼是图书馆，藏书近万册。美术馆也在这里，定期展出各国著名艺术家的作品。四楼是博物馆，陈列有许多稀世文物[2]。总之，政府在非遗保护和利用上投入了极大精力。

---

① Indigenous Heritage and intellectual property: genetic resources traditional knowledge andfolklore, Kluwer Law International, 2008. pp. 197 – 198.

② "菲律宾文化村"，见百度百科网，baike. baidu. com/.

第五章 我国非物质文化遗产产业化的法律规制

第一节 非物质文化遗产产业化立法指导原则

一、以产业开发促保护原则

关于开发与保护的关系，历来是理论界和实务界争论不休的问题。症结之所在乃抛开文化发展规律空谈传统文化保护和传承。通过比较几种观点，可以得出较科学的结论。第一种观点是顺其自然、适者生存的观点。认为世间万物只有变才是永恒不变的真理，既然某种文化的功能不再为社会所需要，那么它的消亡也是顺应历史发展潮流的，我们没有必要对此介入人为的力量，使之强行存在。非遗的存在与否就没有必要人为采用保护措施或开发措施。第二种观点将保护与开发对立起来，提出开发破坏论。认为"保护为主、抢救第一"必须无条件贯彻，不能进行任何开发利用，合理利用很难把握，各种开发带来了表面的传统文化繁荣，实际上是对非物质文化遗产的一种根本性伤害。第三种观点强调开发是拯救非遗的唯一手段。认为既然非遗是"活"的文化遗产，它需要传承人代代相传下去。随着时代的变迁，传承人所生活的社会也会不断发展，遗产也就要发生变化。如果对非物质文化遗产只是进行教条式、机械式的保护，不注意随着社会发展而改变和创新，非遗就得走向灭亡。三种观点势均力敌，没有任何一名学者有资格成为某种观点的代表，故笔者在此不予引注。

上述三种观点过分强调或夸大了非遗的保护和利用之间的冲突，将二者对立起来，但忽视了开发与保护之间的互动关系。保护是合理利用的基础，利用可以培养传承人，可以让更多的人关注非遗，扩展其知名度，这是明摆着的良性互动。非物质文化遗产保护实践走到今天带给我们的教训就是不可忽视持有人的经济利益，不能对市场机制的作用视而不见。我们不能否认非遗的产业化利用是一柄双刃剑，它不仅能激发非遗持有者的传承热情，能够降低开发利用成本，实现有规模、有计划的利用，而且便于集中管理。但是，产业化利用要依赖市场机制，市场有盲目性、趋利性，有可能因此对传统文化造成负面影响①。但是，我们更应该看到它的积极方面。保存、保护与开发利用是相互促进的，保存、保护传统知识就可以为开发利用传统知识提供资源，而通过对传统文化的开发利用，也可直接起到保存和传承传统文化的作用，因为有许多非遗项目就是日常生活中用得到的，只是一旦被人们忽视便走入末路。因为少数人的"因循守旧"被认为不入流，可反过来主流意识认可传统，则这种文化就被人们自觉传播，并视之为荣。美国技术管理战略研究所吴霏虹教授对非遗保护利用问题的研究非常深入，她曾就我国非遗保护的现状提出了五个值得思考的问题，首要的问题就是怎样通过保护非物质文化遗产实现其价值最大化②。显然，她是看到了中国非遗保护成效不佳的症结所在。

要使非物质文化遗产得到更好的传承，在立法中设定传承人的保护制度，提供各种保障是必要的。但是，我们不能要求传承人仅仅拿着国家的奖励，完成有限的作品供博物馆保存。那样非遗还是要走向灭亡，必须帮助传承人完成创新和规模经营，使他们懂得市场策划、包装、运作等商业手段的重要性。必须促进和帮助非遗持有人实现有序的非遗产业化，在非遗持有人经济生活得到大大改善的同时，仍然可以保障非遗得到有效的保存、传承和发展。如果真正到了非遗持有人不再为生计而奔波，能够自由自在地享受物质文明之时，非遗的经济价值将大大缩减，甚至不再有经济价值，成为持有人自娱自乐的精神享受品，届时他们可以很大度地无偿向异族、异邦人展示他们的文化。当今国际社会针对非遗不同的观念，即精神利益与物质利益孰轻孰重的争议，本来就是个假命题，因为处在不同物质文明阶段的、不同的非遗持有人的观念是不同的。发达国家总想无偿地享受经济落后地区的原汁原味的文化，甚至不愿意这些文化的传播者境遇有所改善，以便帮助他们回味几百年前自己的老祖宗曾经的生活状态。恰恰相反，处在经济落后地区的非遗持有人必然将利用非遗发展经济作为第一目标，这就是人类生存的法则决定的。

总之，无端的斥责非物质文化遗产产业化是错误的，任何脱离实际的理论都是苍白的。必须正确地看待多元文化融合对传统文化冲击的现实，要对过分保守的非遗保护方式的低效率有清醒的认识。任何事物不再具有现实意义，与时代割

---

① 苑利："《名录》时代的非物质文化遗产保护问题"，载《江西社会科学》2006年第3期，第13~18页。

② 梅术文："'非物质文化遗产保护与知识产权国际研讨会'综述"，载《法商研究》2007年第4期，第156~160页。

裂开，将是死水一潭，没有活力，反而更容易被人们遗忘。应该发掘、发挥传统文化在当今社会中的新意义，产业化是一个好手段，能为传统文化再次腾飞提供良好的平台。当然也不能过分夸大开发对非遗传承的作用，尤其对非遗内涵传承的积极作用。保护是前提，只有保护好才能合理利用，只有不歪曲文化内涵的开发，才是有价值的开发。发展文化产业要起到一箭双雕的作用就必须尊重文化内涵。当前，我国处理非遗保护与开发利用的关系，就应该是以最优的开发利用方案即产业化，促进保护和传承。

二、本真原则

《非物质文化遗产法》第 5 条对于使用非物质文化遗产的"合理性"提出了基本要求，即尊重其形式和内涵。文化遗产的形式是指一种文化的存在和表达方式，应该包括外在形象的表达。如非遗有口头形式、文字形式、舞台演出，甚至以生产方式、生活方式都可以直接或间接表现出来。所谓尊重形式就是不能随意改变非遗的表达方式，比如昆曲不能以大秧歌的方式表达。传统文化的内涵则是指文化中的哲学理念，如价值观、人生观、世界观等诸多方面的思想。实际上，要尊重非遗的形式和内涵就是要客观地反映传统文化，保持其本真性。本真性，是某一事物的专有属性，是衡量一种事物区别于他种事物的规定性尺度。那么非物质文化遗产的本真性，就是指一种传统文化形式内在的本质属性，是这种文化的灵魂。如果歪曲了一种文化的灵魂，便是另外一种文化，原文化即不存在。故本真性是非物质文化遗产商业化利用的基础，保持文化的本真性才能称得上是在传承文化。当然本真性并不是僵化的生搬硬套，产业化必然对非遗项目的形式进行更科学的安排，在不会"伤筋动骨"的情况下，与现代人的生活节奏、当代主流价值体系和审美观等紧密结合，既能传播传统文化的正能量，又能丰富和提高人们的文化品位。

但是，我们一直强调的本真性是没有统一的标准的。任何一种非遗都有内涵和外在表现形式构成。从《保护非遗公约》到《非遗法》都是以保护文化表现形式为己任，由于这种表现形式有时会依附于有形载体，故而形成形式与载体的共同保护，如民俗活动及其依赖的特定空间。那么，我们要求的本真就应该有几层含义：首先是内涵的本真即不可歪曲，主要针对民间文学和习俗，它们体现一个民族崇尚的"三观"，是民族的精神寄托。其次是表达形式的本真，如民间艺术和手工艺，既涉及艺术表达各个环节，也涉及所需要的道具和材料。艺术表达各个环节，如戏剧的唱念做打不能随意改变，服装及伴奏乐器不能现代化，就不违背本真性。而手工技艺不得以机器设备冒充，材料不能作假，便是保持了本真。当然，许多民间艺术从表达方式到道具、材料，都在随着人们审美观的变化而变化，只要不是冒充传统文化进而欺骗公众，是无可厚非的。如许多以前在祭祀中使用的民间舞蹈和音乐，因为早已失去原有的宗教色彩，开发中人们把它当作一种传统文化接受下来，并且补充了新的元素，使其重新找回生存空间，甚至舞台化是不违背本真性原则的。民俗村为了发展旅游经济，充分利用传统文化的独特性，为村民谋共同福祉，而带有表演成分呈献给游客的习俗，并不会影响他们自己正式习俗的庄严性，对此不用大加指责，因为这种民俗表演如果延续几十年、上百年，它就是一种传统文化。

由上面的论述可知，本真性原则不能要求开发利用者必须分毫不差地忠实于原来形式和内容，而是在保留文化精髓的同时，可以有所创新，也就是说真与不真是相对而言的。而不同的利用方式及产业化的程度同新的表现手段等方面的差异，也允许本真性有程度上的不同。一是原生态保护，这种方式的本真性最高，如原住居民的祭祀活动，尽管流传了千百年，但时至今日也全部保持了能够记起的所有程序，因为这类活动已经融入原住居民的日常生活，年复一年地重复，只要不脱离这个民族和他们的生存环境，这种生活方式就不会轻易改变。二是复制性保护，即更多地着眼于非物质文化遗产的商业价值，或需要截取其中的一部分内容或保留原生态主要表达方式，而有所改进的一种开发利用，从一定意义上它还是对非遗保护有促进作用。三是表演性保护。就是借助舞台形式，以艺术化的方式对非物质文化遗产进行再加工创作。这种方式对民族传统文化的再现也有失真之处，多采用的是夸张的艺术手段但并不歪曲、篡改文化本身的价值追求，多多少少还是保存了非遗的某些本真性。大部分也是一种商业开发，从文化史的角度讲，这种形式是符合文化发展规律的。综上所述，三种利用形式都能保持文化的基本精神元素，当然能够坚持以原生态保护为主要的开发利用方式是最佳的，只是能够保持原生态又能实现产业化的非遗项目不多。只要是善意地发展文化和经济，照顾到持有人的精神利益，反映出该文化形态的基本功能，本真性的原则也就体现出来了[1]。

但是，非遗法保护的是活生生的文化创造者和传承者。事实上，无论哪一种传统文化形式都不可能一成不变，它不可能原封不动地被保存或者被后人简单地抄袭，它必然随着人们生产、生活的需要而发生改变，否则就会被淘汰。事实上，不知道有多少文化形态已经灭迹，今日人们要保护的是创造某种文化连续形式的可能性[2]。

因此，本真也罢，真实也罢，只能是相对而言的。抛开各国的传统精神，死搬硬

---

　　[1]　刘魁立："非物质文化遗产的共享性本真性与人类文化多样性发展"，载《山东社会科学》2010 年第 3 期，第 24 页。

　　[2]　Bruner E. M. Transformation of self in Tourism, New York：Annals of Tourism Research 1991(18)，pp. 20－28.

套"国际"真实性标准,没有积极意义①。有些人过分强调所谓本真性对于一种文化形式的重要性,而忽视文化发展的积极意义。如有些论者批评旅游包装是阉割传统文化,一切商业化开发非遗项目都是危害传统文化的真实性的行为。实际上,此类论断皆言过其实,这些专家在缺乏对文化史考察的前提下,妄加断言,乃刚愎自用行为。联合国《保护非遗公约》都承认文化创新不是歪曲,"各个群体和团体随着其所处环境、与自然界的相互关系和历史条件的变化不断使这种代代相传的非物质文化遗产得到创新,同时使他们自己具有一种认同感和历史感",这就是公约对非遗保护意义方面的解释。退一步讲,究竟有谁能说清某种传统文化的本真形式应该是什么样的?是在哪个历史阶段上被定型化并可以此作为判断真假的标准?昆曲有几百年的历史,谁能知道它的本初是何等模样?正因为如此,不少人的观念在变,抛弃静止的传统模式,转而强调开发利用要重新挖掘、不断创新,打造"新的真实性"。至于已经被土著民族接受的"前台表演,后台保真"的民俗开发利用模式,是我们应该提倡的。

三、区别对待原则

是否可产业化开发是两个方面的问题,一个是从经济价值上讲,有没有产业化开发的必要,是个成本核算问题或效率问题;另一个问题是从非遗本身的属性上讲,是否经过产业化开发不会给它带来根本上的破坏,即其历史文化价值能否被保留。如果有开发的经济价值,又不从根本上破坏文化的精神层面的价值,理论上就可以产业化开发。当然,实际操作还会受到许多因素的制约,因此必须对非遗项目进行分类考察、分类处理才行。

如果我们只是粗线条地划分可产业化非遗和不可产业化非遗,就是从它的属性出发,按照老祖宗赋予非遗的基本使命划分,即凡是传统上便是商业化的非遗,当代就能够作产业化考虑,如传统玩具、戏剧曲艺演出、年画、泥塑、面塑、各类雕刻、刺绣等。这些民间艺术和工艺在历史上就是被商业化利用的,有些甚至一直延续至今,还属于当地经济生活的重要组成部分,如传统酿酒和制作瓷器。有些只是因某些原因而衰败了,比如年画、戏剧。而凡是传统上就不是商业化利用的非遗,如口头传说、各类仪式以及某些宗教活动、知识等,其中一部分是非常庄重的仪式,在古代代表着神圣崇高的内涵,到当代可能已经失去了原来的内涵,纯粹是走形式的,也不适宜商业化开发。但也有一部分是在历史上受方法和手段的限制,未曾作商业开发而当代却可以开发的,如民间文学,通过现

---

① Greenwood. D. Culture by the pound: An anthropological perspective on tourism as culture commodizition in hosts andguests, The anthropology of tourism 1989 (2),pp. 99 – 110.

代媒体可以产业化开发①。开发商用市场眼光对非遗分类远远比这要细致得多，现实总是要比理论设想复杂。

在决定非遗产业化之前的准备工作中，必须对非物质文化遗产进入文化产业进行评估，选择若干影响因子，并采用综合评估方法，以累积总分数来评价投资环境和条件。从目前来看，应纳入评估体系的首选因素有以下三个：市场价值、经营环境、对社区发展的影响。另外，还要考虑可行性，即遗产类型。至于濒危状况，不是产业化要考虑的问题，是保护措施问题。通常情况下，濒临灭绝的非遗项目早已失去了产业化价值，因为它本身就没有市场，至少在过去很长一段时期和未来一定时期是没有推广前景的，因为土著人自己的选择是最客观的。市场价值是核心要素，是产业化的动因和基础，对于那些文化价值独特、有着良好市场开发前景的项目，是产业化的首选，可以充分运用市场机制，做大产业。让整个社区都参与进来，不仅弘扬优秀传统文化，增强社区居民的认同感，而且可以发展地方经济、改善群众生活。当然，经营环境必须适合产业发展需要：须有一定市场，有足够的人才储备，有产业化所需的物质材料，必须与民众生活联系密切，能被现代生产生活方式容纳。否则，即使历史文化价值很高，很有传承的必要，处于极度濒危状态，但已脱离现实生活甚远的非遗项目，有保护的必要，却不能产业化，不能靠市场机制救活它，只能发挥政府的主导作用，整理遗产资料、建立档案，存入博物馆。

对于民间文学来说，主要有古代神话、传说、诗歌、寓言、故事、谣谚等，有许多都适合以产业化方式开发利用。如目前我国绝大多数文化旅游项目都来自于民间文学，如刘三姐赛歌会、黄帝陵祭祖、女娲庙会等，不胜枚举，都是地方旅游业的支柱。只是要实现民间文学项目的产业化，必须明确了产权方能顺利开展。从民间文化的特点看，与著作权法律制度保护范畴内的文字作品、口头作品比较接近，因此我们对它的知识产权制度保护，主要是通过著作权法律制度进行的。如《图书、期刊版权保护试行条例实施细则》第10条明确规定：民间文学艺术的整理本，版权归管理者所有，但他人仍可以对同一作品进行整理并获得版权。该规定保护民间文学艺术和其他民间传统作品的整理者和素材提供者的权利。此外，对于民间文学中的名称、地理标志之类，可以通过商标权法律制度进行保护，既可以预防他人的商标侵权，又可以为权利人获取私法利益提供保护②。如将地理标志注册为集体商标或者证明商标来对其进行保护。在一些发达

---

① 严荔："文化资源产业化开发的区域实现机制研究"，载《四川大学学报》（哲学社会科学版）2013年第2期，第132～136页。

② 徐辉鸿、郭富青："非物质文化遗产商标法保护模式构建"，载《法学》2007年第9期，第99页。

国家如澳大利亚、美国、加拿大等都是通过注册证明商标或者集体商标来保护民间文学的①。建立集体商标制度和证明商标制度，恰恰就是为规模化经营提供制度支持，通过该制度可以将分散的个体经营联合起来，变小规模、低效率重复建设为大规模集约化经营，提高经营效率。

对于民间音乐、民间舞蹈、曲艺、民间杂技的产业化利用，其中符合著作权法律制度保护范畴的音乐、戏剧、曲艺、舞蹈、杂技艺术作品等可以通过著作权法律制度进行保护，由权利人组建演出团体表演。当然，也可以分散经营，形式宜灵活多样。如唢呐艺术、江南丝竹等民间音乐，既有规模化演出团体，也有个体经营者，效果都不错②。

正如前述，非遗产业化遇到的首要难题便是非遗开发项目的选择。这是一个非常复杂的问题，也可以说是一个系统的工程，需要周密的计划和严格科学的论证。或许一项非遗有开发前景，但却依赖于另一项文化遗产的同时开发，或者说只能综合性开发才有市场。考察那些成功的非遗开发案例，基本上都是物质文化遗产和非物质文化遗产相互利用、相互渗透、综合开发。如大型旅游项目，多是已经存在很长时间的历史悠久的文化遗址，有可供参观的文化空间，再将当地传统戏剧曲艺、民俗仪式融入其中，同时还可向游客出售以当地传统工艺制作的工艺品以示纪念。这种综合开发传统文化的模式就能取得良好的效果，为什么呢？因为自然景观差异和传统文化差异是文化市场的基石。

通过上述分类处理的方式，我们可以将非遗进行更为详尽的开发利用分类，并由政府主导制定切实可行的产业化发展规划。对于适合大规模产业化发展的项目，可以采取政府招标的方式，吸收社会资金进行商业化运作，如多数非遗旅游项目就可以采用这种模式。而对于适合小规模经营的项目，比如过去存在于家庭作坊的科技知识类非遗项目，则可以发展为社区成员共同参与发展的项目。只要能够通过归类，可以为不同类别的非遗项目找到适宜的权利保护模式，就能够较为顺利地开展产业化利用，而避免无序滥用。保证非遗持有人在获得经济利益的同时，最大限度地满足精神需求③。

四、利益分享原则

资源的稀缺性决定了利益冲突的不可避免，任何制度安排都离不开对博弈各

---

① 李淑敏、李荣启："论非物质文化遗产的保护原则"，载《船山学刊》2005 年第 3 期，第 173～175 页。

② 张小勇：《遗传资源的获取和惠益分享与知识产权》，知识产权出版社 2007 年版，第153 页。

③ 苑利、顾军："非物质文化遗产的产业化开发与商业化经营"，载《河南社会科学》2009 年第 4 期，第 20 页。

方的利益平衡，尽可能地化解冲突。知识产权制度也是平衡各方利益的财产权制度。从国际上看，发达国家在智力成果生产上占据显著优势，他们希望永久获取对发展中国家的技术壁垒优势，赚取超额利润；而发展中国家接受发达国家的技术盘剥，同时又试图在知识产权转移上获取一定的话语权，因为发达国家的产品不可能不出口到发展中国家，如果绝对禁止其仿造，它可以拒绝再进口。另外，发展中国家也可以传统知识与发达国家交换现代技术，寻求双方的平衡①。《生物多样性公约》针对生物资源的有效利用，将上述精神吸收到公约中，进而设立了一种旨在促进资源拥有者和开发者互惠的机制。虽然非物质文化遗产中的传统科技可能与相关生物资源有密切联系，但对其保护更多考虑其作为生物物种的特殊性，因而很难将其纳入非物质文化遗产的范畴。不过并不影响在对非物质文化遗产保护问题上，可以借鉴该机制以保护非物质文化遗产持有人的利益，并以此弥补上述知识产权法及特别法对非物质文化遗产保护的不足。

利益分享的依据很简单：非遗是持有群体付出了努力获得的知识和技艺，当非物质文化遗产成为一种能够促进财富增长的特殊生产力，且以知识产权制度加以保护时，非物质文化遗产的商业价值在市场中便逐渐得到体现。于是，许多发展中国家希望知识产权制度能够把对非物质文化遗产可调整范围扩大，以便较为充分地保护千百年的传统知识，"老物件"就应该值钱。而有先发优势的西方，用塑料赚足了发展中国家的财富，还指望用美元控制发展中国家的智慧。于是，双方在《保护非遗公约》展开了博弈，最终实现利益分享，即保证非物质文化遗产的传承人与发达国家的投资人，共同从商业开发中获得合理的利益份额。因为双方在资金、知识产权管理经验等方面处于事实上的不平等，如果不特别保护非遗拥有者，他们无法与强者对话。"被当地社区认为是现在和将来几代人维持健康和完整生活方式的保证"②。利益分享机制的建立，既是为了体现社会公正，也是为了尊重非遗发源地的土著居民，更是为了鼓起人们保护与传承非遗的信心和能力。

发展中国家在同发达国家就非遗利用中的利益分享争取权利斗争了几十年，许多发展中国家如印度、菲律宾、秘鲁等通过国内立法保护了本国非遗持有人的经济权利。国与国之间的非遗利益分享机制的构建，可以由国家出面对弱势的非遗持有人进行帮助，以维护其利益。而当国内非遗持有主体或传承人为一个群体时，便存在利益的二次平衡，在国内非遗开发利用关系中也面临利益的分配。由于非遗传承主体主要指的是为非物质文化遗产的创造、传承发挥了积极主动作用

---

①　蒲莉：《传统资源与相关传统知识的民法保护研究》，人民法院出版社 2009 年版，第 42 页。

②　[加]达里尔·A. 波塞、格雷厄姆·杜特费尔德：《超越知识产权——为原著居民和当地社区争取传统资源权利》，许建初译，云南科技出版社 2003 年版，第 8 页。

的群体，并不能仅仅明确到具体的个人，个人在没有集体的授权的情况之下不能对非物质文化遗产进行处分、转让，这就是非物质文化遗产所具有的集体共享性。非物质文化遗产作为一种集体资源，在群体内部，并不能完全被某一团体或者个人完全独占。由此决定了群体各成员在享有非物质文化遗产时也不能排斥其他成员享用非物质文化遗产，同样由集体资源带来的利益也就不能被某些人独享，而应归集体所有并以一种合理的方式为大家共享或分享。假如是群体中的个别成员要对共有的非遗进行商业性开发利用，获得利益也应该有一部分归群体集体享用。集体享用的模式是选择平均到社区群体的每一个人，还是交由社区的某个机构进行统一性管理，以为社区群体提供公共福利方式分配，完全由持有人通过事先的决议、章程，或事后的协商确定。实践中，一般要求利益分享建立在地位平等的基础上，一种意思自治的基础上，并且应该把处于弱势的非物质文化遗产持有人的意志充分表达出来，由他们对合作内容、过程、结果和利益分配等有自主的话语权。通过合同形式，把非物质文化遗产持有人应该享受的利益，如直接经济补偿，或许可使用费等作出明确规定。至于持有人的确定，应根据实际情况，可以确定为一个人、一个组织、居民社区的地方政府或基金会等，用以帮助实施针对非物质文化遗产的利益分享①。

在利益分享的制度设计上，应该强调三种公正，即补偿公正、分配公正、程序公正。补偿公正要求非遗持有人应该得到回报和补偿；分配公正要求对非物质文化遗产所带来的利益要进行公平分配；程序公正要求做出分配的决定和程序应该是不偏不倚的。比如，以著作权形式对非物质文化遗产进行产业化利用时，应该建立一个权利代管机构，通过有偿许可使用制度，向被许可人收取一定的许可使用费。具体操作上，应该签订许可使用合同，确定利益分配的比例和方式。同时，还应注意科学划定利益分享内容。因为非遗的产业开发，既可以是直接的利用非遗的传统形式进行复制性利用，也可以是进行创新，甚至开发者对于创新可以获得知识产权，那么在进行利益分配时非物质文化遗产开发利益分配的内容除了非物质文化遗产开发带来的直接经济利益，还包括非物质文化遗产开发带来的商业成果及知识产权成果的免费或优惠使用，以及在某些知识产权成果中署名的权利，这是因为这些成果的产生根源来自非物质文化遗产，是非物质文化遗产的衍生利益，与非物质文化遗产的持有人也是有权利联系的。

目前，我国部分地区已经探索出相对成熟的利益分配模式，如郎德模式。郎德乃黔东的苗族古老自然村寨，自从发展乡村旅游业以后，传统资源由村委会统一管理，村委会设立发展基金，从村子旅游收入中按 30% 比例预留，基金使用

---

① 丁丽瑛：《传统知识保护的权利设计与制度构建》，法律出版社 2009 年版，第 62 页。

情况公开并且由村民监督，其余人均分配给村民①。但是，不同类型的非遗项目、不同的权利配置状态，决定了非遗产业化利益的分配方式可以是多种多样的。只要有利于保护文化遗产，有利于传统文化的传承和发展，有利于协调遗产持有人与开发者的各方利益关系以及促进当地社会稳定和经济发展，利益分配方式由各方自主决定。在对利益分享主体和分享内容做出考虑后，便是制度构建问题，笔者认为应当通过立法将利益分享原则制度化，明确开发商必须给持有人利益补偿或支付许可使用费，同时要建立发展该项文化的基金，并将此作为法定义务，不容双方协议改变。但是，立法不便于将利益分配比例法定化，允许当事人协商，体现私权的自治。由民间资本开发的非遗项目产业，其收益的主体部分不适于归入财政，毕竟鼓励全社会参与非遗的保护还是我们立法要坚持的原则，不能挫伤了人们的积极性。

五、自主开发利用与政府扶持相结合原则

目前的立法核心是保护第一，所有的措施均围绕非物质文化遗产的保护展开，因此就确立了政府主导的保护模式。把非遗保护作为政府文化管理职责的一个构成部分来看待。但是，非物质文化遗产的开发利用应该主要是非遗权利人自己的事情，如果设定非物质文化遗产权，则权利主体即使是国家或有关组织，也是一项私权，所以非遗产业化是权利人的权利内容之一。产业化的投资规模、投资方式、合作方式、管理经营方式、利益分配办法，都由权利人自主决定。尤其那些本来就属于家庭、家族、社区所有的非遗项目，可以完全由权利人组织和决策。而涉及某个区域众多群体或组织共有的项目，则应该由当地政府出面负责组织协调，从发展地方经济的宏观角度，统一规划和布局，将有影响的、被确定为国家或省市的非遗保护项目，作为地方经济的重要产业甚至是支柱产业来抓，不仅要形成规模，而且要延长产业链。目前，由政府主导和扶持发展的较大规模的非遗产业化项目主要集中在文化旅游行业，政府处在管理者和协调者的地位。要整合各方面的利益诉求，调动和协调各方力量，平衡各种关系。

当然，政府和开发企业在非遗保护和产业化方面的定位并非那么简单，政府作为社会管理者，公共利益的维护者，它的任务主要是促进文化事业的发展，但同时它也有义务对文化市场的开拓和健康发展尽职尽责。既然政府看到了市场对于非遗保护的积极意义，鼓励有条件的开展生产性保护，而非遗的产业化又往往遇到诸多开发商解决不了的问题，比如明确非遗权属、协调非遗持有人之间的利益关系、克服开发与保护之间的冲突等，这些都需要政府出面引导和解决。尤其

---

① 李欣华、吴建国："旅游城镇化背景下的民族村寨保护与传承——贵州郎德模式的成功实践"，载《广西民族研究》2010 年第 4 期，第 193 页。

在涉及非遗跨区域共享时，仅凭开发商一己之力难以处理好与非遗持有人之间的关系，并因此影响非遗的正常开发。当然，政府的极少部分出资或许能起到"广告效应"，进而起到四两拨千斤作用，引导社会资本进入传统文化市场。同时，政府是各种利益关系的监督者、仲裁者和协调者，既能看到企业利益增长对于其开发非遗的激励，客观上解决了非遗传承的部分资金投入问题。政府也会重视文化传承对于国家发展的长远意义，为企业提供更好的文化资源开发环境，为非遗传承人提供更多的保护与传承资金，确保传统文化资源能够得到应有的保护和传承。

在市场化的环境中通过发挥开发商的能动性来实现历史文化资源的优化配置和有效整合，是可以期待的。如可以通过龙头企业的引领或特定主题历史文化产业园区的设立，有效整合资源和实现项目聚集。但是，开发者的谋利盲目性可能造成非遗被滥用，同时传统文化开发将涉及诸多专业性问题，这就会体现出政府在文化产业化开发中的重要作用，它直接关系到能否使文化资源得到合理开发与可持续利用的问题。因此，在开发之前，政府应向文史、民俗、旅游、经济等方面的专家、学者广泛征求意见，经反复论证且作出科学合理的规划，就可以避免开发商的盲目投资。而在整个开发过程中，务必加强对各个环节的管理，避免产生为谋求利益而损害信仰文化的行为。如政府可在充分调研的基础上，构建促进历史文化资源产业化发展的政策体系，在资金投入、立项、用地、税收、价格、信贷、融资、生产、社会保障等政策方面提供必要的支持。另外，政府可以为文化产业提供公共设施服务，并通过政策或行政手段，制定市场运行和调节的规则体系，规范企业行为，消除市场壁垒，以及提供信息发布服务、构建资源整合平台服务、人才服务、管理和融资服务等，发挥政府的市场监管作用①。总之，政府的扶持是多方面的，不仅仅是资金和优惠政策，开发的条件准备和环境更重要。如广西的印象刘三姐、云南的云南映象等许多大型的非遗开发项目都离不开政府的统一规划和协调支持。

自主开发利用不仅是一个尊重投资主体市场决策自主权的问题，也是尊重非遗持有人意愿和动员全社会参与非遗传承的内在逻辑要求。如果产业化开发有利于非遗的传承，也有利于改善当地或非遗持有群体的经济状况，又不会对非遗持有群体带来精神伤害，仅仅因其他因素没有开发意愿或在持有群体内部达不成一致意见的，可以通过政府或社会各界力量帮助非遗持有人转变观念，但绝不可强制，传承人的态度在很大程度上决定着这些遗产被传承或被废弃的命运。而鼓励社会公众参与，一方面可以为非物质文化遗产的保护提供深厚的生存土壤，促进

---

① 毕雪莹、邵腾："责任政府视角下非物质文化遗产保护与传承研究——以山东省日照市黑陶业发展为例"，载《云南社会主义学院学报》2014 年第 2 期，第 346～348 页。

非物质文化遗产世代相传。另一方面能够更好地监督立法工作以及法律的实施，为非物质文化遗产私权保护提供法律依据。

总之，非遗的开发利用要坚持从我国的国情出发，要突出中国特色，要以建设社会主义先进文化为目标，为广大人民群众提供正确的价值观，这是我国文化产业发展的重要价值取向。非遗产业化要实现社会效益和经济效益的双丰收，经济效益是非遗保护的物质基础，社会效益是文化产业发展的根本目标，二者是相辅相成的。同时，要考虑国家文化安全，包括非遗的物质载体，如历史古迹、建筑艺术的安全。

第二节　完善非物质文化遗产产业化保障立法

一、完善《非物质文化遗产法》及知识产权法相关规定

（一）修改《非物质文化遗产法》

明确非物质文化遗产所有人（或称持有人）的法律地位，即不论何种类型的非遗，总要有一个确定的所有权主体，无论个人、组织，甚至群体或国家。根据非遗的特点大致上可以将非遗主体分为以下几类：一是国家或社会民众型权利主体。例如春节、重阳、二十四节气、神话传说等非物质文化遗产，我们无法确认任何人或组织可以享有相关权利，相反在中华人民共和国领域内或者华人中任何一个人都可以使用，无须征得他人同意。对于这类主体，没有单独主张权利的可能性。二是团体型权利主体。这类主体比较复杂，有一些非遗项目属于明确归属于一个组织体，如老白干酒酿制技艺就是归属于老白干酒业集团，木版水印技艺就是归属于荣宝斋。而一些非物质文化遗产是在特定地域、特定的民族间产生的，经过长时间的流传，此类非物质文化遗产具有明显的地域特色、民族特色，成为其对外的象征。如果要确定其权利主体，就必须以非物质文化遗产产生的背景、发展经历为依据，赋予特定民族、群体的权利主体资格，这样才符合民事活动中最密切联系原则的要求。三是个人或家庭。某些非物质文化遗产表现形式多种多样，除一部分在社会上流传外，仍有一部分不为外人熟知。最典型的是北京的聚元号弓箭制作技艺的所有人就是杨福喜个人①。《非遗法》作为非遗保护与利用方面的基本法必须对非遗所有人的界定做出一般规定，并明确其权利义务。可以借鉴他国先例，如孟加拉国制定的《生物多样性与社区知识保护法》

---

① "聚元号弓箭"，见百度百科网，baike.baidu.com/link？url.

（1998）第 8 条明确规定了不同社区与国家对非物资源、知识与创新的共同所有权。在我国，能够确定具体的创造者或保存者的非遗项目，就要以法定程序予以登记确认，否则应推定某个群体或者国家为权利人，如传统中医药知识的权利主体应为中华人民共和国。民族地区非遗持有情况相对复杂。单个民族为持有人的无须赘述，多个民族都保存持有某项非遗的，应该以共同享有所有权来处理①。

同时，还要明确非遗传承人的权利内容。除了《非遗法》第 44 条规定的指引性法律适用规定外，即"使用非物质文化遗产涉及知识产权的，适用有关法律、行政法规的规定。对传统医药、传统工艺美术等的保护，其他法律、行政法规另有规定的，依照其规定"。有必要在《非遗法》中规定那些不能按照现行知识产权法等法律法规得到保护的非遗项目，给传承人最一般的权利救济，如许可使用权，获取补偿权等。如此，非遗传承人即使不能受到知识产权制度的保护，也能得到作为非遗持有人最基本的权利保护。另一个关键问题就是明确权利代表机构。非遗的传承主体或称所有主体大多具有群体性特征，给权利的行使带来不便，需要建立权利行使与监督机制，建立非遗所有权、控制权和监督权三权制约制度，所有权归传承主体；控制权是执行权，交由法律确定的代表机构行使，代表机构可以是当地政府文化主管部门，也可以是由该部门授权的开发机构，或者保护单位。但无论哪个单位代行权利都必须在法律中加以明确，并保证不会存在争权现象。

（二）修改《著作权法》

到目前为止，世界上在著作权法或地区性著作权条约中明文规定保护民间文艺的国家已经超过 40 个。在这些国家中，有的是通过直接立法的方式对民间文学艺术表达进行保护，如突尼斯 1967 年颁布的《文学和艺术产权法》，就明确规定民间文学艺术表达是本国遗产的一部分，除那些代表公众利益的国家组织外，任何人以营利目的对民间文学艺术表达进行使用的，包括取材于民间文艺的作品进行创作，都需要经过文化部的授权②。有的虽不直接立法，而是将版权的保护范围扩大到公有领域，建立"公有领域作品使用付费制度"，如智利版权法中规定作者不明的作品，包括歌曲、传奇、舞蹈和世代积累的民间文学艺术的表达形式属于公共文化财产，使用者使用属于公共文化遗产的作品应支付使用费③。但是能够通过著作权制度保护的非遗是有限的，有些非物质文化遗产是以有形载体

---

① 吴汉东：《中国知识产权蓝皮书（2005—2006）》，北京大学出版社 2007 年版，第 313 ~ 314 页。

② ［突］内比拉·梅慈加尼："突尼斯新文学艺术产权法"，高陵瀚译，载《版权公报》1995 年第 3 期。

③ "民间文学艺术法律保护研讨会综述"，载《著作权》1993 年第 4 期，第 3 ~ 4 页。

的形式表现出来的，如文学艺术类非物质文化遗产中的雕塑、版画、编织品、泥人、瓷器、地毯、陶器、民族服装等生活艺术用品，可以直接获得著作权的保护。而有些非物质文化遗产本身是无形的，却可以采用有形载体固定下来，这些非物质文化遗产既包括文学艺术类非物质文化遗产中的故事、谣谚、神话、传说、寓言、舞蹈、杂技、曲艺等，也包括传统仪式节庆、体育竞技类的部分仪式、风俗、礼节等。人们对于这些非物质文化遗产进行翻译、整理、表演、摄影，这些创作的作品体现了创作者的创造性劳动，能够间接获得著作权保护。

我国现行《著作权法》第 6 条规定："民间文学艺术作品的著作权保护办法由国务院另行规定。"显然，我国著作权法亦将民间文学艺术纳入了著作权保护的客体之中，只是尚未加以落实。应当根据我国民间文学艺术的特点，借鉴《巴拿马特别法》和《班吉协定》，对于民间文学艺术作品的保护期限加以区别对待。我国公民可无偿对其进行非商业化利用，视其为公有领域的遗产。而对于利用素材进行再创作的，要受著作权法保护。对民间文学艺术和其他民间传统作品的整理者可以给予版权保护，但是，整理者必须注明材料来源，并对素材提供者给付使用费。对于民间文学艺术的任何形式的利用，都应该尊重持有人的信仰，并不得篡改、歪曲，否则应对持有人进行精神损害赔偿。而对于国外以营利为目的的商业利用，应该进行限制，无期限保护。而对民间文学表现形式的保护，应确立登记制度进行确权，通过登记明确权利主体，可以对抗第三人的权利主张，进而建立使用许可制度、强制许可制度和合理使用制度，使其逐渐与作品保护制度接轨。

（三）完善《专利法》

专利权能够适用的主要是《保护非遗公约》中的第四类和第五类非物质文化遗产，即有关自然界和宇宙的知识和实践，主要指有关大自然的观念、农业活动、运动知识、生态知识和实践、药典和治疗方法、宇宙观、航海知识、预言与神谕，有关大自然、海洋、火山、环境保护和实践、天文和气象的具有神秘色彩的、精神上的、预言式的、宏观宇宙的和宗教方面的信仰和实践。另外，还有冶金知识，计数和计算方法，畜牧业，水产，食物的保存、制作、加工和发酵，花木艺术，纺织知识和艺术以及传统手工艺等。但是，如果按照现代专利法的要求，它们又不能被授予专利权，而一些科技水平较高的组织、个人却能够在这些传统科技知识的基础上进行再利用而取得专利并大发其财。欲改变现状应将专利的"三性"标准降低，明确新颖性的公开标准可以不变，而公知公用标准应该降低，因为群体性的特点决定了公知公用范围应该比现代技术要求宽泛一些。只要一项非物质文化遗产没有以经营或者宣传为目的向不特定的公众公开出版、公开使用和为公众所知，而仅仅是为特定的区域、特定的群体内所公知公用的，该社区或者该群体本身有着保密的自觉的，可以认定其符合新颖性要求。目前世界上有许多国家适用所谓"小专利制度"，就是通过降低新颖性标准实现专利保护。如肯尼亚法律允许传统医药知识申请小专利，而传统手工艺产品如家具、服装、皮革、木器等的设计或形状都可以获得外观设计专利保护①。而创造性的标准应该考虑到非遗演变过程中，不同时期的人们对它的贡献，它是一个活的演化过程，所以创造性的要求也不宜过高。如中医药可以申请专利法保护，传统的中医药配方在现代科技支持下，当然可以通过增减中药材成分获得新的药品而获得专利，而配比并非专利法要求公开的内容，并不影响权利人对该中医药品种的专有权，中草药在药品中的配比则以商业秘密获得保护。另外，对于一些传统知识、传统工艺不再要求具有创造性，而是传统性。具有独一无二特色的传统性，也可以称为特殊性，就可以受到专利保护。具体而言，只要该技术体现其传承区域的某些特征，是其他区域的公众不能任意掌握或者不能通过常规推理得到的，就符合这一特性。实用性的要求，在非遗项目中并不缺少，且绝大多数传统科技项目和民族服饰等都具有实用性特点，许多传统手工艺产品，如家具、服装、木器等可获得外观设计的保护。总之，《专利法》应该专门列出一章规定非遗项目申请专利的条件，降低申请费用，简化审批程序。

当然，在保护非遗专利权的问题上，我们可以借鉴一些南美洲国家、印度的做法。在《专利法》中规定，如果发明涉及非物质文化遗产或相关的生物资源，专利申请人应提供本土居民或相应管理机构的知情同意证明和相关的利益分享协议，若申请人不能提供合法证明则不予授权。对于植物新品种权的保护亦应如此，建议在《植物新品种保护条例》中补充与《专利法》相似的法律条款。可以完善中药发明专利的授权标准和申请程序。但是如果传统知识或者技艺本身在申请前在某一区域或者某一人群中已经普遍存在，这时应当限制专利权人的相关权利行使。允许原使用者在原使用范围内继续使用，维护非物质文化遗产的公益性。

（四）完善《商标法》和《反不正当竞争法》

国际上以商标法保护非遗早有先例。如1990年，美国通过了《印第安人艺术和手工艺保护法》，并依据该法禁止非印第安人将其制造的产品使用"印第安制造"的标记。再如新西兰注册了一个证明商标"toi iho"，以确保当地土著居民毛利人艺术和手工艺品的真实性和品质②。国外此类案例不胜枚举。我国一些

---

① 严永和："传统知识的'新颖性'分析"，载《贵州师范大学学报》2006年第1期，第27～31页。

② 杨建斌："商标权制度与非物质文化遗产的保护"，载《北方法学》2010年第2期，第42页。

地方团体也有相关尝试并逐渐引起更多人的重视，如 1998 年少林寺正式注册了"少林"、"少林寺"商标，注册类别是武术表演。1999 年，景德镇陶瓷协会向国家申请注册了"景德镇"陶瓷证明商标，用以证明具有景德镇特色的日用瓷、陈设艺术瓷新产品。2004 年铜梁县高楼镇火龙文化服务中心注册"铜梁火龙"为商品商标的申请，核定服务项目为文娱活动、组织表演、演出、节目制作、录像等。

可以利用驰名商标制度对非遗资源进行全面保护，从同类商品和服务扩展到类似商品和服务。可以用联合商标和防御商标制度，如山东蓬莱为打造"八仙过海，人间仙境"旅游品牌，注册了与八仙过海相关的 105 件商标成为联合商标，有"八仙""八仙过海""人间仙境""蓬莱""瀛洲""徐福东渡""海市蜃楼""三仙山"等。文化来源地符号保护可以借鉴地理标志保护制度。TRIPS 协议使用了地理标志的术语，将其定义为："识别一种原产于一成员方境内或境内某一区域或某一地区的商品的标志，而该商品特定的质量、声誉或其他特性基本上可归因于它的地理来源"。所以可以借鉴地理标志制度，通过注册证明商标、集体商标等方式，保护非遗持有群体的权利，以保证非遗开发利用者随时接受权利人的监督。而属于原住民社区的原有标记、徽章、符号等，也可以注册商标，则原住民社区可成为商标权人[1]。申请商标注册的主体应该是持有人代表，如文化馆、文化保护基金会、地方文化研究会等组织。

商业秘密权保护与非物质文化遗产保护具有契合性，在很大程度上突破了传统知识产权对于非物质文化遗产保护中所面临的障碍。如它的主体可以是多元的，可以是一个群体。而且保护期限不是法定的，由权利人自己决定。而许多非遗项目如传统工艺美术以及中医药方都可以使用该制度。就目前我国《反不正当竞争法》对于商业秘密的保护而言，应该规定得更为详尽，从商业秘密的认定，到商业秘密保护措施的规定都应当考虑到它的可操作性。建议借鉴美国 1979 年的《统一商业秘密法》及瑞典的《商业秘密保护法》，来制定我国的《商业秘密保护法》，更详尽地对非遗项目作出规定，包括明确作为商业秘密保护的非遗类型，商业秘密的拥有者的权利。如有权要求在其作为商业秘密开发的非遗相关产品或服务上标明传承人或发源地，在法律所允许的范围对该商业秘密使用甚至转让相关事务，并可从中获得相应的收益，决定在何时和何范围公开其秘密的权利等[2]。

---

[1]　赵小平：《地理标志的法律保护研究》，法律出版社 2007 年版，第 36 页。

[2]　阎良础："浅论商业秘密权"，载《青岛农业大学学报》（社会科学版）2007 年第 2 期，第 69 页。

二、制定《非物质文化遗产传承人认定及管理办法》

我国现行法律、法规并无非物质文化遗产传承人的规定，而只有代表性传承人的规定。在代表性传承人的认定上基本形成了两个层面相结合的局面即国家级和省市级，这两个层面的传承人又都是代表性项目的附属品。主要法律依据是2008 年文化部《国家非物质文化遗产项目代表性传承人认定与管理暂行办法》和 2011 年的《非遗法》，其中对国家级非遗项目代表性传承人的遴选条件和程序，以及代表性传承人的权利义务均做出了规定。而省市等级非遗项目代表性传承人的规定，都由各地方政府自己决定评选条件和程序。

现行规定中对非遗传承人认定存在四个方面问题：一是未从非遗的归属关系上界定传承人，仅仅从掌握和管理非遗技艺和资料的角度认定传承人，忽视了从非遗的形成角度、为确定非遗所有人而规定传承人制度。二是仅对代表性传承人进行规定，而不是对所有传承人进行规定，即评出的仅仅是传承人的代表。三是没有规定非遗项目代表性传承人的数量，影响了代表性范围。四是"代表性传承人"认定条件不够科学。《非遗法》规定代表性传承人应符合三个基本条件：（1）掌握并承续某项国家级非物质文化遗产；（2）在一定区域或领域内被公认为具有代表性和影响力；（3）积极开展传承活动，培养后继人才。这三个认定条件对代表性传承人的要求很高，尤其是第三个条件，要求候选人必须"有徒弟"，这一要求就离谱了①。为什么要求还不是代表性传承人的人必须培养过后继人才呢？这应该是已经成为代表性传承人的义务要求才对。因为有许多极有影响的民间艺人生存环境可以称得上恶劣，没有人愿意继承遗产，难道不需要有代表性传承人去宣传吗？而也有民间艺人对带徒弟没有准备和兴趣等。显然不应该把代表性传承人的义务，当作认定条件来规定，这样会影响民间艺人传承文化的积极性。

另外，申报制度不够合理。从文化部目前规定来看，代表性传承人由民间艺人以自行申报为主，经主管部门批准后予以公告确认，颁发代表性传承人证书。该程序性规定对于生活在民间的艺人们不太合适。一是这些民间艺人对这个规定了解程度不深，影响他们申报的积极性。二是掌握同一技能的民间艺人中的高手往往不是一个，有时是多个且相互之间有亲密的关系，如师徒关系、父子关系、师兄弟姐妹关系等。如果自愿申报，那么谁肯出头申报呢？假如其中一人申报成功又如何处理与他人的关系呢？会不会因此而产生矛盾？因此，要通过立法完善传承人认定制度，不管是代表性传承人还是普通传承人，都应该由法律确认。本书认为应该制定《非物质文化遗产传承人认定及管理办法》，该办法应包括以下

---

① 冯晓青："非物质文化遗产与知识产权保护"，载《知识产权》2010 年第 5 期，第 62 页。

主要内容：

（一）传承人认定原则

确定传承人认定原则的首要问题就是明确认定传承人的目的何在。不论《保护非遗公约》，还是我国的《非遗法》，立法宗旨都不能缺少保护文化多样性和维护传承人权益，只是我国立法更强调弘扬优秀传统文化。如果结合前述各国相关立法，确定非遗传承主体并保护他们的权利，是立法不可缺少的使命。但是毕竟非遗的表现形式非常多样化，因此确定传承人不能千篇一律。具体而言，认定原则主要有三项：

一是合理分类，区别对待。主要有两层含义，首先是非遗的分类，其次是传承人的分类。此处的非遗分类是按照传承人是否必须为多数人而划分，有群体项目，也有个体项目。民俗类、民间文学艺术类、传统医药类多为群体项目，个体是无法完成的，所有人与传承人合二为一；而其他类非遗则以个体传承为主，尽管它们看似为集体传承，实则是通过个体就可以完成，如某个区域或某个民族掌握和流传的技艺，民歌、民间舞蹈、造纸技艺、蜡染技艺等。这类非遗的所有人应该确定为群体，以区别于所有人与传承人均为个体的非遗项目。现行规定中只有代表性传承人的遴选，而且只有一人，如此不利于避免出现"人亡艺绝"的局面，同时会在民间艺人之间制造矛盾。因此，应该将传承人做广义理解即非遗所有人或持有人，有学者将其称为"原生境人"①。传承人分为代表性传承人和一般传承人两类，而一般传承人还可以再分为目前仍在传承非遗之人和只是在某个时期他们的祖先和现在的传承人一样以非遗为生产生活不可缺少的部分，而现在他们尽管仍掌握这门技艺却不再以此为生的人。非遗的群体项目和个体项目都会有传承人，但非遗原生境人是某些非遗项目的共有人，目前并非每个成员都传承非遗。所以，在代表性传承人之外应该确定若干人（团队）为一般传承人，具体数目应视非遗项目实际需要而定，并且每项非遗项目应形成传承人梯队，鼓励年轻一代加入队伍。

二是要调动非遗所有人参与非遗保护和开发的积极性，使更多的人成为传承人，给予其中作出贡献的人以奖励和资助，激发其自觉传承的积极性。当然，政府还应该为传承人创业提供更多的机会。

三是要坚持优胜劣汰。代表性传承人会享受政府的优惠，不仅可以得到资助，同时可以借助名气增加市场感染力。正因为如此，代表性传承人应该有进有退，不符合条件的代表性传承人降为一般传承人，相反一般传承人可以晋升为代

---

① 赵纲："非物质文化遗产原生境人法律地位的价值分析"，载《陕西广播电视大学学报》2008年第3期，第74页。

表性传承人，不履行传承人义务或脱离传承队伍的，应取消传承人资格。因为代表性传承人是要承担起文化传承的带头人的责任的。可以借鉴《贵州省非物质文化遗产保护条例》第 28 条对代表性传承人考核的规定，"县级以上人民政府文化主管部门应当每 2 年对非物质文化遗产代表性项目的代表性传承人进行考评。非物质文化遗产代表性项目的代表性传承人无正当理由不履行法律规定义务，或者在传艺、展示、讲学等活动中随意改变非物质文化遗产性质谋取非法利益的，命名机关可以取消其代表性传承人资格，重新认定该项目的代表性传承人；丧失传承能力的，命名机关可以重新认定该项目的代表性传承人"。

（二）传承人认定条件

理论界认为非遗传承人难以明确界定是指原生境人的边界不清晰，我国现行有关非遗的各级立法也都回避了这一问题，也就是说广义的非遗传承人的认定是立法的难点。本书认为该问题并非无解，关键是确定广义传承人的目的为何。如果是为表明一种传统文化的渊源或非遗的持有者身份，可以深入调查该项非遗的发展脉络和现实传承情况，进而确定持有人或原生境人并不困难，实在不明确则定为国家所有。如果为了保护这个群体的应得物质利益，或者适用非遗利用的许可制度，可以确定一个代表机构代行权利，利益分配机制也不难确定。目前紧迫的任务是建立较为科学的代表性传承人和一般传承人制度，首要的又是明确认定条件，把他们区别开来。众所周知，《非遗法》已经确定了代表性项目的代表性传承人认定条件即：（1）熟练掌握其传承的非物质文化遗产；（2）在特定领域内具有代表性，并在一定区域内具有较大影响；（3）积极开展传承活动。除此之外，我们认为每一项非遗都应该有代表性传承人，可以借鉴地方立法，如《宁夏回族自治区非物质文化遗产保护条例》(2006) 第 26 条规定了可以成为传承人的条件：符合下列条件之一的公民，可以申请或者被推荐为非物质文化遗产传承人：（1）在一定地域范围内被公认为通晓某一非物质文化形态的；（2）熟练掌握某一非物质文化传统工艺或者制作技艺，在当地有较大影响或者被公认为技艺精湛的；（3）只有本人及其徒弟才有特殊技艺的；（4）通晓并保存有某一非物质文化遗产的原始文献资料、实物的。宁夏的该条例并没有给我们太多的信息，只是其所称非遗"传承人"与《非遗法》等法规所称的代表性传承人有所区别，即它并不限定于代表性项目的代表性传承人，而是指所有非遗项目都会有代表性传承人，而且不要求具备全部条件，只需要具备条件之一。一般传承人认定只要符合以下两项条件，一是必须是在非遗传播的范围内的人，即是某项非遗的所有人；二是掌握并承续某项非物质文化遗产的技艺、技能和本领。只有代表性传承人才应该被持有群体的群众公认并有代表性和影响力。传承人可以是团队，有时这个团队就作为一个一般传承人，而其核心成员可能是代表性传承人，如果他们的项目是代表项目。

（三）传承人认定程序

任何层次的传承人都应该受到保护，都应该有明确的认定范围。目前对代表性传承人的认定是依附于代表性非遗项目的认定，如果将该程序扩大适用范围到所有非遗项目，便可以认定每个非遗项目的持有人、传承人和代表性传承人。实际上，目前我国各级代表性传承人的遴选，基本上把每一个非遗项目都进行了摸底，只是重点关注了代表性项目。下一步应该加大非代表性项目的建设，主要程序包括：由各级行政部门负责组织申报，将基层推荐与自愿申报相结合。基层组织即村委会、居委会，对当地有名望和影响的民间艺人比较了解，对有志向的年轻人也大致摸底，所以可作为推荐的主要负责者。而自行申报主要考虑非遗项目持有人内部关系的处理，由他们自己决定推荐人选或许更科学。在推荐申报人选确定后，再逐级推荐到各级文化行政部门，经过实地考察，走公示—认定—颁发证书的程序。

（四）传承人的培养

培养对象可确定两类，一类为已被认定的代表性传承人，各级文化行政部门要扶助他们培养后继人才。另一类为一般传承人，他们既是代表性传承人的预备队伍，也是传承人主体。后一类是年轻一代传承人，挑选立志传承事业的年轻人，采取多种培训方式对他们进行有计划的培养。先是理论培训，可以由各级文化行政部门组织，聘请专家学者讲座，意在激发他们传承非遗的责任感。其次是业务培训，可实行师徒式传承，传授非物质文化遗产的技艺、技能。另外还要注意发挥外出交流的作用。由各级文化行政部门组织传承人外出考察，开阔视野，同时展示他们的绝活和才艺，提高他们的社会影响力和社会公认度，也可以通过举办技能竞赛激发他们的积极性①。

（五）传承人的权利和义务

《办法》应当明确规定传承人权利，弥补《非遗法》只规定代表性传承人义务的不足。但是传承人权利的设定，应该全面考虑非遗原生境人和代表性传承人的不同特点，予以综合考虑。结合地方立法规定，传承人应该享有以下权利：自己表明或要求被许可使用人表明非遗来源；禁止歪曲、贬损非物质文化遗产，保护其完整性；自主决定开展非遗传承活动；开展技艺展示、传授以及创作、研究等活动；自主使用项目的实物、场所和资料等；依法向他人提供其掌握的知识、技艺以及有关的原始资料、实物、建筑物、场所；取得相应的报酬或许可使用

---

① 徐辉鸿："非物质文化遗产传承人的法律保护机制探讨"，载《理论导刊》2008 年第 1 期，第 33 页。

费；获取代表性传承人补助经费；对于其完成的非遗作品享有知识产权，具体包括表演权、发行权、制片权、演绎权、编制权、收益权等；有权获得对外学习和交流机会；代表非遗持有群体参加维权活动。而传承人的义务，除了《非遗法》第 31 条规定的四项义务外，即培养人才、配合调查、保存资料、公益宣传，还应该加上必须遵守非遗持有群体确定的各项规章制度，如向非遗持有群体以外的人传承非遗需经过许可及履行保密义务等。

另外，《条例》还应规定传承人的考核与奖惩制度，考核优秀者表彰、奖励，对不合格者批评教育，降低补贴标准，甚至取消传承人资格。最后，还须规定传承人的法律责任。

三、制定《非物质文化遗产开发利用管理条例》

该《条例》在贯彻《非遗法》保护与开发并重原则的基础上，应当明确立法宗旨，即开发利用是为了更好的保护和传承非物质文化遗产所采取的有效方式，必须尊重非物质文化遗产的精神价值和文化完整性。如果自己推向市场的商品或服务本身就是他人已有的传统医药或民间文学艺术本身，就更需加以说明①。同时，必须明确非议的开发利用主要涉及非遗原生境人私权问题，凡是现行知识产权制度能够解决的，依照该法解决。正如前文所述，通过完善著作权法、商标法、专利法、反不正当竞争法，可以解决大部分非遗的私法保护问题。制定该条例就是要解决现行知识产权法不能解决，但又不宜直接使用行政手段加以处理的法律问题，如已经公知公用的传统知识以及许多民俗项目，它们的开发利用就需要有特别的制度进行约束。

首先，《条例》在制度设计上，必须建立非物质文化遗产使用许可制度。不管是修改现行知识产权法，还是另行立法，都应该在法律中借鉴国外立法的经验，确立使用许可制度。2002 年《关于获取遗传资源并公正和公平分享通过其利用所产生惠益的波恩准则》规定了事先同意制度，该准则第 27 条规定：获取遗传资源应得到提供国主管部门的同意，还应取得所涉利益相关者如土著社区持有人的同意。2002 年 8 月 10 日，秘鲁颁布了《生物资源本土居民集体保护条例》，也明确规定要确保利用该知识前取得本土居民的事先告知同意。同时，要保证促进本土居民潜力的发展及集体知识产生利益的分享及分配②。其次，要明确双方主体资格，以便确认各自的权利义务。许可主体可以是国家、本土居民或

---

① 郑成思："传统知识和两类知识产权的保护"，载《中国工商管理研究》2002 年第 12 期，第 4～5 页。

② 王鹤云、高绍安：《中国非物质文化遗产保护法律机制研究》，知识产权出版社 2009 年版，第 167 页。

其代表机构、家庭或个人。被许可主体可以是本国法人、公民或其他组织，也可以是外国组织或个人。但对于不同国籍的被许可主体，许可范围应当有别。对于许可外国人使用非遗的，国家主管部门应以书面形式作出准或不准的决定，并允许外国投资人首先与非遗持有人联系考察，然后再由主管部门批准利用。可以建立一个国家登记制度，将准许或许可的信息予以公告、存档，或以数据形式存入数据库，便于人们查阅。而对于国内主体间的许可，则可通过许可使用合同约束双方。再次，就双方的权利义务而言，可以由合同约定，但是《条例》应当明确双方的基本权利和义务以作为缔约指导。就许可方的权利而言，除了依照许可合同非遗持有人可以获得补偿和报酬以外，对于已公开的集体知识：第一，持有人有权向主管机关申请登记。第二，以商业目的而申请利用已公开的集体知识，持有人的代表机构有权通过签订许可使用合同，许可他人有偿使用。对于未公开的集体知识，持有人有权向主管机关申请保密注册登记，任何第三人无论通过何种途径获知该集体知识均需履行保密义务①。最后，《条例》应该规定法律责任，主要对双方违反许可合同的行为所应承担的责任进行规定，可以参照现有知识产权法中的规定追究违约责任。同时，对于构成侵权的，还可以追究侵权责任，以及给予行政处罚。

另外，对于本国主体间非遗的使用许可问题，还要借鉴《专利法》《著作权法》的规定，明确强制许可和合理使用许可制度。目的在于弘扬我中华优秀文化，也是为了吸引投资尽快使闲置甚至濒临灭绝的传统文化得到有效利用和保护。同时也是因部分非遗权利主体不够明确或者民事能力不健全影响许可合同签订，不得已而采取的补漏制度②。对非遗的合理使用要明确一些具体的情形，如基于习惯传统的使用，即有关社区的成员以传统和习惯的方式，按照习惯法和惯例对非遗进行正常使用、传播、交流与发展；对民间文学艺术按照传统或习惯的方式使用③。在这种情况下，使用人在使用已公开的非遗时，可以不经权利人许可，也无需支付费用。目的是让非遗在族群中的使用传播维持原状，防止私权保护阻碍了相关群体的正常生产生活和非遗的传播、交流与发展。再如为了公共利益而使用，即对于已经公开的非遗项目，非遗持有主体以外的人基于非营利目的，在标明非遗来源并不损害权利人各项权利的前提下，可以不经权利人许可，也不用支付费用，便可以在一定范围内使用④。合理使用是对非遗持有人财产权

---

① 周方：《传统知识法律保护研究》，知识产权出版社 2011 年版，第 154～157 页。

② 曹新明："知识产权法哲学理论反思：以重构知识产权制度为视角"，载《法制与社会发展》2004 年第 6 期，第 18 页。

③ 杨建斌：《知识产权体系下非物质传统资源权利保护研究》，法律出版社 2011 年版，第192 页。

④ 黄玉烨："论非物质文化遗产的私权保护"，载《中国法学》2008 年第 5 期，第 144 页。

利的限制，是为平衡私权利益与公共利益而设，但不允许无限度地扩展合理使用的范围，因为保护非遗持有人的经济利益不仅缘于知识所包含的劳动付出，更缘于非遗的可持续发展对持有人积极开发行为的依赖。

其次，《条例》应当确认政府及其职能部门对非物质文化遗产开发利用的监督权。非物质文化遗产产业化过程中，政府及其职能部门、专业性的民间组织作为监管主体和辅助主体，就是为公共利益计，防止商业开发过程中开发主体对非物质文化遗产的不当占有和不合理使用。政府出面干预非遗的开发，可以抛开私利的诱惑，以可持续发展眼光正确对待传统文化的传承和发展，有效矫正非遗持有人和开发商在经济实力、科技实力等方面的不平等地位，也有助于防止持有人的短期开发行为。政府的监督职能之一是监督非遗开发合同，政府有权审查开发合同是否符合非遗区域开发规划的要求，以决定其是否有效。同时，在合同订立的过程中，应非遗持有人的要求，政府有权参与相关问题的决策程序。在执行合同过程中，政府可以协助非遗持有人监督开发者，防止歪曲和贬损非遗的行为发生，一旦发现有直接处置权。另外，《条例》还应该规定政府主管部门在非遗开发中的协调作用，尤其在非遗异地开发利用事宜上，由于跨地域是对区域特点不明显的非遗项目利用异地资源进行开发的形式，多数属于旅游项目的移植，事先当然要征得非遗持有人的同意，要使跨区合作顺利进行，便不能缺少地方政府的协调，既要为非遗持有人把关，也要保证非遗的利用符合其本真要求。至于许可使用所获得的收入分配，《条例》也应作出规定，国家作为许可人的，收入归国家，可以作为专款用于非物质文化遗产保护支出。本土居民团体或代表机构作为许可人所获许可费用，应归属本土居民集体所有；许可人为个人或家庭的，许可费用归个人或家庭所有。当然，由于非物质文化遗产权利主体往往是多元的，在利益分配上，应发挥政府的协调作用，做到公平合理分配收益。总的指导原则应该是既要激发持有人的积极性，又要有利于非遗的传承和保护。

第三节　建立非物质文化遗产产业化
市场管理法律制度

一、明确主管机关及其监管服务职责

政府在发展文化产业中应当且能够起到主导作用，已被国内外实践证明。政府可以灵活运用行政手段，对文化产业实行宏观调控。我国《非遗法》第 7 条规定："国务院和地方各级政府的文化主管部门负责非物质文化遗产的保护、保存工作。"这表明非遗保护的行政主体是各级政府的文化管理部门。同时，政府也是非遗合理利用的引导者、监督者和支持者。我国的非遗产业化利用涉及文化、旅游、民政、教育等多个政府管理部门，这就需要由主管部门协调好各部门之间的关系，各司其职。具体而言，政府在非遗产业化方面应该做好以下工作：

（1）精心规划。正如前文所述，文化产业化是一种规模化开发利用传统文化的形式，与个别、零散利用相比，涉及人员广、投资规模大、管理环节多、市场风险大。只有遵循文化发展规律和文化市场特点，全面考虑国人民文化消费倾向，制定科学的发展规划，才能增强前瞻性和系统性，才能最大限度地降低投资风险，顺应后金融危机时代文化产业迅猛发展的大势。制订非物质文化遗产项目中长期产业化开发利用计划，使这一无污染、高回报的产业发展为国民经济的支柱产业。同时，为保证产业发展规划的科学性，政府除了积极进行实地调研工作外，还应发挥科研院所的理论研究优势，为规划的制定做好理论准备。比如，自1999年始，文化部分别与上海交通大学和北京大学合作设立了国家文化产业创新与发展研究基地，与中国传媒大学和深圳市文化产业研究所合作设立了国家对外文化贸易理论研究基地，并在清华大学、南京大学、南京航空航天大学、中国海洋大学、华中师范大学、云南大学六家高等院校建立了国家文化产业研究中心。这些有益的探索为我国发展文化产业、发挥传统文化资源优势起到了不可估量的作用，打下了坚实的理论基础。应该继续扩大文化产业开发研究合作范围，以图实现传统文化产业的可持续发展。

（2）财政扶持。政府投资是直接推动文化产业发展的基本保证。我国传统文化产业起步较晚，先天不足，尚未被市场人士看好，招商引资办大项目还比较困难，亟须政府公共财政的大力扶持，以引导市场投资参与文化产业发展。为此，各级政府应立足本地实际，通过设立文化发展专项资金，或者贷款贴息和保费补贴等方式，向符合条件的文化企业提供资金支持。并且实行三年免税、五年减征的优惠政策，先把企业扶持起来。实践也已经证明，自2005年以来，财政部、海关总署、国家税务总局为深化文化体制改革、发展文化产业、推进文化创新而出台的一系列税收优惠政策，包括免征增值税或营业税、进口关税等，已经取得了明显的效果。同时，政府要逐年增加财政投入，为文化企业开发项目铺垫基础，主要是基础设施的建设，如为文化旅游项目的开发投资修建公路，市区内也可以修建综合文化广场等，努力提高传统文化产业的发展层次和发展质量①。2006年开始，文化部每年都要发布中国文化产业投融资项目手册，涉及出版发行、影视传媒、演艺娱乐、工艺美术、文化旅游，其中有一部分属于传统文化项目，而且除了招商引资，政府也有不同比例的配套出资。十多年来非遗产业化实

---

① 周志勇："论政府主导下的非物质文化遗产保护"，湖南大学2007年硕士学位论文。

践告诉我们,像《印象刘三姐》等诸多成功案例都是由政府率先出资启动项目,带动社会资本的逐步投入,最终将项目做大做强的,政府投入的导向功能还应有更充分的体现。

(3)构建公共文化服务体系。文化消费不同于日用品的消费,按理说它应该属于消遣型消费,无论费用高低都应该属于额外消费范畴。尽管文化需求是所有社会成员生存之不可或缺的,但在传统文化发展过程中,人们大多是通过自创、自娱自乐的方式,满足文化需求。所以,文化消费对某些即使解决了温饱的人群也并非经常性消费项目。尤其在我国现阶段经济发展尚不平衡,经济发展落后地区还有许多亟须文化产品供给,但又因收入有限消费不起的状况,要想改善这种局面唯有政府出资,建设公共文化服务体系①。在文化消费人群密集的城乡社区,把基础设施搞好,提升区域文化形象,使普通民众就能非常便利的享受传统文化产品带来的精神愉悦和心灵慰藉,同时也就实现了传统文化的教化功能。当然,要将文化企业纳入文化服务体系,政府必须为这些文化企业提供一定条件,要积极培养文化资源开发机构,为非物质文化遗产资源开发提供公共技术、人才培训、对外宣传、国际交流、产品评估咨询等方面的服务。

(4)完善私权保障机制。私权保护的前提是确权,大多数的非物质文化遗产项目的主体具有群体性和不确定性特点,政府应建立非遗的登记注册制度,以便对非物质文化遗产权利主体进行固定②。在此基础上,政府还要为传统文化产品的市场化、产业化提供配套制度,如通过制定相应法规弥补现行知识产权法的不足,必须进一步建立健全无形资产评估、质押、登记、流转的制度。只有健全了非遗产权流转市场,才能实现招商引资,大型非遗开发项目才可以通过无形资产评估,作为产权出资实现联合开发,以解决非遗持有人筹资困境,盘活传统文化资源,为创造新的文化产品提供条件。

(5)净化市场环境。传统文化产品市场存在的不法经营行为,严重地侵害了非遗持有人的合法权益。政府作为文化市场的监管者应该加大行政执法力度,严厉打击滥用非遗的经营行为,如文化产品中的假冒伪劣行为等。对于利用文化空间进行旅游开发的行为,必须严控在政府手中,而与文化旅游开发相配套的产业链之上的文化产品开发则需要政府严格市场准入审查。具体而言,政府应建立统一协调的文化市场综合管理机制,加强对文化市场的监管,严肃查处违法经营行为,打击文化侵权之徒,为文化产品提供公平的竞争环境。同时,须采取专项

---

① 张红英:"略论非物质文化遗产保护与公共文化服务",载《图书馆理论与实践》2009年第12期,第10页。

② 骆旭旭:"非物质文化遗产权的法律属性研究",载《长春理工大学学报》(社会科学版)2012年第1期,第25页。

治理的办法，整顿文化市场，切实保护知识产权。为此，要通过法律强化法律责任，加大对违法行为的惩罚力度，采用惩罚性赔偿制度，使侵权人非法成本增加。而受害者能得到更充分的补偿，最终起到预防和救济并存的效果，构建起健康的文化市场。

二、建立非物质文化遗产价值评估制度

非物质文化遗产作为一种稀有的文化资源，是发展文化产业的资源基础，但并不是所有的文化资源都能够进行产业化开发。如何合理评估非遗的开发价值，实现文化资源的可持续开发，是非遗产业化开发过程中面临的首要问题。非物质文化遗产是一种无形资产，对它进行价值评估涉及两个方面：一是可产业化的价值评估，二是产业化过程中，因许可使用、质押融资、赔偿责任追究等行为，对非物质文化遗产的价值进行的评估。

非物质文化遗产可产业化的价值评估，是政府在确定某个非遗项目是否进行开发的前提和基础。政府在从事这项工作时一般要经过几个环节，首先摸清资源状况，将区内非遗的种类、数量以及质量纳入资料库。其次设计评价指标体系，即以文化的可持续发展为目标，借鉴国外经验，择取科学数据建立评估指标体系。最后，对区内文化遗产的可产业化进行价值评估。要得到一个科学的评估结果并非易事，因为非遗毕竟不同于当代知识产权客体，它具有极强的活态性、地域性和丰富性特征。活态性决定了它的多变性，其经济价值会随着不同时期人们的偏好而变化；其地域性决定了每个民族、不同区域都有其各自不同的文化体系，各有各的价值衡量标准，因此需要由政府出面确定一个公正的标准；因民族的多样性、地域的广阔性决定了非遗的丰富性，加大了非遗价值量化的难度，需要组织专家讨论一套较为可行的评估指标，而且需要实地考察确定其价值大小。要想避免少数领导的个人意识在非遗开发利用决策上的随意性，避免给非物质文化产业带来不可挽回的损失，必须建立科学、客观、公正的评价指标体系。以非遗的旅游开发价值评估为例，指标体系的选择应借鉴国外旅游资源评价的相关办法，对开发利用的前景进行全面的可行性分析。该指标体系应包括以下指标：非遗开发的经济价值；非遗本身具有的影响力；非遗的开发潜力；非遗中自然生态的敏感程度；非遗可以进行开发的外在条件等。然后，以科学的方法确定各指标的赋值，综合评价非遗开发项目的价值，避免先开发、后管理、再规范的恶性循环[①]。通过这一系列指标的严谨考评，不仅有利于规范非遗开发的秩序和度，也有利于避免盲目投资，防止破坏和浪费非遗资源。

非物质文化遗产作为知识产权客体，成为被许可使用对象、以知识产权作价

---

① 王运："非物质文化遗产的价值评估"，载《特区经济》2013年第7期，第47页。

出资，或者用来作融资抵押的权利担保，或者在司法程序中计算损失等，都需要对非遗项目的利用价值进行评估。该评估体系的建立则不同于前述开发可行性的评估，实质为品牌价值评估，或称为市场价值的评估，关注的是非遗的产业开发效益。如此就可以借鉴知识产权评估的相关规则进行，如我国财政部 2001 年 7 月 23 日发布的《资产评估准则——无形资产》，以及 2006 年财政部、国家知识产权局《关于加强知识产权资产评估管理工作若干问题的通知》，均对知识产权的价值评估规定了较为详尽的规定。如评估原则强调真实性、科学性、可行性原则，评估机构要经财政部门批准设立，而评估方法限定为市场法、成本法和收益法。目前，中国知识产权评估中心是我国最具权威的评估无形资产的法定机构，只是尚未形成一套成熟的评估指标体系①，但随着评估实践经验的不断积累，较为科学而完整的无形资产评估制度，将为我国非物质文化遗产产业化提供更为有力的支持。但是，非遗毕竟与当代知识产权客体存在诸多差异，与非遗开发价值密切相关的一些指标，如传承人状况便是一个重要指标，因为非遗是"活态"的知识，非遗的商业开发离不开传承人才的后继有人。而知识产权的商业利用仅与客体有关，与持有人无关。另外，知识产权价值评估更强调实用性，而非遗价值评估更应关注文化特色和知名度等②。当然，知识产权客体的产业化只要依赖现有科学技术，很少受到地理环境的影响，无论作品、专利还是商标，它们的经济价值大小很难和地理环境扯到一起。但非遗的产业化，比如利用民间传说发展旅游产业，则当地的区位环境可能是决定性因素，只有基础设施完善的地方才更有利于旅游业的发展③。

总之，建立非物质文化遗产价值评估体系，不仅有利于非物质文化遗产生存土壤的全面保护，也有利于非遗持有人经济利益的保护。

三、完善非物质文化遗产产业化利用监督制度

在经济利益的驱使下，非物质文化遗产极易被过度开发或滥用。由于多数规模较大的开发项目要靠招商引资，政府负责项目发包，非遗持有群体并非开发合同的一方当事人，无权直接要求开发商履行义务。如果政府一方项目负责人存在责任心或能力等方面的不足，甚至出现腐败，则开发商的行为仅凭一纸合同约束，难免出现损害非遗项目的行为发生。因为开发合同是否被正确履行，还依赖

---

① 李昕："非物质文化遗产进入文化产业的评估研究"，载《东岳论丛》2011 年第 4 期，第 67 页。

② 陈天培："非物质文化遗产的经济价值"，载《改革与战略》2006 年第 8 期，第 22 页。

③ 方李莉："从遗产到资源：西部人文资源研究"，载《文化研究》2009 年第 2 期，第 42 ~ 52 页。

人的操守，没有更广泛和制度化的监督，很难保障非遗产业化目标的顺利实现。

　　非遗产业化利用的监督包括两个方面，一是政府主管部门对非遗文化市场的监督与管理，二是群众及社会团体对政府非遗产业化管理行为的监督。就前者而言，国外即有成功的经验可以借鉴。英国政府曾经成立文化产业专门行动小组，由外交部门、文化部门、财政部门、贸易和工业部门、教育部门、科学和技术研发部门、环境部门等，各派部门主要官员组成，同时邀请经营文化产业的主要企业负责人和社会名流等参加，统管全国文化产业。总体来看，这种行动小组的长处就在于各个部门与文化产业发展都有一定的联系，只是密切与否的差别，而一项重大的产业化计划则可能需要上述各部门的通力支持，发挥各自的优势和积极性，集思广益、统一协调，使各部门资源能够有效整合，发挥计划体制的优越性，提高政府统筹全局的能力。所以，西方发达国家的文化产业和文化市场能够得以健康发展。

　　当前，我国政府对文化市场的监管还存在诸多问题，尤其缺少对传统文化产业监管的实践经验，如多部门监管但分工不明、职责不清，文化、旅游、工商、质检、财政等各部门，要么职能重叠、互相推诿，要么争先甚至越权管理争夺利益，因此留下了执法漏洞，未能充分发挥政府的公共服务职能。改进的措施在以下几个方面下功夫：首先，建立市场准入和退出机制，在源头上只许符合条件的投资人涉猎文化产业，保证市场上的经营者遵纪守法，而一旦丧失竞争能力就必须退出，以防坑害更多交易对手和消费者，将资源配置给有能力者，保证文化市场必须首先是一个有效率的市场。同时，要保证非物质文化遗产传承人被放在优先位置上，由传承人积极参与非遗的开发是保障非遗得以正确传承必不可少的条件，如果开发商不能处理好与代表性传承人的关系，应当重新考虑开发商的开发资格。其次，要加强对非法文化活动的打击力度，铲除侵害知识产权的行为，营造公平竞争的文化产业发展环境，保证有序竞争。对于不能得到知识产权法保护的非遗项目，也要由政府采取许可制度，利用合同约束和行政监督相结合的手段，维护非遗在原生态下的传承、利用和发展。使有害非遗保护与传承的行为得以制止或纠正，保证合法、正当的商业开发不会导致非物质文化遗产的"异化"。再次，要重视培育文化中介组织，他们可以代替政府微观管理职能，建立起市场化程度较高的文化信息咨询、文化产品评估和文化经纪行业，发挥它们在制定行业标准、规范文化市场等方面的积极作用①。最后，要强化和完善对传统文化产业的规制，逐渐杜绝传统文化市场存在的盗版、假冒、虚假广告、虚假信息等非法行为的发生，加强文化资源保护、消费者权益保护及文化产品和服务的

---

　　①　齐仁庆："文化产业发展进程中的政府职能"，载《中共中央党校学报》2011年第10期，第106页。

内容、质量等方面的规制，使文化产业经济效益与社会效益相互协调、共同促进①。

在非遗开发利用环节，非遗传承人是核心主体，起主导作用。而代表性项目的代表性传承人的行为尤为重要，因为他们的行为极具代表性。自 2006 年对入选国家级名录非遗项目评选出代表性传承人后，他们为许多非遗项目的传承起到了不可估量的作用，但也有许多传承人代表未能尽职尽责，为此文化部曾经撤销了多个传承人代表，也有被调整或限期整改的多个项目。今后，对于已进行权利登记的非遗项目和该项目的传承主体仍应进行整体监督，包括对传承人与开发人签订的非遗开发利用合同进行备案；监督非遗保护自治组织的设立和活动；对非遗开发利益分配办法和利益分配的实施情况进行监督；对传承人代表的行为进行考评；对滥用职权、破坏非遗、侵害传承主体利益等不当行为，及时采取措施予以处置。同时还要发挥非遗保护自治组织的监督作用，如各种非遗保护协会、研究会等组织，应该依据组织章程和公约等文件，对组织成员存在的违反自治规定的行为，给予警告、罚款、禁止参与非遗商业活动等处罚措施。不过，最为重要的监督应该是传承人群体内部的监督，即发挥群众的力量，对发生在传承人群中潜在、隐蔽的不当行为向自治组织或政府文化主管部门进行举报，进而由这些部门进行及时处理，以保证非遗不被破坏和滥用。

就非遗产业化利用中政府行为的监督而言，目前我国的相关立法仍存在不足。比如，在非遗保护和利用问题上，没有问责制度，缺少决策听证制度，完全由政府官员"拍脑袋"决定，政府官员既当裁判员又当运动员，缺乏规范的、权威性的监督机制。所以，要想有效地规范传统文化产业，首先要建立起对政府决策的监督制度。每一个非物质文化遗产项目在开发利用前，都应该由政府组织专家论证并召开听证会，由专家和文化遗产持有人及当地各利益相关主体参加听证，保证非遗产业化规划能够建立在科学论证的基础上。其次，须完善问责制，对违反职责的政府官员要毫不姑息，追究责任，一追到底。新一届政府明确规定终身追责，不在岗位的也难以逃脱法律的制裁。问责制可以保证公众监督政府在非遗产业化工作中的行为恰当，防止产生外部性。为此，地方政府应该主动建立文化监管机构，由行业协会代表、市场人士和文化产业专家组成，及时反映公众文化诉求，做好政府咨询员工作。

---

① 张秉福："论我国政府社会性管制的整体改革"，载《现代经济探讨》2010 年第 3 期，第 15～18 页。

第四节　完善非物质文化遗产权利救济途径

一、增加公益诉讼

我国《民事诉讼法》第 55 条规定，"对污染环境、侵害众多消费者合法权益等损害社会公共利益的行为，法律规定的机关和有关组织可以向人民法院提起诉讼"，这是我国首次以立法形式确立了民事公益诉讼制度。对于有效维护社会公共利益，遏制针对不特定多数人的相关违法侵权行为，无疑是有益的。但是，其适用范围似乎太窄了。按照司法解释的规定，民事公益诉讼制度主要适用于对消费者的保护，对污染环境等侵权行为提起公益诉讼并未做出更多的说明，它可以适用于更多类型的侵权案件，关键是要有普遍性和公益性的特点。学界早就提出过知识产权领域的公益诉讼①，笔者以为完全可以循着这一路径构建非遗保护的公益诉讼。

众所周知，2005 年的"乌苏里船歌"侵权案和 2007 年的"黄梅挑花"案，都是由政府干预，法院和稀泥解决的。因为我国法律在当时解决不了此类案件，原告主体不适格是遇到的首要问题。后来，外国人见我国法律、法院都解决不了非遗侵权问题便得寸进尺，相继将"变脸"和"花木兰"等非遗项目偷去进行商业利用，我们不但不能追求其侵权责任，反而要花钱买自己的东西，极大地伤害了中华民族的自尊心。

目前，我国三部诉讼法已经为刑事、民事、行政三类案件提供了较为全面的程序支持，而因实体法对非物质文化遗产保护与利用缺乏明确的规定，使得诸如上述案件的处理存在不畅之处，甚至还有许多案件状告无门。要想扭转目前的局面，除了加强立法以便为司法提供依据外，仍需完善诉讼制度，尤其是公益诉讼制度。具体而言，首先应该完善刑法对知识产权犯罪的规定。为了对付知识产权领域越来越猖獗的侵权行为，欧盟议会和欧盟理事会于 2005 年 7 月通过了《关于用刑罚方法保护知识产权的指令草案》，倡议各成员国以刑事立法打击知识产权犯罪②。在西方发达国家中，美国对知识产权的保护是最彻底的。早在 1897 年就对知识产权实施刑事保护，而且随着知识经济的发展，不断降低知识产权类犯罪的构成要件，从而扩大侵犯知识产权犯罪的范围，并逐渐提高此类犯罪的刑

---

① 刘友华："我国知识产权公益诉讼制度之构建——从知识产权公益诉讼'第一案'谈起"，载《知识产权》2007 年第 2 期，第 17~23 页。

② 王志广：《中国知识产权刑事保护研究》，中国人民公安大学出版社 2007 年版，第 159 页。

罚幅度，造就了良好的美国的知识产权市场环境①。

我国《非遗法》规定了刑法保护的内容，即第 42 条规定：违反本法规定，构成犯罪的，依法追究刑事责任。由于在我国《刑法》中，并未直接规定针对非物质文化遗产的犯罪，结合之前《国家级非物质文化遗产保护与管理暂行办法》的相关规定可知，有关非遗的犯罪主要指文化主管部门的工作人员在非遗保护工作中有可能犯玩忽职守罪、贪污罪和挪用公款罪，并非直接针对侵害非遗私权行为。不过《非遗法》出台以后，人们可以将其中的刑事责任规定同刑法中有关侵犯知识产权的犯罪联系起来。我国《刑法》规定了四类知识产权犯罪，即针对商标权、专利权、著作权、和商业秘密的犯罪行为，均为严重侵权行为，在地理标志专有权等方面未有相关的刑法保护，有必要在未来刑法修正案中增加侵害地理标志专有权犯罪的规定。

非物质文化遗产行政诉讼案件，主要针对政府在履行保护和开发非物质文化遗产职责方面的失职行为。如政府行政不作为，对非遗侵权行为置之不理，或采取保护的措施不合法、不合理致非遗遭受破坏等。为此，可以考虑建立行政公益诉讼制度，由检察机关或非遗持有人代表、非遗项目代表性传承人等，对行政主体有损非遗的具体行政行为提起诉讼②。因非物质文化遗产权的主体具有模糊性，出现非物质文化遗产保护不力的情况时，缺少直接的受害人而提起民事诉讼或行政诉讼，放任了违法侵害行为的发生。因此，应该引入针对非遗的公益诉讼，由政府或社区组织建立非遗公益保护基金，以支持非遗公益诉讼。当非遗公益诉讼获得诉讼赔偿之后，该赔偿金又可以拿出一部分纳入公益保护基金，一是用于支持未来的公益诉讼，二是可以直接投向非遗保护项目，而另外一部分则可以补偿给持有人。目前，中华社会文化发展基金会集社会之有限力量，设立了"中国非物质文化遗产公益基金"。该基金专门用于我国非遗项目的抢救和保护。

在民事诉讼方面，依据现行知识产权法和《非遗法》《侵权责任法》规定，权利主体可以提起侵权赔偿之诉。但是，非遗权属纠纷有其自身特点，发生在有一定联系的主体之间，即这些主体对于某项文化遗产存在共有或其他方面的联系，如相同或相近的文化渊源。因此，当这些主体之间产生纠纷时，适用调解制度更加合适。由于调解制度比较灵活，当事人有回旋的余地，法院作为主导者也是充分考虑双方具体情况，而不是生硬地套用法律规定，且调解书一般都是自觉履行，省去了执行程序。所以，民事调解是司法改革方向，也是最适合于传统文化纠纷案件的处理方式。

---

① 姜伟：《知识产权刑事保护研究》，法律出版社 2004 年版，第 433 页。

② 崔春荣："论我国知识产权的司法保护"，载《对外经贸大学学报》2007 年第 12 期，第 22～25 页。

另外，就非遗的权属及其开发利用发生的纠纷，还可能发生在不同国家主体之间。这类纠纷的解决最好选择国际仲裁机构，如常设国际仲裁法院（PCA），它既可以解决私法性质的争议，也可以解决公法性质的争议。自 2000 年起，常设国际仲裁法院已经关注文化财产争议。如常设国际仲裁法院曾为厄立特里亚与埃塞俄比亚公正解决马泰拉石碑争议提供技术指导和行政协助①。而在 2003 年常设国际仲裁法院召开有关解决"文化财产争议"的国际法研讨会后，常设国际仲裁法院被认为在解决国际非遗纠纷案件方面将有所作为。

二、加大行政执法力度

非遗产业化与非遗保护乃相互促进的关系，保护是开发的前提条件。从非遗产业化规划开始就离不开对非遗项目的全面摸底调查，而在调查过程中侵犯调查对象风俗习惯，造成严重后果的，依照《非遗法》第 39 条规定要给予处分。该法在第 40 条还规定对于破坏属于非物质文化遗产组成部分的实物和场所的，依法承担民事责任；构成违反治安管理行为的，依法给予治安管理处罚，而情节严重的，得追究刑事责任。但是，什么情况下可以追究刑事责任并不明确。参照《文物保护法》和《传统工艺美术保护条例》相关规定，在非遗开发利用中因违法而可能被追究刑事责任的情形，必然涉及文物保护或者民族团结问题。但就行政管理和行政执法而言，非遗开发中还应该增加行政监管环节，如在非遗代表性项目和代表性传承人评审过程中，必须严格程序，禁止通过不正当手段取得资格，否则应该对责任人追究行政责任，甚至刑事责任。而取得了相应资格的代表性传承人如果不履行相关法定义务，则应该责令改正，拒不改正的，应当取消代表人资格。给国家造成损失的，应该赔偿损失。评审机关工作人员对此负有责任的，应当承担行政责任，构成受贿罪、侵占财产罪或其他犯罪的，应该追究刑事责任。

非物质文化遗产产业化，有助于挖掘其经济价值，从而在改善持有人生活的同时，也增强非遗项目自我保护、自我发展的能力。但是，产业化的经济效益往往又会冲昏人们的头脑，过度追求商业化、庸俗化，而忽略了文化中的精神内涵，忽视了非遗持有人的内心感受。为了迎合市场，粗制滥造甚至歪曲篡改非遗项目，不仅伤害了持有人，而且破坏了传统文化资源。政府必须建立起市场监督体系，时刻监控非遗产业化过程中的种种行为，一旦发现违法行为即行禁止，以防后患。

《非遗法》第 40 条还把保护范围扩大到属于非遗组成部分的实物和场所，以

---

① 唐海清："试论非物质文化遗产跨国争议的仲裁解决机制"，载《贵州民族研究》2012 年第 6 期，第 36 页。

保障文化项目的完整性，同时对破坏者依法追究民事责任，或者给予治安管理处罚。属于非物质文化遗产组成部分的实物和场所是非遗产业化的基础，许多地方政府就是利用这些实物和场所开发旅游资源，发展了地方经济。对破坏这些实物和场所的行为，该条设定了民事责任和行政责任，其中的行政责任不仅是为了保护文化遗产，更为有效利用非遗项目提供有力的保障。而《专利法》《著作权法》《商标法》以及《反不正当竞争法》中，也都规定了行政机关对于侵害知识产权行为的行政处罚，而符合知识产权保护条件的非物质文化遗产项目，在产业化利用过程中也将受到行政救济。但是，一定要赋予行政执法机关更大的权限，如调查取证权、查封扣押权等。

实际上，行政救济不仅体现为通过行政责任的追究保护非遗权利人的合法权益，杜绝非遗利用者对权利人经济利益和精神利益的侵害，也体现为由行政机关主导或参与的非遗争议项目的调处。从目前非遗产权纠纷的类型来看，除了对属于个人或家庭、家族所有的非遗项目纠纷直接采用侵权诉讼方式外，多数群体所有的非遗项目纠纷不宜采用诉讼方式，否则可能发生群体事件，从而影响到民族关系和地方安宁。非遗产权纠纷从主体角度划分可分为三种：首先是不同民族之间的传统文化产权纠纷，如"吊脚楼"和"山寨"成为湘西地区标志性的旅游品牌后，土家族和苗族即开始为"吊脚楼"和"山寨"的文化归属争论起来了①。其次是同一民族内部不同群体之间的传统文化产权纠纷，如"成吉思汗陵的旅游开发纠纷案"。就成吉思汗陵的旅游项目举办权，500 户达尔哈特人（成吉思汗陵守陵人）的后代认为仅他们有权开发这项旅游，其他蒙古族人则认为成吉思汗是整个蒙古族的英雄，基于民族感情，所有蒙古族人都可以参与成吉思汗陵的旅游开发。这就引起了相当大的争论，最终由当地政府出面解决②。还有一类纠纷发生在非遗代表性传承人与所属民族（群体）之间的非遗产权纠纷。如台湾的阿美族人与原住民郭英男夫妇之间就《老人饮酒歌》产生的版权纠纷。1993 年，郭英男演唱的本民族民歌《老人饮酒歌》被德国 Enigma 乐团盗用，并获取暴利。1999 年 7 月郭英男夫妇还打赢了官司，得到了一大笔赔偿款。但在台湾阿美族内部又有新的争议，他们认为《老人饮酒歌》的版权应归于整个台湾阿美族人，而不独属于作为代表性传承人的郭英男，故赔偿金应由族人共有③。

上述三个类型的非遗权属纠纷双方或至少有一方是群体，而诸多非遗项目也

---

① 朱兴文：《权利冲突论》，中国法制出版社 2004 年版，第 196 页。

② 奇海林、张志华："鄂尔多斯成吉思汗陵的旅游开发"，载周勇、马丽雅主编《民族、自治与发展：中国民族区域自治制度研究》，法律出版社 2008 年版，第 100 页。

③ 阎喜琴："论民俗旅游对旅游地民俗文化的'污染'与防治"，载《贵州民族研究》2006 年第 1 期，第 21～25 页。

都具有群体性特征，一旦发生纠纷需要政府出面加以解决，而不适合进行群体诉讼。理由是主体为某一民族或某一地域群体所有的非遗项目，尤其是文化空间，在确定持有主体时，很难非常准确地确定为某个单一主体，利益主体呈现多元化，而且难以保证无遗漏地顾及每一个民族或群体的成员。在确定利益分配时，不可能求得全面的公平，势必会产生一定的矛盾，此时唯有政府出面予以协调方能化解矛盾。另外，跨地区、归属有争议的非遗项目在一个行政区划内往往难以解决，需要由更高一级机构负责指导保护和开发，并协调相关地区共同开展工作。

同时，非遗项目的开发利用由于涉及的主体多、地域广泛、资金投入规模巨大，必须强化政府的协调、整合作用。政府应该设立专门机构，如专家委员会等，具体实施保护非遗有关的业务指导工作，组织协调文化区域间的民间交流。实践中，四川阿坝地区的做法可取。阿坝州政府牵头举办了"羌族文化抢救性保护联席会议"，周围五县即茂县、汶川、理县、松潘、黑水达成共识，分工协作，统一布局，实现羌族文化资源共享，文化设施共建，经济收益按投入分配等良好局面，为拯救羌族文化起到巨大作用。另外，非遗项目的合作开发、权利转让都需要有政府出面组织专家进行价值评估，目的不仅是有效发挥非遗项目的价值，防止非遗滥用，也为了更好预防日后争议的发生。一旦发生争议，无论是非遗的确权，还是非遗侵权赔偿的确定，均离不开专业化权威机构的参与，该机构应该由政府负责组织，由政府对过程进行监督。

三、发挥民间调解作用

联合国《保护非遗公约》中特别强调了非物质文化遗产的传承人或持有人参与非遗保护的必要性，强调吸收他们的代表进入国家设立的非遗管理组织。实际上，非物质文化遗产的持有人（群体），本身在社区历史发展过程中就形成了民间自治组织，处理着本民族或社区的各种事务，文化传统事务便是最重要的。因为非遗就是形成于特定的自然与人文环境，与土著社区民众生产、生活方式有着千丝万缕的联系，民间文化组织是自我保护非遗的主要力量，其作用有时比政府或专家学者还更重要。如美国就成立了许多民间知识产权保护组织，其中"美国知识产权联盟（IIPA）"是有关版权保护的民间组织，由美国出版者协会、录音协会、电影协会等八个专业协会组成，其影响力远在政府组织之上。IIPA 的功能就是汇集版权市场的各种信息，协调各方观点和要求，并可以影响政府版权产业政策[①]。在意大利有"我们的意大利"、"意大利艺术品自愿保护者协会"等典

[①]　顾军、苑利：《文化遗产报告——世界文化遗产保护运动的理论与实践》，社会科学文献出版社 2005 年版，第 382 页。

型民间文化保护组织，这些民间组织不仅仅为保护非遗而设，尚有调处非遗权属争议的功能①。

民间调解在我国有着深厚的文化根基。从古至今，自民间至官府，历来将调解作为息争的重要手段。听任劝导、说和、调停等手段对权利义务的再分配，缘于传统的儒家无讼思想，契合了中国人特有的心理和行为方式。同时，调解息争也符合构建和谐社会的要求。非物质文化遗产大多扎根在农村，越是相对封闭落后的农村，非遗的原生态保留得越好，发展产业化也越有前途。在农村非遗产业化利用链条上，农民处于产业链的最低端，加上农户的分散，面对侵权局面很难应付。尽管当代中国农村家庭中的户主基本上不存在文盲，但仍缺乏专业知识。对他们而言，知识产权或类知识产权方面的纠纷仍十分陌生，又不能顺利推举利益代表，往往利益受损也无法主张。故很有必要让农民建立起非遗保护组织，作为他们的代表，在非遗纠纷中维护农民利益。实践中，我国一些省份已经有了很有价值的探索。如云南纳西族东巴纸资源共管协会就是一个民间文化组织，它成立于 2006 年，成立的目的就是协调丽江地区纳西族对东巴纸资源的有效利用和利益平衡，也是为了防止恶性竞争和解决内部纠纷，以便共同发展传统文化产业，使当地纳西族每一个成员都能得到益处。东巴纸乃丽江纳西族祖先于唐代发明，用于抄写东巴经文和重要契约，是由当地稀有的高山野生稀有植物丽江尧花制作而成，工序复杂，纸质优良，用它制作的东巴绘画极具观赏和收藏价值。自从丽江古城成为旅游热点，景区内的纪念品经营也是红火异常，有不少不法商贩打着"原生态"东巴纸旗号，仿制东巴纸及其制品，蒙骗游客，同时败坏了东巴纸的信誉，挤占了正宗东巴纸的正常市场份额，严重侵害了东巴纸传统工艺持有者的权益②。自从东巴纸资源共管协会成立后，清理了东巴纸市场，维护了消费者权利，保护了当地旅游产业，也为协调纳西族造纸艺人之间的利益关系做出了贡献，如今丽江东巴纸市场秩序井然。

从目前我国民间组织的发展状况来看，与非物质文化遗产保护、开发利用相关的民间组织主要有两类：一类是研究协会。涉及各种有影响的非遗项目及其开发利用方面的研究会，如民俗研究协会、戏曲研究协会、旅游研究协会等。另一类是行业协会。如旅游协会、雕刻协会、说唱艺术协会等，这些民间组织可以在非物质文化遗产保护与开发利用中发挥重要作用。就前一类而言，它们可以参与非遗价值评估，为非遗作价出资、合作开发等提供技术支持，预防产业化利用中

---

① 方彦富："世界文化遗产管理的经验和教训"，载《福建论坛》2009 年第 8 期，第 97 ~ 102 页。

② 刘锡诚："非物质文化遗产与民族文化精神"，载《广西师范学院学报》2004 年第 10 期，第 48 页。

存在的纠纷隐患。而后一类则重在行业自律和协调非遗项目投资以及纠纷的调处。由于民间组织具有亲民特点，且大多是由非遗项目持有者与传承者参与组成的，他们不仅了解本族、本地文化，也了解土著民众情感，容易被认可，因此在发动民众保护传统文化方面具有得天独厚的优势。同时，民间组织既具有专业优势，成员多是非物质文化遗产保护利用方面的行家，又深深扎根于基层，在非物质文化遗产保护具体实践当中，与遗产地的基层民众容易沟通，因此在调处因非遗产业化利用方面的纠纷上，比司法调解、行政调解有更大的优势。如能与乡镇调委会、村调委会密切配合，将为解决非遗产业化过程中存在的诸多问题起到至关重要的作用。

民间调解有许多优点，它有利于及时解决纠纷，防止矛盾的激化和升级。且具有简捷、及时和经济的特点，以最短的时间完成对矛盾纠纷的处理，能降低纠纷解决的成本。同时，如各方能够达成调解协议也便于自觉遵行。不过，目前我国农村非遗项目的开发利用仍然具有浓重的行政色彩，主要依靠政府自上而下的推行，针对弘扬传统文化的民间组织建设，还没有得到足够重视。原因在于，我国的非遗开发利用尽管在旅游业有所发展，许多行业尚处在起步阶段，尤其尚未见到开发利用带来的经济利益，故人们组建民间文化组织的热情不高，已有的组织不仅数量少、规模小，也缺乏社会影响力，而且有时候他们的活动还被误解，以涉嫌组织宣扬"封建迷信"等受到限制和打压。总之，民间组织服务于社会的功能还有待发挥。为此，国家应通过立法大力发展农村民间组织，主要应降低农村民间文化组织的登记条件，并在它们成立之初，从财力上予以一定的支持，组织上给予帮助，培养管理人才，使我国非遗的保护体系更为完备和科学。目前，各地已经建立起来的传统文化民间保护组织，如北京文化遗产保护中心、华夏文化遗产基金会等，都在非遗保护和开发利用中起到了政府不可替代的作用，值得学习推广。

参考文献

［1］杨红. 非物质文化遗产数字化研究. 北京：社会科学文献出版社，2014.

［2］蒋万来. 传承与秩序：我国非物质文化遗产保护的法律机制. 北京：知识产权出版社，2016.

［3］汪欣. 中国非物质文化遗产保护十年（2003～2013 年）. 北京：知识产权出版社，2015.

［4］汪欣. 传统村落与非物质文化遗产保护研究. 北京：知识产权出版社，2014.

［5］张晓明，王家新. 文化蓝皮书：中国文化产业发展报告. 北京：社会科学文献出版社，2015.

［6］左惠. 文化产品提供论. 北京：经济科学出版社，2009.

［7］刘承华. 守承文化之脉：非物质文化遗产保护特殊性研究. 南京：南京大学出版社，2015.

［8］张晓明，胡惠林，章建刚. 中国文化产业发展报告. 北京：社会科学文献出版社，2009.

［9］孙有中，翟峥，张春波等. 美国文化产业. 北京：外语教学与研究出版社，2007.

［10］张岂之. 中国传统文化（第 3 版）. 北京：高等教育出版社，2010.

［11］田广林. 中国传统文化概论（第 2 版）. 北京：高等教育出版社，2011.

［12］康保成. 中日韩非物质文化遗产的比较与研究. 广州：中山大学出版社，2013.

［13］徐凤. 甘肃非物质文化遗产概论. 兰州：甘肃人民出版社，2014.

［14］祁述裕. 中国文化产业竞争力国际报告. 北京：社会科学文献出版社，2004.

［15］沈福煦. 建筑美学. 北京：中国建筑工业出版社，2013.

［16］陈淑姣，白秀轩. 非物质文化遗产概论. 北京：中国人民大学出版社，2016.

［17］王文章. 非物质文化遗产概论. 北京：文化艺术出版社，2006.

［18］王文章. 非物质文化遗产保护研究. 北京：文化艺术出版社，2013.

［19］张耕. 民间文学艺术的知识产权保护研究. 北京：法律出版社，2007.

［20］谢彬如等. 文化艺术生态保护与民族地区社会发展. 贵阳：贵州民族出版社，2004.

［21］路遥. 中国民间信仰研究述评. 上海：上海人民出版社，2012.

［22］苑利，顾军. 非物质文化遗产学. 北京：高等教育出版社，2009.

［23］乌丙安. 民俗学原理. 沈阳：辽宁教育出版社，2001.

［24］乌丙安. 非物质文化遗产保护理论与方法. 北京：文化艺术出版社，2016.

［25］宋俊华，王开桃. 非物质文化遗产保护研究. 广州：中山大学出版社，2013.

［26］贾银忠等. 中国少数民族非物质文化遗产教程. 北京：民族出版社，2008.

［27］苏东水. 产业经济学. 北京：高等教育出版社，2006.

［28］向云驹. 解读非物质文化遗产. 银川：宁夏人民出版社，2009.

［29］黎水泰，黎伟. 企业管理的文化阶梯. 成都：四川人民出版社，2003.

［30］蔡尚伟，温洪泉. 文化产业导论. 上海：复旦大学出版社，2006.

［31］王鹤云，高绍安. 中国非物质文化遗产保护法律机制研究. 北京：知识产权出版社，2009.

［32］于海广. 传统的回归与守护：无形文化遗产研究文集. 济南：山东大学出版社，2005.

［33］魏小安. 旅游产业新论. 北京：中国旅游出版社，2002.

［34］杨朴. 戏谑与狂欢：新型二人转艺术特征论. 沈阳：辽宁人民出版社，2010.

［35］董晓萍. 民俗非遗保护研究. 北京：文化艺术出版社，2016.

［36］刘锡诚. 非物质文化遗产保护的中国道路. 北京：文化艺术出版社，2016.

［37］赖彦斌，董晓萍. 数字故事民俗地图志. 北京：学苑出版社，2012.

［38］姚朝文，袁瑾. 都市发展与非物质文化遗产传承. 北京：北京大学出版社，2009.

［39］段宝林. 非物质文化遗产精要. 北京：中国社会出版社，2008.

［40］刘裕民. 非物质文化遗产辑粹. 北京：中国文史出版社，2008.

［41］覃业银，张红专. 非物质文化遗产导论. 沈阳：辽宁大学出版社，2008.

［42］甘建波. 中山民俗与民间艺术. 珠海：珠海出版社，2002.

［43］严永和. 论传统知识的知识产权保护. 北京：法律出版社，2006.

［44］洛克. 政府论（下篇）. 叶启芳，瞿菊农，译. 北京：商务印书馆，1964.

［45］周方. 传统知识法律保护研究. 北京：知识产权出版社，2011.

［46］吴汉东. 知识产权基本问题研究. 北京：中国人民大学出版社，2005.

［47］阮荣祥. 地方立法的理论与实践. 北京：社会科学文献出版社，2008.

［48］李颖. 日本歌舞伎的艺术变迁. 北京：中国社会科学出版社，1998.

［49］侯幸瑶. 法国非物质文化遗产. 北京：外语教学与研究出版社，2008.

［50］顾军，苑利. 文化遗产报告——世界文化遗产保护运动的理论与实践. 北京：社会科学文献出版社，2005.

［51］杨明. 非物质文化遗产的法律保护. 北京：北京大学出版社，2014.

［52］张小勇. 遗传资源的获取和惠益分享与知识产权. 北京：知识产权出版社，2007.

［53］蒲莉. 传统资源与相关传统知识的民法保护研究. 北京：人民法院出版社，2009.

［54］尹章池. 文化产业概论. 北京：北京大学出版社，2014.

［55］丁丽瑛. 传统知识保护的权利设计与制度构建. 北京：法律出版社，2009.

［56］吴汉东. 中国知识产权蓝皮书（2005～2006）. 北京：北京大学出版社，2007.

［57］韩致中. 我与非物质文化遗产. 荆州：长江出版社，2012.

［58］赵小平. 地理标志的法律保护研究. 北京：法律出版社，2007.

［59］王肃元. 非物质文化遗产学. 西安：陕西人民教育出版社，2013.

［60］向云驹. 世界非物质文化遗产. 银川：宁夏人民出版社，2006.

［61］杨建斌. 知识产权体系下非物质传统资源权利保护研究. 北京：法律出版社，2011.

［62］王志广. 中国知识产权刑事保护研究. 北京：中国人民公安大学出版社，2007.

［63］姜伟. 知识产权刑事保护研究. 北京：法律出版社，2004.

［64］张文德. 知识产权运用. 北京：知识产权出版社，2015.

［65］袁红梅，杨舒杰. 药品知识产权. 北京：人民卫生出版社，2015.

［66］朱兴文. 权利冲突论. 北京：中国法制出版社，2004.

［67］安雪梅. 知识产权管理. 北京：法律出版社，2015.

［68］姜琳. 地理标志国际保护问题研究：利益纷争及中国制度选择. 哈尔

滨：哈尔滨工业大学出版社，2013.

［69］严立冬，袁泳. 农产品地理标志保护利用与产业发展研究. 武汉：湖北人民出版社，2012.

［70］［加］达里尔·A. 波塞，格雷厄姆·杜特费尔德. 超越知识产权——为原著居民和当地社区争取传统资源权利. 许建初，译. 昆明：云南科技出版社，2003.

［71］［日］根本昭，日本的文化政策. 东京：劲草书房，2001.

［72］［日］藤田洋. 歌舞伎指南. 东京：三省堂，2006.

［73］［法］皮埃尔·布尔迪厄. 文化资本与社会炼金术. 包亚明，译. 上海：上海人民出版社，1997.

［74］［美］罗伯特·考特，托马斯·尤伦. 法和经济学. 张军，译. 上海：上海三联出版社，1994.

［75］［德］卡尔·拉伦茨. 法学方法论. 陈爱娥，译. 北京：商务印书馆，2005.

［76］［美］约翰·帕夫雷，陈晓帆. 知识产权战略. 重庆：重庆大学出版社，2015.

［77］［美］大卫·赫斯蒙德夫. 文化产业（第三版）. 张菲娜，译. 北京：中国人民大学出版社，2016

［78］［英］戴夫·奥布赖恩. 文化政策：创意产业中的管理、价值和现代性. 魏家海，余勤，译. 大连：东北财经大学出版社，2016

［79］［美］约翰·帕夫雷. 知识产权战略. 陈晓帆，译. 重庆：重庆大学出版社，2015.

［80］［美］多米尼克·鲍尔. 文化产业与文化生产（引进版），夏中，赵琳，译. 上海：上海财经大学出版社，2016.

［81］［美］罗杰·谢科特，约翰·托马斯. 专利法原理（第 2 版）. 余仲儒，译. 北京：知识产权出版社，2016.

［82］［美］露丝·陶斯. 文化经济学. 周正兵，译. 大连：东北财经大学出版社，2016.

［83］Indigenous Heritage and intellectual property：genetic resources traditional knowledge and folklore. Kluwer Law International，2008.

［84］Bruner E. M. Transformation of self in Tourism. Newyork：Annals of Tourism Research，1991.

［85］Susan Scafidi，Who Owns Culture？Appropriation and Authenticity in American Law Rutgers University Press，2005.

后　记

　　本书作者对非物质文化遗产在开发利用中涉及的法律问题展开研究总感觉不是件容易的事情。原因有三：首先是资料有限，尤其是最新的有关非物质文化遗产产业化开发利用的数据性资料，比较难以获取。因为非遗产业化开发利用是一个过程，任何一家文化企业也很难及时准确地统计出非遗资源在开发利用中产生的经济价值，只能对某一开发周期统计大概数据。即便是不够准确的数据还有许多涉及商业秘密，我们只能从开发者上报给主管机关或自己公开的数据中选择，而且不是全部，甚至不能保证最新。其次是精力有限。具有论据价值的、经过筛选的国家保护名录上的非遗项目也有几千项，即使选取个别有代表性的项目，其产业化现状也很难一一实地调查，涉及非遗项目太多、跨地域范围太广，因此给实地考察带来困难。所以，本书用到的数据主要有两个来源，一是引自公开出版物，在此感谢这些作者们的辛勤劳动。二是从河北省非物质文化遗产保护中心调研文字材料取得，而其中大部分也是由该中心已经传到网上的公开资料。这些数据资料限于精力未曾逐一核实，在此对他们的付出也要表示感谢。最后是能力所限。由于非遗的产业化利用所涉及的法律问题，不仅仅需要对知识产权法等相关法律制度有研究，还要具备民俗学、社会学方面的知识。鉴于作者在这些方面涉猎不深，难免有贻笑大方之词，还请读者海涵，不足之处多多批评指正。

　　本书为作者 2014 年承担的河北省社会科学基金项目"我省非物质文化遗产产业化法律保障研究"（HB14FX023）的研究成果之一，得到了部分研究经费的资助，特此说明。

刘云升　刘忠平

2017 年 3 月 1 日